Christian Dickinger

Franz Joseph I.

Die Entmythisierung

Ueberreuter

„Ich habe mich nach Kräften bemüht, des Menschen Tun weder zu belachen noch zu beweinen, noch zu verabscheuen, sondern es zu begreifen."

Baruch Spinoza,
Tractatus politicus I, § 4

Die Deutsche Bibliothek – CIP-Einheitsaufnahme

Dickinger, Christian:
Franz Joseph I. : die Entmythisierung / Christian Dickinger. -
Wien : Ueberreuter, 2001
ISBN 3-8000-3858-7

Covergestaltung: Kurt Hamtil, verlagsbüro wien
Coverfoto: Franz Joseph I. (Bildarchiv der Österreichischen Nationalbibliothek)

Druck: Theiss, A-9431 St. Stefan i. L.

7 6 5 4 3 2 1

Ueberreuter im Internet: www.ueberreuter.at

Inhalt

1. Einführung

»Nullum est iam dictum, quod non sit dictum prius.« – »Es gibt kein Wort mehr, das nicht schon früher gesagt worden ist.«

Ist auch über Franz Joseph I. bereits alles gesagt? Ist sein Lebensbild so überzeugend gemalt worden, dass uns der Mensch und Herrscher keine Rätsel mehr aufgibt? Brennt in jeder Nische dieses langen Lebens die Lampe der Geschichtswissenschaft so hell, dass wir sagen dürfen: Vorhang zu und keine Fragen offen? »Wie weit ist es«, fragte sich Johann Christoph Allmayer-Beck bereits Ende der 1970er-Jahre, »angesichts des bereits darüber beschriebenen und gedruckten Papiers – heute überhaupt noch statthaft, über Kaiser Franz Joseph ein Buch zu schreiben?«[1] Seine vorsichtig bejahende Antwort lautete: »Nun, ein sicherlich sehr stichhaltiger Grund ist die unbezweifelbare Tatsache, dass der Kaiser und seine Zeit momentan – und wenn nicht alles täuscht, auch noch für eine Weile – zum bevorzugten Interessengebiet einer Generation gehört, die als ›Nachgeborene‹ nur noch die Denkmäler dieser Epoche wahrnehmen, nicht mehr jedoch sich all das vergegenwärtigen können, was diesen Monumenten und Überresten einst Leben und Sinn eingehaucht hat. Die Faszination dieser Zeit mag in ihrem äußeren Glanz liegen, in der Größe und Weite der Verhältnisse und schließlich auch in einer für uns heute fast nicht mehr vorstellbaren, scheinbaren Wertbeständigkeit in geistiger und materieller Hinsicht. Vielleicht, dass darin aber auch so etwas wie ein Heimweh nach einem Europa mitschwingt, das sich damals zu Recht als Mittelpunkt des Erdballes fühlen durfte ... und dessen Lichter dann so jäh und unwiederbringlich erloschen.«[2]

Im Anschluss wird eine Annäherung an den »Habsburgermythos« versucht, an ein Phänomen, das nicht einfach zu fassen ist und auf mehreren Ebenen wirksam wurde und noch immer wird. Eine der Nährammen dieses Mythos ist die Vorstellung von der habsburgischen Kulturgroßmacht, deren grandiose Entfaltung gegen Ende des 19. Jahrhunderts mit den Habsburgern aber im Grunde wenig bis gar nichts zu tun hatte. Es ist vielmehr geradezu paradox, dass ausgerechnet in der Ära des kulturunverständigen Franz Joseph die Kultur seines erodierenden Reiches Weltgeltung errang. Wir sprechen von Musils »Kakanien«, vom »Goldenen Zeitalter der Sicherheit«, wie Stefan Zweig schrieb, »alles hatte seinen Platz in einer scheinbar wohl geordneten Welt«.[3] Franz Joseph thronte teilnahmslos über diesem fantastischen, von Widersprüchen und Herausforderungen brodelnden Kulturraum, dessen Entwicklung er weder förderte noch hemmte. In der alles andere als überzeugenden Argumentation Allmayer-Becks, warum es »statthaft« sein könnte, ein weiteres Buch über Franz Joseph I. zu schreiben, begegnet uns diese »kulturelle Mission« als Teil des habsburgischen Mythos ebenso wie die Vorstellung einer »mitteleuropäischen Mission«. Insbesondere für die Kriegsgeneration eröffnete die von den Habsburgern aufgebrochene europäische Perspektive die Hoffnung auf eine Überwindung der zerstörerischen nationalen Antagonismen und somit auf eine europäische Zukunft. Die widersprüchliche Geschichte der Habsburger »konnte so mit den Hoffnungen und Idealen der Gegenwart versöhnt werden«.[4] Ein Buch über Franz Joseph mit der »Faszination« legitimieren zu wollen, welche jene Epoche, die den Namen des Habsburgers trägt, auf viele »Nachgeborene« ausgeübt hat und nach wie vor ausübt, ist nur bedingt nachvollziehbar.

Die Motive, die mich dazu bewogen haben, dieses Buch zu schreiben, haben ihre Ursache in der Zählebigkeit und Wirkungsmächtigkeit des traditionellen, von einer apologetischen und euphemistischen Grundhaltung, von Klischees, Sentimentalität und Nostalgie durchdrungenen Kaiserbildes. Diese dicke, barmherzige Staubschicht, welche die Wahrnehmung Franz Josephs bedeckt, gilt es, Schicht für Schicht abzutragen. »Oft genug«, hatte Nietzsche gefordert, müsse der Mensch »die Kraft haben und von Zeit zu Zeit anwenden, eine Vergangenheit zu zerbrechen und aufzulösen um leben zu können: Dies erreicht er dadurch, dass er sie vor Gericht zieht, peinlich inquiriert und endlich verurteilt«; dadurch solle »klar werden, wie ungerecht die Existenz ... eines Privilegiums, einer Kaste, einer Dynastie z. B. ist, wie sehr dies Ding den Untergang verdient. Denn wird seine Vergangenheit kritisch betrachtet, dann greift man mit dem Messer an seine Wurzeln.«[5]

Es ist unbestritten, dass sich historische Urteile und Wertungen im Laufe der Zeit geändert haben und sich immer wieder ändern werden. Auch wenn die Quellenlage in diesem Zusammenhang an erster Stelle steht, treten solche Veränderungen auch forschungsimmanent zutage:

die Idealisierung und Glorifizierung einer historischen Person zieht oft die Herabsetzung und Entsakralisierung dieser Person nach sich und natürlich auch umgekehrt. Die Schlagrichtung zahlreicher Bücher und Buchbeiträge über Franz Joseph sowie vor allem dessen noch immer positive Wahrnehmung in einer breiten Öffentlichkeit rechtfertigen diesen Versuch einer Entmythisierung, der allerdings nicht vom falschen Ehrgeiz getrieben ist – und dies sei mit Nachdruck festgehalten –, lediglich aus Lust am Widerspruch gegen jede communis opinio zu rüsten und dem interessierten Publikum ein angeblich ganz neues »Kaiserbild« aufnötigen zu wollen. Dass eine Veränderung historischer Wertungen vor allem dann erfolgt, wenn relevantes neues Quellenmaterial aufgefunden oder zugänglich wird, ist evident. Die Veröffentlichung von Briefwechseln und Tagebuchaufzeichnungen hat uns den Menschen Franz Joseph ein gutes Stück näher gebracht. Grundsätzlich gilt aber das Wort Jacob Burckhardts, der erklärt hatte: »Die Quellen aber, zumal solche, die von großen Männern herrühren, sind unerschöpflich, sodass jeder die tausendmal ausgebeuteten Bücher wieder lesen muss, weil sie jedem Leser und jedem Jahrhundert ein besonderes Antlitz weisen und auch jeder Altersstufe des Einzelnen …«[6] Ganz wesentlich für das historische Urteil sind die Auswahl und Interpretation der Quellen, womit bereits die dritte Ebene der Veränderungen in den historischen Wertungen berührt wird. Gemeint sind Wertungen, die auf spezifische Gegenwartskonstellationen in politischer, geistiger, gesellschaftlicher oder religiöser Hinsicht zurückzuführen sind. Solche Veränderungen weisen auf die persönlichen Erfahrungen eines Autors, auf dessen Überzeugungen und politisch-pädagogischen Absichten hin. Jede Geschichtsschreibung ist auf eine zeit-, kultur- und personengebundene Perspektive zurückzuführen und ruht in einem ideologischen Koordinatensystem. Jeder Ansatz, der diese perspektivische Dimension leugnet, wie das seit Ranke immer wieder geschehen ist, hat sowohl die Werturteile als auch die ideologischen Prämissen, auf welchen Wissenschaft natürlich beruht, vernebelt oder – im besseren Falle – unterschätzt. Johann Christoph Gatterer war diese Ausgangslage bereits vor etwa zwei Jahrhunderten bewusst, als er festhielt, dass »Standort und Gesichtspunkt des Geschichtsschreibers«[7] historische Erkenntnisse erst ermöglichen würden.

Der Standort eines Autors schöpft aus der Fülle jener Determinanten, Neigungen und Prägungen, die seinen Fragehorizont präformieren, und ist somit zwingend »subjektiv«. Reine »Objektivität« einzufordern hingegen hieße, die Kausalität von Fragestellung bzw. Erkenntnisinteresse und Forschungsergebnis zu negieren. Die Geschichtswissenschaft bringt kein unumstößliches Tatsachenwissen hervor. Eine »objektive Wahrheit« der Darstellung historischer Ereignisse kann es folgerichtig nicht geben, es gibt keine Geschichte, wie sie sich wirklich ereignet hat; »es kann nur historische Interpretationen geben und von diesen ist keine endgültig; und jede Generation hat das Recht, sich ihre eigenen Interpretationen zu schaffen«.[8] Karl Popper, der eben zitiert wurde, lehrte, dass es »die Hauptsache« sei, »dass man seinen Gesichtspunkt kennt und dass man kritisch ist; das heißt, dass man, soweit dies möglich ist, eine unbewusste und damit unkritische Voreingenommenheit bei der Darstellung der Tatsachen vermeidet. In jeder anderen Hinsicht muss die Interpretation für sich selbst sprechen. Ihr Verdienst wird in ihrer Fruchtbarkeit liegen ...«[9]

Viele Biografen, darunter bedeutende Historiker, haben sich an Franz Joseph I. versucht. Wir wissen eine Menge über sein Leben, dennoch blieb er eine verhüllte, vom Mythos überwucherte Gestalt. Diesem Phänomen gilt es auf den Grund zu gehen. Es werden in diesem Buch jene Faktoren untersucht, die wesentlich zur Herausbildung seiner Persönlichkeit beigetragen haben. Für die Herausbildung von Werthaltungen, Glaubensüberzeugungen und politischen Einstellungen, Denk- und Handlungsweisen nehmen die »Sozialisationsagentur« Familie sowie Kindheit und Erziehung einen wichtigen Stellenwert ein. In dieser entscheidenden Phase seines Lebens, geprägt vor allem durch den Einfluss seiner energischen, machtbewussten Mutter, wurde Franz Joseph auf jene Geleise gestellt, die er zeitlebens nicht mehr verlassen sollte. Wenn wir nach persönlichkeitsprägenden Einflüssen fragen, ist diese Spurensuche zurück zu den frühen Jahren von substanzieller Bedeutung; neben der Mutter waren es einige Erzieher, Berater und Militärs, deren Einfluss auf Franz Joseph näher zu untersuchen wäre, wenngleich dies hier im Detail nicht möglich ist. Vor dem Hintergrund der steten Vergegenwärtigung der Tatsache, dass es nicht nur einen ganz jungen und einen ganz alten Kaiser gab, sondern auch einen 30-jährigen Kaiser, einen Mittvierziger und einen Endfünfziger, sind vor allem folgende Faktoren bzw. Einflussgrößen zu beachten und zu hinterfragen: Alltag, Lebensgewohnheiten, menschliche Beziehungen, die wechselnden Mitarbeiter, Religiosität, Liebe, Ehe, Konflikt, Krieg, Alter. Dazu kommen situative Faktoren wie außenpolitische Konstellationen, soziale und wirtschaftliche Rahmenbedingungen, welche Handlungsspielräume wesentlich mit definieren. Karl Marx schrieb einmal: »Die Menschen machen ihre eigene Geschichte, aber ... nicht unter selbst gewählten, sondern unter unmittelbar vorgefundenen, gegebenen und überlieferten Umständen.«[10] In anderen Worten: Die Personalisierung komplexer historischer Entwicklungen ist zu vermeiden. Dies heißt aber nicht, dass in diesem Falle Franz Joseph irgendwelchen »historischen Kräften« einfach ausgeliefert gewesen wäre, sein Entscheidungsspielraum war beträchtlich. Ausgehend von den genannten Handlungsspielräumen und Problemlagen können die Handlungsstile, die Schwächen und Stärken Franz Josephs, mithin seine Fähigkeiten, analysiert und – mit gebotener Vorsicht – bilanziert werden.

Nicht nur unter Berufung auf Schillers Sentenz von Wallensteins Charakterbild, das »von der Parteien Gunst und Hass verwirrt« in der Geschichte schwankt, gilt es aber auch, die Gegensätze in den Deutungen hervorzustreichen, die sich der Person Franz Joseph bemächtigt haben. Nur allzu oft wurden Eigenschaften, Züge und Handlungen, die genehm oder zumindest akzeptabel schienen, zu einem Bild geknetet, hinter welchem dann das Leben mit allen seinen Gegensätzen verschwand. Ich sehe es als die Aufgabe des kritischen Autors an, »die Schneide der Kritik zwischen den Baum des Gedächtnisses und die Rinde der Geschichte«[11] zu legen, d. h., dass ich mich zwar sehr wohl den Mythos Franz Joseph, die »große Erzählung« eines Kollektivs, aus der Verankerung zu heben bemühe, allerdings ohne dessen sinn- und identitätsstiftende Funktion – im historischen Kontext – zu verkennen. Eine Annäherung an Franz Joseph kann nicht mit seinem Tode beendet sein. Der Habsburger ist nicht wie viele andere Gestalten der Geschichte hinter dem Horizont verschwunden. Sein Mythos wirkt nach, er ist lebendig, präsent.

Die Simplizität des kaiserlichen Denkens krönte ein grandioser, Franz Joseph ganz durchströmender Atavismus: die »Ehre«, die »Pflicht«, sein »Haus«. Dynastisches Prestigedenken, vielleicht der heftigste Impuls, der von diesem seltsamen Manne ausging, säumte den Pfad seines Versagens. Mächtig pochte die Vergangenheit seiner Familie im Bewusstsein des Kaisers. Seine diplomatischen Niederlagen, seine verlorenen Kriege – und er hat sie alle verloren – rechtfertigte er mit den Geboten der »Ehre« und »Pflicht«. 1859 erklärte Österreich Piemont den Krieg, als

»Gebot der Ehre und Pflicht«.[12] Kurz vor Königgrätz schrieb Franz Joseph, er könne sich nicht denken, »wie er (der Krieg, Anm. C.D.) noch mit Ehre zu vermeiden sein könnte«. Man müsse »dem Kriege mit Ruhe und mit Vertrauen auf Gott entgegensehen ...«.[13] Nach der Niederlage ließ er seine Mutter wissen: »Wenn man alle Welt gegen sich und gar keinen Freund hat ... muss (man) sich so lange wehren, als es geht, seine Pflicht bis zuletzt tun und endlich mit Ehre zu Grunde gehen.«[14] Im Abendrot seines langen Lebens riskierte der Uralte schließlich noch den großen Krieg: »Wenn die Monarchie schon untergehen soll, so soll sie wenigstens anständig zu Grunde gehen.«[15] Oder: »Wenn wir zu Grunde gehen sollen, wollen wir wenigstens mit Ehren untergehen.«[16] Millionen so genannter einfacher Menschen wurden mit in den Abgrund gerissen.

In seinem Innersten nahm Franz Joseph die Monarchie bis zuletzt wohl als »Familienbesitz« wahr, die Völker seines Reiches waren Farbtupfer auf jener Landkarte, die seine Vorfahren gemalt hatten. Der unbedingte, unerschütterliche Wille des Kaisers, das Ansehen seines Hauses auch entgegen den wahren Machtverhältnissen zu erhalten, wurde von Tschuppik wie folgt auf den Punkt gebracht: »Diese Übertragung adelig-familiären Denkens auf die Politik schließt ein Prinzip rationalistischer Erkenntnis aus: den Kompromiss. Sie identifiziert das Reich mit dem Herrscher und setzt an Stelle rationaler Entscheidung das Duell. Der Prestigegedanke führt nach Solferino, er führt nach Königgrätz, er verleitet zur Annexion Bosniens, er ruft die neue Bewegung auf dem Balkan hervor, er wird in Franz Josephs Altersjahren von dessen Neffen und seinen Männern zu neuem Leben erweckt und nach Sarajewo zur Schicksalsfrage Österreichs.«[17] Dynastisches Prestigedenken ist m. E. *der* rote Faden im Franz-Joseph-Labyrinth schlechthin, *der* rote Faden in seiner Vita und somit auch in diesem unter dem Auspizium der »Entmythisierung« antretenden Versuch einer Annäherung.

Franz Joseph kreuzt den Weg der Nachwelt als ein von der barmherzigen Patina zahlreicher Dekaden in einen milden Schein getauchtes Enigma, als unpersönliches Symbol, dessen menschliches Leben beinahe ganz im Feuer der Majestät verbrannte. »Ich bin nämlich eigentlich ganz anders, aber ich komme nur so selten dazu«, heißt es bei Ödön von Horvath in seinem Stück *Zur schönen Aussicht*. Auch Franz Joseph konnte weinen und toben, auch Anflüge von Humor, die wohl als trocken zu bezeichnen sind, waren ihm nicht fremd. Er, der seine Wünsche und Sehnsüchte nur im Verborgenen zu leben dürfen vermeinte, war nicht frei von sparsam dosierter Liebenswürdigkeit, er war ein enttäuschter Ehemann und verlegener Liebhaber, ihn - den vielfach Leidgeprüften -, dem angeblich nichts erspart blieb, zogen diese sympathischeren Seiten seiner Persönlichkeit hinab ins Menschlich-Allzumenschliche. Diese reale Person, dieser Mensch mit Träumen und Alpträumen, Hoffnungen, Ängsten und Sehnsüchten, mit Verdauungsproblemen, sexuellen Bedürfnissen und Zahnschmerzen, kontrastierte auf das Auffälligste mit dem Kaisermythos, dessen Strahlkraft ungeheuer war. Franz Joseph gehörte zur sakralen Ordnung, »um ihn wehte der Glanz Gottes«.[18] Der Dichter Ivan Cankar erzählte, wie zwei Kinder den Kaiser sahen: »In weiter Ferne sehen die geblendeten Augen eine machtvolle Erscheinung in strahlender Glorie. Sie rührten sich nicht und wagten kaum zu atmen - wie in der Kirche beim Segen.«[19] Die mythische Vorstellung vom Kaiser mit einem umfassenden weltlichen *und* religiös-kirchlichen Anspruch weist zurück ins Mittelalter. Die Donaumonarchie war der letzte Ausläufer des mittelalterlichen Reiches in einer Welt moderner Staaten und ihr Herrscher Franz Joseph, der Über-Vater, dessen von einem mächtigen Backenbart gerahmtes, ausdrucksloses Gesicht im kollektiven Gedächtnis von Generationen abrufbar ist, der einzig verbliebene Hüter der Tradition. Er war ein Letzter - und wusste es auch. »Gott lässt mich so lange leben«, meinte er einmal, »damit das Ende des uralten Reiches um einige Zeit hinausgeschoben werde. Nach meinem Tode wird es unvermeidbar kommen.«

Versuch einer Annäherung: Diese drei Worte signalisieren Vorsicht und Distanz, sie implizieren wohl auch Ungewissheit, ebenso ein Bekenntnis zum Unvollendeten, zum Fragmentarischen. Ich maße mir nicht an, die »wahre Natur« aus dem Steinbruch dieser »unpersönlichen Persönlichkeit« herausgebrochen zu haben. Franz Josephs Charakter habe eine »Überheblichkeit, eine geheime Unverbindlichkeit« aufgewiesen, die sich der Analyse entziehe, meinte Seton-Watson.[20] Es handelt sich hier um ein Buch, das es sich angedeihen lässt, fragmentarisch sein zu *wollen*. Wir haben es *nicht* mit einer Biografie im strengen Sinne zu tun, mit einer Lebens- und Epochenbeschreibung, die in chronologischer Abfolge um Vollständigkeit ringt. Die Aufgabe, Leben und Zeit Franz Josephs ausführlich zu beschreiben, ist oft genug in Angriff genommen worden. Natürlich ist es auch mein Bestreben, aus dem bisher Angehäuften die Umrisse einer Gestalt zu schälen und diese Gestalt in angemessener Entsprechung zu jener Zeit zu betrachten, in welcher diese lebte und ihr Wirken entfaltete, dennoch lassen sich angesichts der Aufgabenstellung und des schmalen Umfangs des Buches Auslassungen im Bereich der politischen Geschichte, aber ebenso in jenem der Rechts-, Verfassungs- und Verwaltungsgeschichte und in Fragen der ökonomischen, sozialen und kulturellen Entwicklung sowie in der so wichtigen Nationalitätenfrage nicht vermeiden. Ein Entmythisierungsversuch, der seine Netze wahllos auswirft, wird im Ozean eines Lebens im Trüben fischen und mit leeren Händen nach Hause zurückkehren.

Dieses Buch will - ohne die kritische Grundausrichtung zu verleugnen - ein Angebot sein, sich auf den Menschen und Herrscher Franz Joseph einzulassen, dem Leser sollen Einblicke in Traditionen und Abläufe geboten werden, damit er sich selbst ein Bild machen oder ein bestehendes Bild überdenken und womöglich korrigieren kann, es ist, um mit Bert Brecht zu reden, »für den Gebrauch bestimmt«.

»Pro captu lectoris habent sua fata libelli« - »Bücher haben ihr Schicksal, ganz so wie der Leser sie aufnimmt«.

»Ein derartiger Mythos erschwert dem wahrheitssuchenden Historiker sehr beträchtlich seine Aufgabe ...«

2. Der Mythos

»Tief«, schrieb Thomas Mann zu Eingang seiner Tetralogie *Joseph und seine Brüder*, »ist der Brunnen der Vergangenheit. Sollte man ihn nicht unergründlich nennen?« Sie sind kaum zu zählen, diejenigen, die in den vergangenen Jahrhunderten und Jahrtausenden tief in diesen Brunnen hinabgestiegen sind, um von einer behaupteten Herkunft schöpfen zu können, die einer bereits erreichten oder beanspruchten Stellung, sei es nun in einem politischen, sozialen oder religiösen Bezugsrahmen, den nötigen Glanz verleihen sollte. Die genealogische Zurückführung auf eine Gottheit oder ein legendäres Geschlecht versprach die Erhöhung des Prestiges, während einer weniger spektakulären Abkunft ein Legitimationsdefizit anhaftete.

Wie bei anderen Geschlechtern vor und nach ihnen war auch bei den Habsburgern die Herkunft nicht aus dem goldenen Stoff, den die Sage liebt, wie Ernst Bloch in einem anderen Zusammenhang einmal meinte. Der Mythos Habsburg war noch lange nicht geboren, doch er forderte bereits die Frage nach dem »Woher«?

Als Graf Rudolf IV. von Habsburg 1273 unerwartet zum römisch-deutschen König gewählt wurde, korrespondierte die Vita seines Geschlechtes nicht mit dem neuen Rang, weshalb eine Umdeutung der familiären Tradition geboten schien. Zwar war Rudolf nicht jener »unbekannte, machtlose, bettelarme Mann«, den die Propaganda seiner Gegner karikierte, doch die Familiengeschichte gab einfach zu wenig her, um in der adelsstolzen Umwelt ohne den Purpurmantel erhabener Abkunft bestehen zu können. Die Gründungsgeschichte des habsburgischen Hausklosters Muri im Aargau, die Mitte des 12. Jahrhunderts aufgezeichnet wurde, nennt Guntram den Reichen als Ahnherrn. Ob dieser mit einem Grafen gleichen Namens identisch war, der unter Otto dem Großen 952 wegen Hochverrats angeklagt worden war, ist ungewiss. Das Geschlecht war wahrscheinlich mit den lothringischen Herzögen verwandt. Es ist nicht einmal sicher, ob die zwischen Aare und Reuß gelegene, im 11. Jahrhundert erbaute »Habsburg« (Habichtsburg) tatsächlich der älteste Stammsitz der Familie ist, dieser könnte sich ebenso im Oberelsass befunden haben. Der 1111 verstorbene Otto II. nannte sich jedenfalls als erster »Graf von Habsburg«. Ein Jahrhundert später waren die Habsburger nach dem Aussterben der Zähringer-Herzöge zwar das bedeutendste Geschlecht in Südwestdeutschland, doch ihre kleine Machtposition am Oberrhein, in Oberschwaben, im Elsass und im Norden der Schweiz, also in einem nicht in sich geschlossenen Territorium, war für die Entfaltung einer wirksamen Reichspolitik ungünstig. Dass es viel später dennoch gelingen sollte, vor diesem Hintergrund eine dynastische Erbfolge durchzusetzen, sodass das Reich über Jahrhunderte (vom 15. bis ins 19. Jahrhundert so gut wie ausschließlich) von dieser Dynastie regiert wurde, ist ohne das Wissen um die Rückfärbung der Vergangenheit, ohne »große Erzählung(en)«, kaum zu begreifen.[1]

An der Wiege der Abstammungserzählungen stand die behauptete Abkunft von der einflussreichen römischen Familie Colonna, die zu ihren Vorfahren keinen Geringeren als Julius Cäsar zählte. Erst im 15. Jahrhundert, als u. a. auch die Hohenzollern ihre Wurzeln zu dieser stadtrömischen Familie zurückführten, wurde diese Theorie zugunsten einer anderen Römertheorie aufgegeben, jener der Abstammung von den Pierleoni, die wiederum die altrömischen Anicier zu ihren Vorfahren zählten. Letztere hatte den Vorteil, dass aus diesem Geschlecht zwei Päpste und der »heilige« Benedikt entstammten, wodurch wenigstens einige Brosamen dieser »Heiligkeit« auch auf die Habsburger abfielen. Mitte des 17. Jahrhunderts wurde dann festgestellt, dass die Pierleoni nicht anicischer, sondern jüdischer Herkunft waren. Dies war nun allerdings kein genealogischer Strang, der für die Habsburger weiterhin als Klammer zwischen grauer Vergangenheit, von Ehrgeiz erfüllter Gegenwart und viel versprechender Zukunft fungieren konnte, womit die »Pierleonisten« ausgedient hatten.

Recht früh hatte sich noch eine dritte Theorie herauskristallisiert, die so genannte »Frankentheorie«, die sich u. a. Maximilian I. angeeignet hatte. Dieses Abstammungsmärchen führt uns besonders tief in den »Brunnen

Der alte Kaiser …

der Vergangenheit«, denn Maximilian, dessen unerschütterlicher Glaube an die Auserwähltheit seines Hauses sich mit schrankenloser Ruhmsucht paarte, war der Rückgriff auf die Franken, die Karolinger, ja selbst auf die Merowinger, die direkt von den trojanischen Helden Homers abstammen wollten, nicht genug, seine dynastischen Hirngespinste umgarnten selbst den biblischen Noah und am Ende den ägyptischen Gott Osiris. Während diese genealogischen Turnübungen selbst für naive

Zeitgenossen des »letzten Ritters« wenig glaubhaft waren, behielt die »Frankentheorie« bis ins 17. Jahrhundert ihren mythischen Gehalt.

Die ebenfalls im 17. Jahrhundert geborene Theorie einer gemeinsamen Abstammung von Habsburgern und Lothringern aus dem »Hause Elsass« deckte sich vorzüglich mit den staats- und familienpolitischen Zielsetzungen der Dynastie im 18. und 19. Jahrhundert. So erstrahlte nicht nur die Heirat zwischen Maria Theresia mit Franz Stephan von Lothringen in der weihevollen Aura historischer Tradition, auch der Herrschaftsanspruch in Deutschland wurde durch die Abkunft von einem alten alemannischen Geschlecht gefestigt. Der neue Kampfplatz war also Deutschland, während zwischen dem 15. und dem 18. Jahrhundert der Gegensatz zum französischen Königtum eine prägende Konstante habsburgischer Politik war, welche sich in dieser Zeitspanne die auf eine Verbindung mit dem Westen des Kontinents hinweisende fränkisch-merowingisch-trojanische Theorie zu Nutze gemacht hatte, die zudem den Vorteil in sich trug, das geistige und politische Erbe Ostroms zu transportieren.

In welcher Ausprägung und Intensität die jeweils aktuellen »Stammbäume« die Einstellungen und Entscheidungen habsburgischer Herrscher beeinflusst haben mögen, lässt sich nicht bestimmen, dass sie einen Einfluss ausgeübt haben, ist aber kaum zu bestreiten. Bis zuletzt beruhte die Herrschaft der Habsburger auf Grundlagen, die ins Mittelalter zurückwiesen, und in mittelalterlicher Sprache wurde die singuläre Stellung der Dynastie propagiert. Man denke nur an die Aufzählung der Titel und Würden, welche die umfangreichen Herrschaftsrechte dokumentierten, Rechte, die nur in der Person ihres Inhabers ein Ganzes bildeten. *Die Dynastie* verfügte über genügend Ausstrahlungskraft, um sich über diesen langen Zeitraum quer zu allen Volksgrenzen entfalten und erhalten zu können. Der »Große Titel« Franz Josephs ist in diesem Zusammenhang besonders aussagekräftig: »Franz Joseph I., von Gottes Gnaden Kaiser von Österreich; Apostolischer König von Ungarn, König von Böhmen, Dalmatien, Croatien, Slavonien, Galizien, Lodomerien und Illyrien; König von Jerusalem etc.; Erzherzog von Österreich; Großherzog von Toscana und Krakau; Herzog von Lothringen, von Salzburg, Steyer, Kärnten, Krain und der Bukowina; Großfürst von Siebenbürgen, Markgraf von Mähren; Herzog von Ober- und Niederschlesien, von Modena, Parma, Piacenza und Guastalla, von Auschwitz und Zator, von Teschen, Friaul, Ragusa und Zara; gefürsteter Graf von Habsburg und Tirol, von Kyburg, Görz und Gradisca; Fürst von Trient und Brixen; Markgraf von Ober- und Nieder-Lausitz und in Istrien; Graf von Hohenembs, Feldkirch, Bregenz, Sonnenberg etc.; Herr von Triest, von Cattaro und auf der windischen Mark; Großwojwod der Wojwodschaft Serbien, etc. etc.« Dieser »Große Titel« erfuhr während der Herrschaftszeit Franz Josephs nur marginale Veränderungen, die sich auf die verloren gegangenen italienischen Besitzungen und den Ausgleich mit Ungarn bezogen. Einige der Titel stellten Anspruchstitel dar, die nicht auf das Herrschaftsgebiet bezogen waren (»König von Jerusalem«). Aus dieser Aufzählung geht auch der jüngste, der (mittel-)europäische Mythos der Habsburger hervor, auf dem die Hoffnung auf die Überwindung nationaler Gegensätze ruhte. Auch dieser Mythos ist bereits Teil der Geschichte.

Die Schaffung eines österreichischen Kaisertums im Jahre 1804 durch den römisch-deutschen Habsburger-Kaiser Franz II., der sich in Österreich seither Franz I. nannte, und die Niederlegung der römisch-deutschen Kaiserkrone 1806 waren bedeutsame Neuerungen. Aufgrund des Prestiges des Hauses Habsburg, aufgrund des reichen Vorrats an Legitimität hatte diese höchste weltliche Würde, das uralte römisch-deutsche Kaisertum, an die Dynastie gebunden werden können. Dieser beinahe permanente Besitz der deutschen Kaiserkrone war eine der Ursachen für das Gefühl der Auserwähltheit ihres »Hauses«. Vergessen wir aber auch die lange Herrschaft in Österreich nicht, die Familie nahm schließlich sogar den Namen des Landes an und wurde zum »Haus Österreich«. Die Position dieser Dynastie »ist in jahrhundertelanger Überzeugungsarbeit aufgebaut worden ... Schon der Titel erzählt: Von dem Gott, der durch seine Gnade den Herrscher berufen hat, und von den zahlreichen Ländern, für die er eingesetzt ist ... Die Dynastie schöpfte (aus ihrem unerschütterlichen Katholizismus) ein Selbstbewusstsein, das den Wechselfällen der Geschichte gleichsam enthoben war. Ein Abglanz der christlichen Heilslehre und Eschatologie fiel auf das Haus Habsburg. Auch Habsburger waren sterblich, ... doch die Dynastie war dieser Vergänglichkeit enthoben, sie hatte eine Aufgabe zu erfüllen, die nicht ganz von dieser Welt war.«[2] Halten wir in Anknüpfung daran fest, dass eine Dynastie vor allem eine Fiktion ist, ein Legitimitätszusammenhang. Viel wichtiger als die Person, die gerade diese Legitimität verkörpert, ist die öffentliche Wirksamkeit des Mythos. Dessen Kraft war so stark, dass selbst schwache oder unfähige Herrscher keinen nachhaltigen Schaden anzurichten vermochten.

Das »Haus Habsburg« begegnet uns demzufolge als ein nicht einfach zu fassendes historisches Phänomen, dessen Vergegenwärtigung mir in einem Buch über Franz Joseph unerlässlich erscheint. Halten wir zunächst fest, dass eine rein genealogisch-biologische Sichtweise zu kurz greift und somit unbedingt um das Verständnis der Herrscherfamilie als Traditionsverband zu erweitern ist. Im Laufe der Jahrhunderte bildeten sich über die blutsmäßig definierte Zusammengehörigkeit hinaus überaus starke stil- und charakterbildende, wenngleich einem steten Wandel unterworfene Traditionen heraus. Man denke nur an die erwähnten Abstammungslegenden, die habsburgische Frömmigkeit, Herrschaftsstile, Erziehungsprinzipien, Erfolge und Missgriffe der Ahnen, Glücks- und Unglücksfälle.[3]

Auch wenn sich im auslaufenden 18. Jahrhundert der Gedanke an das Wohl des Staates und der Untertanen in den Köpfen der Habsburger festgesetzt hatte,[4] pulsierte dennoch der Gedanke an das »Haus« im Epizentrum des Fühlens, Denkens, Planens, Wollens und Tuns insbesondere Franz Josephs. Dieser Mann war von den Überlieferungen und Mythen seiner Familie geradezu hypnotisiert, der Begriff des »Hauses« war der Fixpunkt seines Lebens. Beinahe alles, was Franz Joseph unternahm oder unterließ, war diesem dynastischen Bezugsrahmen unterworfen. Der Nimbus seines »Hauses« war ihm wichtiger als das Glück seiner nächsten Angehörigen, wichtiger als sein eigenes Glück, wichtiger als das Wohlergehen (und Leben) seiner Untertanen.

In der Literatur über die Habsburger wurden immer wieder überindividuelle, typische Züge und Charaktereigenschaften hervorgehoben, welche die einzelnen Herrscher ausgezeichnet haben sollen. Es sind dies vor allem der habsburgische Katholizismus, das Bild des gütigen, aber strengen Landesvaters, der auch zu verzeihen versteht, das Pflichtgefühl, persönliche Bescheidenheit, Hartnäckigkeit und Geduld, die den Mangel an Begabung kompensierten, Leidensfähigkeit im Umgang mit Schicksalsschlägen, Friedensliebe und schließlich die Schutzherrschaft über eine Kulturgroßmacht. Franz Joseph als Inkarnation dieser Klassifizierungen zu sehen, drängt sich - zumindest auf den ersten Blick - gebieterisch auf. Die genannten Typisierungen werden, weil sie Teil des weit verbreiteten Franz-Joseph-Bildes und somit des Mythos sind, in der Folge noch untersucht und gegebenenfalls korrigiert werden. Uns muss hier beides interessieren: das überlieferte Bild und dessen reizvolle Konnotationen und natürlich die Überlieferung selbst, inklusive aller Verklärungen. Auch diese Bilder, so verführerisch ihre Wirkung auf vie-

le Menschen auch sein mag, müssen entmythisiert bzw. hinsichtlich ihrer Entstehung rekonstruiert werden.
Der Rahmen des Mythos als Bild, das durchaus in der Tiefe gezeugt worden sein kann und jedenfalls auf verschiedenen Ebenen interpretierbar ist, wurde teilweise ins Groteske verzerrt, vor allem von Hans Holzer in seinem Buch *Der Fluch über dem Hause Habsburg*. Holzer, ein so genannter »Parapsychologe«, vertritt die These, dass die zahlreichen Schicksalsschläge und Tragödien, Krankheiten und Misserfolge, die die Geschichte der Habsburger begleiteten, ein gewisses Muster gehabt hätten, in dessen steter Wiederholung ein »Fluch« aus dem 11. oder 13. Jahrhundert und später ein zweiter und ein dritter Habsburger-Fluch wirksam geworden wären. Auf der Grundlage einer Geschichte, die sich um die legendäre »Habichtsburg«, einen Grafen und ein Mädchen, das von diesem Grafen geschwängert worden sein soll, rankte, konstruiert Holzer die verworrene Geschichte eines »verfluchten« Geschlechts, indem er eine ganze Reihe von Ereignissen und Tragödien von der Schlacht von Sempach bis Franz Josephs Tod in einen Wirkungszusammenhang stellt. Im Kapitel »Der Fluch kehrt zurück: Franz Joseph und das Ende seiner Welt«[5] bemüht er den Fluch der Gräfin Batthyány nach der Hinrichtung des Ministerpräsidenten Ludwig Batthyány 1849: »Mögen jene, die für den Tod meines Sohnes verantwortlich sind, im Leben keinen glücklichen Tag haben. Möge er, der diese Hinrichtung befohlen hat, auf ewig verdammt sein.« Anderswo heißt es: »Himmel und Hölle soll (sic!) sein Glück vernichten, sein Geschlecht soll vom Erdboden verschwinden und er selbst soll heimgesucht werden in den Personen derer, die er liebt! Sein Leben sei der Zerstörung geweiht und seine Kinder sollen elend zu Grunde gehen!« Warum der Fluch über dem Hause Habsburg mit dem Tod Franz Josephs erfüllt war, erklärt Holzer freilich nicht, seine Schlussfolgerungen gipfeln dafür in der erstaunlichen Beobachtung, dass seit dem Ableben des Kaisers in Schönbrunn keine Amseln mehr zu sehen seien: »Es waren zwar keine Habichte, doch man muss bedenken, dass Habichte in Wien nicht beheimatet sind.«[6]
In ähnliche esoterisch-obskure Gefilde hatte sich einige Jahre vorher auch Alexander Lernet-Holenia verrannt, einer der erzkonservativen Beherrscher des österreichischen Literaturbetriebes in den 50er- und 60er-Jahren, der nicht ausschließen wollte, dass der Fluch all der gemarterten und getöteten Indios der »Neuen Welt«, deren Gold in die Ta-

schen des habsburgischen Spanien geflossen war, zum Untergang des Reiches der Habsburger geführt haben könnte. »Unter diesen Umständen«, so Lernet, »möchte uns die ... im Jahre 1867 vollzogene Erschießung Maximilians von Mexiko, des Bruders Franz Josephs, fast eine späte Rache der Mexikaner an den Habsburgern scheinen ...«[7] Lernet-Holenia versuchte nach 1945 als einziger österreichischer Autor, das Klischee des »guten alten Kaisers« zu zerstören. Er beschuldigte Franz Joseph, die Ermordung seines Sohnes angeordnet zu haben oder etwa für Unfälle in der Umgebung des Hofes verantwortlich zu sein. Maximilian habe er wegen seiner Popularität nach Mexiko geschickt usw. Lernets seltsame, zwiespältige Haltung gegenüber den Habsburgern hat mit der Ungewissheit seiner eigenen Herkunft zu tun. Es ging das von Lernet nie dementierte Gerücht um Erzherzog Karl Stephan – und nicht der Marineleutnant Lernet – sei in Wahrheit der Vater des Schriftstellers gewesen.

Es ist eine Illusion, eine Selbsttäuschung, zu meinen, dass das Geschichtsbild einer Gesellschaft von der Geschichtswissenschaft und deren mühevoller, oft nur karge Ergebnisse erntenden Spurensuche prägend geformt wäre. Der Historiker steht mythischen Verzerrungen und tradierten Klischees, die sich in Generationen festgekrallt haben, ziemlich hilflos gegenüber. Ein Mythos muss in der breiten Masse der Menschen Wurzeln schlagen, er muss jedoch keineswegs von ihr ausgehen, die zahlreichen, in der Ära Franz Josephs in großen Auflagen produzierten und weit verbreiteten Kalender mit einschlägigen Motiven dokumentieren, dass der Mythos »von oben her« erzeugt werden kann. Gerade im 19. Jahrhundert haben die Herolde des Hauses Habsburg die hervorragenden Eigenschaften des Herrschers in schwärmerischen Worten besungen und auf diese Weise den Mythos propagandistisch bedient. Die Person des Kaisers tauchte in dutzenden Volksliedern, Soldatenliedern, Kriegsgedichten und Anekdoten auf, mit Hilfe der vaterländischen Schulbücher wurden Generationen indoktriniert. Noch 1905, anlässlich des 75. Geburtstages Franz Josephs, hieß es in einem Gedicht: »Diese Kraft der Vollendung wert,/Dieser Mut oft so stolz bewährt!/Und dennoch die kindlich beugsame Liebe/Zu Deinem Volk, das Dir Alles ist,/Das Dir Alles gilt,/Dir, Du edelstes Herrscherbild,/Das je die Erde getragen.«[8] Eine vergleichbare, vielleicht noch größere Breitenwirkung wurde in den 1950er-Jahren durch den Film erzielt. Die »Sissi«-Trilogie (»Sissi« 1955; »Sissi, die junge Kaiserin« 1956; »Sissi – Schicksalsjahre einer Kaiserin« 1957), deren Wiederholungen noch Jahrzehnte später Millionen an die Fernsehschirme locken, schuf bleibende Vorstellungen von der kaiserlichen Familie und dem Leben am Wiener Hof. Karlheinz Böhm in der Rolle des jungen Kaisers spielte sich tief ins Bewusstsein der Menschen, in dem bewegte Bilder eben mehr bewegen als die Lektüre irgendwelcher Bücher.

Die Vielfalt und Widersprüchlichkeit der hier kursorisch vorgestellten, sich überlagernden und gleichzeitig ineinander verschränkten Einflussgrößen haben bewirkt, dass der alte Franz Joseph, der aus grauer Vorzeit gekommen zu sein schien und an den sich fast alle gewöhnt hatten, bereits zu Lebzeiten zum Mythos wurde. »Ein derartiger Mythos«, hielt Adam Wandruszka fest, »erschwert dem wahrheitssuchenden Historiker sehr beträchtlich seine Aufgabe, zu einem ausgewogenen, möglichst gerechten Urteil über die betreffende geschichtliche Persönlichkeit zu gelangen. Entweder er bleibt – und das ist der weitaus häufigere Fall – in einem gewissen Grade, oft mehr unbewusst als bewusst, dem Mythos verpflichtet, nimmt ihn ohne kritische Prüfung als gegeben, als eine Art vorwissenschaftlichen Axioms und als eine selbstverständliche Basis für seine weiteren Untersuchungen, Forschungen und Urteile an; er kann damit durchaus wertvolle und schätzbare Beiträge zur Erweiterung unserer Kenntnis ... leisten, aber er wird sich doch stets dem Vorwurf aussetzen, dem Mythos verhaftet geblieben zu sein, sich in gewissem Sinne ›hagiographisch‹, nach Art der Verfasser von Heiligenlegenden, betätigt zu haben ... Fast noch gefährlicher aber erscheint das andere Extrem, wenn der Historiker den Widerspruch von Mythos und Realität erkennt und sich nun ... der Aufgabe der Zerstörung des Mythos zuwendet, die ihm im Dienste der Wissenschaft als eine heilige moralische Pflicht erscheint. Denn nun läuft er Gefahr, im Widerspruch zur herrschenden Auffassung selbst noch einseitiger zu werden und einmal die Wurzeln zu übersehen oder abzuschneiden, die jeder Mythos in der Realität hat ... und zum anderen, in diesem Kampf gegen den Mythos zu übersehen, dass gerade auch dieser, von ihm als Verfälschung der historischen Wahrheit, ja als ›Geschichtslüge‹, bekämpfte Mythos eine weiter wirkende Kraft und damit eine historische Realität besonderer Art geworden ist.«[9]

Auch wenn man Paul Valéry folgt, nach dem ein Mythos das sei, was nur im Wort existiere und außerhalb des Vorganges der Verwandlung keine objektive Realität genieße, ist das Argument, wonach der Mythos in der

Realität verwurzelt sei, wie entstellt oder sogar entartet auch immer, sehr ernst zu nehmen. Im auf Franz Joseph zugespitzten, aus Erinnerung und Fantasie schöpfenden habsburgischen Mythos begegnet uns die Verwandlung - nicht selten auch die Pervertierung - des Realen in einen historisch-kulturellen Prozess. »Mit der gefühlsmäßigen Erinnerung an die Welt von gestern verbindet sich so ein teils bewusster, teils unbewusster Prozess der Sublimierung einer konkreten Gesellschaft in eine malerische, sichere und geordnete Märchenwelt. Es ist notwendig, sich die beiden Bedeutungen des Wortes ›Mythos‹ vor Augen zu halten: In ihm vermengen sich ja fortwährend die echte Verherrlichung realer Werte mit einer Entstellung und märchenartigen Idealisierung ...«[10]
In seiner Untersuchung über den Napoleon-Mythos in der deutschen Literatur des 19. Jahrhunderts stellte Wulf Wülfling vor dem Hintergrund der Mythologisierung historischer Personen zwei Thesen auf, welche auch für unser Thema von Bedeutung sind. Mythologisierung wird hier als »eine besondere Form menschlicher Wirklichkeitsbewältigung (angesehen), eine besondere Form der Reduktion von Komplexität: Von der Fülle der Merkmale, die einen Gegenstand ... ausmachen, wird abstrahiert zu Gunsten einiger weniger Merkmale, vielleicht zu Gunsten eines einzigen Merkmals. Es ist sogar denkbar, dass im Extremfall sämtliche Merkmale ausnahmslos ›vergessen‹ werden.« Wüfling hält weiters fest, dass Mythologisierung »dem jeweiligen Handlungsträger ... nie gerecht ... (werden würde). Die Geschichte eines Mythos kann deswegen nie die Geschichte des jeweiligen Handlungsträgers ... sein, sie ist vielmehr die Geschichte der jeweiligen ›Mythologien‹.«[11]

3. Franz Joseph im (Zerr-)Spiegel der Literatur[1]

Franz Joseph führte vom 18. August 1843 bis zum 13. März 1848 Tagebuch. Diese privaten Aufzeichnungen beginnen mit dem Tag seines 13. Geburtstages und enden mit einem Augenzeugenbericht vom Ausbruch der Revolution. Die Herausgeberin Anna Maria Sigmund schrieb über den Inhalt: »Fünf Jahre erzählt dieser dann aus seinem Leben: vom Alltag im Kreis der Familie, dem Unterrichtsstress, den Hobbys und Reisen, von Festen, Feiern und früh einsetzenden Pflichten. Es enthüllt seine hauptsächlich um Uniformen und Militär kreisende Gedankenwelt und gibt Einblick in seine strenge Erziehung, die viele Charakteristika des späteren Kaisers verständlich macht.«[2] Diese Tagebücher, die als verschollen galten, wurden erst 1999 publiziert.

Bezüglich der ersten Jahre der Kindheit Franz Josephs sind die Briefe seiner »Aja« (Kinderfrau) Louise Sturmfeder aus den Jahren von 1830 bis 1840 von einiger Bedeutung.[3]

Auf die Briefe und Tagebücher der Mutter Franz Josephs kann nur auszugsweise zurückgegriffen werden. Der umfangreiche, unedierte Nachlass der Erzherzogin Sophie (im Haus-, Hof- und Staatsarchiv Wien) ist gesperrt: nicht weniger als 19 Kartons beinhalten Briefe und Aufzeichnungen, drei Kartons die von ihr geführten – über hundert – Tagebücher aus den Jahren von 1843 bis 1872. Egon Cäsar Corti und Franz Reinöhl hatten direkt oder indirekt auf diese Materialien Zugriff,[4] auf die Tagebücher meines Wissens zuletzt Alan Palmer (1994)[5], Gerd Holler, welcher 1993 die erste Biografie über Sophie schrieb, wurde die Einsichtnahme von Otto Habsburg verweigert. Bedenkt man den Einfluss, den Sophie auf ihren Sohn hatte, ist vor allem die sorgfältige Lektüre der im Jahre 1930 von Franz Schnürer herausgegebenen Briefe, die

Franz Joseph von 1838 bis 1872 an seine Mutter schrieb, unerlässlich.[6] Der Kaiser war ein fleißiger, wenngleich wenig fantasievoller Briefeschreiber, der die Ereignisse und Beobachtungen vor allem des Alltags neben seiner Mutter zwei weiteren Frauen mitzuteilen pflegte: seiner Frau Elisabeth und seiner »lieben, guten Freundin« Katharina Schratt. Die Briefe an die Kaiserin wurden 1966 in zwei Bänden von Georg Nostitz-Rieneck herausgegeben[7], die Briefe an Katharina Schratt zunächst 1949 in einer Auswahl von Jean de Bourgoing.[8] Diese Edition konnte nicht weiter überprüft werden, da die Originalbriefe unter Verschluss blieben. Erst später gelangten sie in den Besitz der Österreichischen Nationalbibliothek, wo sie erstmals Brigitte Hamann ohne jede Beschränkung zugänglich gemacht wurden. Da der Habsburg-treue Bourgoing nach Kräften bemüht war, das Bild des Kaisers sympathisch und unproblematisch zu zeichnen, fiel seine Auswahl überaus einseitig aus, in einzelnen Fällen ist seine Vorgangsweise als unkorrekt zu bezeichnen. Bei ihm fehlen Hinweise auf Gesundheitsprobleme des Kaisers ebenso wie negative Auslassungen über freiheitliche Demonstrationen in Wien, Studenten, Christlichsoziale und Juden (so änderte Bourgoing Franz Josephs Wort »Pressjuden« in »Pressehyänen« ab). Insgesamt kann gesagt werden, dass bei Bourgoing das Verhältnis zwischen dem Kaiser und der Schratt idealistischer dargestellt wurde, als es tatsächlich war. Aus diesem Grunde erwies sich die umfangreiche, von Hamann besorgte Neuausgabe (1991) als überaus verdienstvolles Unterfangen.[9]
Hier wird das Problem der Quellenauswahl bzw. Quellenunterschlagung angesprochen, welches für jeden Autor bzw. jede Autorin eine Herausforderung darstellt. Hamann beispielsweise stand diesem Problem auch im Zuge der Vorstudien zu ihrer 1981 erschienenen Biografie über Kaiserin Elisabeth gegenüber, die sich mit dem Elisabeth-Buch von Corti aus dem Jahre 1934 zu messen hatte.[10] Hamanns Buch über Elisabeth sowie ihre Biografie über Kronprinz Rudolf (1978)[11] sind für die Beschäftigung mit Franz Joseph überaus ergiebig. Abgesehen davon, dass Hamann viele neue Quellen fand, anhand derer sich allmählich ein neues Bild »Sisis« herausschälte, erschien ihr angesichts jener Quellen, die sowohl Corti als auch ihr zugänglich waren, »durchwegs anderes zitierfähig«.[12] Bis dahin fußten alle Arbeiten über Kaiserin Elisabeth auf Cortis Buch, eine ähnlich überragende Stellung kommt der Corti-Trilogie über Kaiser Franz Joseph zu, die einzelnen Bände erschienen 1950, 1952 und 1955 (Letzterer verfasst von Hans Sokol auf Basis der Corti-

Materialien).[13] Corti, Jahrgang 1886, ein aus lombardischem Adel stammender Monarchist, verfügte über ganz ausgezeichnete Verbindungen, welche ihm u. a. den Zugang zu verschiedenen Privatnachlässen eröffneten. Zahlreiche der von ihm verwendeten Quellen gingen während des Zweiten Weltkrieges verloren, weshalb eine Annäherung an die Person Franz Josephs ohne eingehende Auseinandersetzung mit den Forschungsarbeiten Cortis, welche dann allerdings in populärwissenschaftliches Terrain mündeten und ein zu unkritisches Bild des Habsburgers zeichneten, nicht möglich ist.

Nochmals kurz zurück zu den Briefen des Kaisers: Ob es sich nun um die Schreiben an Sophie, Elisabeth oder Katharina Schratt handelt – und auch die erst 1991 von Weissensteiner herausgegebenen und kommentierten Briefe Franz Josephs an seinen Sohn Rudolf –, diese Quellen haben hohen biografischen, politischen und psychologischen Wert. Sie erschließen intime Einblicke in Öffentliches und Privates, in politische und familiäre Problemlagen, in den allerhöchsten Tratsch, gesundheitliches Wohlergehen und Unpässlichkeiten. Freuden und Ärgernisse treten ebenso hervor wie Sympathien und Antipathien. Eine bereits 1924 von Otto Ernst herausgegebene Sammlung von Briefen Franz Josephs darf vor diesem Hintergrund ebenfalls nicht unerwähnt bleiben, wenngleich diese Auswahl sich der kritischen Prüfung entzieht.[14]

Vor der Veröffentlichung der privaten Korrespondenz Franz Josephs waren die Biografen auf Memoiren, Aktenstücke bzw. Aktensammlungen und diplomatische Berichte als wichtigste Quellen zur Person des Kaisers beschränkt. Die Fülle dieser Quellen spiegelt sich im Anmerkungsapparat dieses Buches wider.

Der »alte Kaiser« wird uns aus unterschiedlicher Perspektive vom der kaiserlichen Generaladjutantur von 1900 bis 1916 zugeteilten Freiherrn Albert Margutti (1921)[15] und von Franz Josephs Leibkammerdiener Eugen Ketterl (1929)[16], der von 1894 bis zum Tode des Kaisers in dessen unmittelbarer Umgebung lebte, näher gebracht.

Überaus wertvoll wäre die vollständige Herausgabe des Tagebuches der 1868 geborenen Erzherzogin Marie Valerie, Franz Josephs jüngster Tochter. Deren Aufzeichnungen befinden sich in Privatbesitz und sind nicht zugänglich, es wurden vom Archivar Richard Sexau allerdings als zuverlässig eingeschätzte Abschriften angefertigt, die in der bayerischen Staatsbibliothek aufbewahrt werden[17] und auch in verschiedene Forschungsarbeiten Eingang fanden.

Aus den so genannten »Charakterskizzen« stechen die Arbeiten von Heinrich Friedjung (1919),[18] Eduard Heller (1934)[19] und Heinrich Srbik (1949)[20] hervor. Friedjungs Essay beruht u. a. auf Mitteilungen, welche ihm von Ministern, Generalen und anderen Würdenträgern aus der Umgebung des Kaisers zugekommen waren, und ist der vielleicht erste kenntnisreiche und zugleich auch nicht unkritische Versuch über den Habsburger. Dies lässt sich über Hellers gewiss ebenfalls kenntnisreiches Charakterbild nicht sagen; schon Srbik, dessen (aus einem bereits 1931 gehaltenen Vortrag hervorgegangener) Aufsatz von Wandruszka als »unübertrefflich« gelobt wurde, bezeichnete Hellers Arbeit wohl als »achtenswert«, insgesamt aber doch als »zu apologetisch«.[21] Srbik fühlte sich - ebenso wie Heller - dem Mitteleuropaerlebnis der Weltkriegszeit verpflichtet, er betonte »die Kongruenz kaiserlicher Maxime und österreichischer Lebensbedürfnisse; Franz Joseph habe (im Gegensatz zu Erzherzog Albrecht, Anm. C.D.) die bloß dynastische Perspektive überwunden«.[22]

Von den frühen Arbeiten scheinen mir nur die politischen Biografien von Josef Redlich (1928)[23], dessen Schwerpunkt im Bereich der Innenpolitik liegt, und Karl Tschuppik (1928)[24] nützlich, die sich beide, wenngleich in manchem veraltet, durch einen kritischen Ansatz auszeichnen. Der Jurist und Politiker Redlich, der 1918 im Kabinett Lammasch und dann wieder 1931 Finanzminister war und sich vor allem mit einem bedeutenden Werk über das österreichische Staats- und Reichsproblem seine Meriten verdient hatte[25], schrieb die Monografie in den Vereinigten Staaten. Seine in der Vorrede geäußerte Hoffnung, »dass dieses Buch viel dazu beitragen wird, das Verständnis für die Persönlichkeit Kaiser Franz Josephs und für das Schicksal des von ihm beherrschten Reiches zu fördern und zu verbreiten«, kann als erfüllt betrachtet werden. Tschuppik, dessen Buch von mehreren Historikern früh als wertvoller Beitrag gewürdigt wurde,[26] kritisierte vor allem »die Übertragung adelig-familiären Denkens auf den Bereich der Politik; Ehre und Ansehen des Hauses Habsburg als Maxime des politischen Handelns; die durch Prestigedenken diktierte Unfähigkeit zum Kompromiss mit den übrigen Nationen«.[27] Darin sah er die eigentlichen Gründe für den Untergang Habsburgs.

1930 erschien ein von Eduard Steinitz herausgegebener Sammelband über den Kaiser, dessen apologetischer Grundzug sich von der ersten bis zur letzten Seite erstreckt. Da die einzelnen Autoren (u. a. Berchtold,

Krobatin, Spitzmüller,[28] Stürgkh) auf Wunsch des Herausgebers in erster Linie »Miterlebtes« und »persönliche Eindrücke« berichten sollten, hat dieser Band aber doch einen gewissen Wert. Heinrich Clam-Martinic schrieb eingangs: »Das vorliegende Werk soll - in voller Objektivität ohne jede Schönfärberei - ein möglichst wahrheitsgetreues, wirklichkeitsnahes Bild Kaiser Franz Josephs geben. Es ist von Männern verfasst, die in ihrer Mehrzahl dem Monarchen einst zur Seite standen, die ihn persönlich gekannt haben und dadurch befähigt sind, ihn so darzustellen, wie sie ihn selber erlebten - wie er wirklich war ... Ich hoffe, dass das Werk allen jenen, denen das Andenken des alten Kaisers teures Vermächtnis ist, ebenso willkommen sein wird wie dem Forscher, dem es um die Richtigstellung der Charakterzeichnung zu tun ist.«[29] Zum Problem der »Objektivität« wurde oben bereits Stellung bezogen, »ohne jede Schönfärberei« agierten die Autoren jedenfalls nicht.

1949 erschien die deutsche Übersetzung von *François Joseph* des Comte de Saint-Aulaire. Dieses Buch wurde bereits von Srbik als »verfehlte Biografie« bezeichnet.[30] Noch Jahrzehnte später (1978) schrieb Anton (Graf) Bossi Fedrigotti ein ganz ähnliches Buch.[31] Beide Werke nenne ich stellvertretend für eine ganze Reihe von Arbeiten älterer und auch jüngerer Provenienz, die es an Kritikfähigkeit großteils vermissen lassen.

1968 traten Alexander Novotny[32] und A. Murad[33] mit Büchern über den Habsburger an die Öffentlichkeit. Auch in den 70er-Jahren wurden mehrere Publikationen über Franz Joseph vorgelegt, was auf das ungebrochene Interesse an seiner Person und jener Epoche, die seinen Namen trägt, schließen lässt. Die 1978 erschienene Biografie des polnischen Historikers Stanislaw Grodziskis (*Franciszek Józef I.*), welche weder in deutscher noch in englischer Übersetzung vorliegt, weshalb ich über den Inhalt nicht zu urteilen vermag, war innerhalb kurzer Zeit vergriffen. Zu einem veritablen Bestseller geriet das ebenfalls 1978 vorgelegte Buch *Kaiser Franz Joseph von Österreich* des deutschen Historikers und Publizisten Franz Herre, das immer wieder neu aufgelegt wurde. Auch wenn diese Biografie vor dem akademischen Richterstuhl Harm-Hinrich Brandts lediglich als »leiche Muse«[34] durchging, ist Herre das Verdienst nicht abzusprechen, konsequent und gekonnt, vor allem aber sprachlich anregend, gegen den »Schleier der Nostalgie« angeschrieben und zudem einen großen Leserkreis erreicht zu haben.

1983 schließlich legte der von der katholisch-romantischen Reichsideologie geleitete Heinrich Drimmel das Werk *Franz Joseph. Biographie einer Epoche* vor.[35] Drimmel, durch dessen Bücher sich die Verklärung der »guten alten Zeit« wie ein roter Faden zieht, war von 1954 bis 1964 österreichischer Unterrichtsminister und prägte als solcher die Kulturpolitik seiner Partei, der Österreichischen Volkspartei, nachhaltig. Drimmel war ein lupenreiner Reaktionär, der den Ersten Weltkrieg und alle politischen Übel des 20. Jahrhunderts auf die Reformation und die Aufklärung zurückführte. Ein Absatz aus einem anderen Buch Drimmels macht die Stoßrichtung seiner Arbeit über Franz Joseph deutlich: »So verließ denn Kaiser Karl drei Tage nach der Flucht Wilhelms II. Schloss Schönbrunn. Er blieb aber bis zum Tod Oberster Kriegsherr und von Gottes Gnaden Kaiser von Österreich ... Was ihm von Gott verliehen worden war, konnte weder er selbst abgeben, noch konnte es ihm von einer irdischen Macht genommen werden. Das Gottesgnadentum, an dem Karl wie an einer Dornenkrone bis zu seinem Tode trug, war ja Angriffsziel der Revolution, die von Nordamerika über den Atlantik getragen wurde, um zuletzt die Alte Welt zu überschwemmen.«[36]

1984 und 1987 wurden die beiden wissenschaftlichen Begleitbände der niederösterreichischen Landesausstellung »Das Zeitalter Kaiser Franz Josephs« (1. Teil: Von der Revolution zur Gründerzeit 1848–1880; 2. Teil: Glanz und Elend 1880–1916) vorgelegt. In einem weit gespannten Bogen werden hier in zahlreichen Aufsätzen politische, wirtschaftliche, soziale, rechtliche und kulturelle Aspekte der Habsburgermonarchie untersucht und interpretiert, zwei Beiträge im ersten Band widmen sich auch der Person Franz Josephs und seiner Familie.

Im Jahre 1988 erschien (in deutscher Übersetzung) die Monografie *Franz Joseph. »Der letzte Monarch der alten Schule«* des Franzosen Jean-Paul Bled.[37] Dieses ausgewogene und kompetente Werk nimmt in der Franz-Joseph-Literatur eine Ausnahmestellung ein, da es eine Lücke überzeugend zu schließen verstand, über welche Friedrich Engel-Janosi rund zwanzig Jahre zuvor geschrieben hatte: »Natürlich gibt es eine große Zahl wertvoller historischer Untersuchungen, die sich mit Kaiser Franz Joseph beschäftigen; der Kaiser nimmt in den neuen Darstellungen der österreichischen Geschichte von Hugo Hantsch und Erich Zöllner einen ausgezeichneten Platz ein; es gibt eine Reihe hoch stehender historischer Essays über ihn; aber eine wirkliche, den heutigen Ansprüchen genügende Biografie des Kaisers besitzen wir nicht.«[38]

Mit Bleds Arbeit kann sich Alan Palmers 1994 vorgelegte Biografie

Franz Joseph I. Kaiser von Österreich und König von Ungarn m. E. zwar nicht messen, weil der Autor dem alten Österreich in einzelnen Bereichen zu unkritisch gegenübersteht. Es handelt sich aber trotzdem um ein anspruchsvolles Werk, welches zu einem nicht geringen Teil auf englischsprachiger Sekundärliteratur aufbaut, wodurch sich teilweise andere Perspektiven eröffnen.

Noch mehr gilt dies für Steven Bellers *Franz Joseph - Eine Biographie* aus 1996 (dt. 1997). Bei diesem Buch, der bislang letzten Monografie über den Habsburger, handelt es sich um eine genuin politische Biografie, in der man Einzelheiten über das Privatleben des Kaisers vergeblich sucht. Beller konzentriert sich auf die politischen Strukturen der Monarchie und das dynastische Selbstverständnis ihres Regenten: »Heutzutage wird Kaiser Franz Joseph oft als ›gütiger und toleranter Monarch‹ beschrieben, der ohnmächtig zusehen musste, wie sein Reich von ›nationalen Kräften‹ ausgehöhlt und von Freund und Feind in Kriege und Konflikte verwickelt wurde. Mein Anliegen ist es, zu zeigen, dass Franz Joseph den ›historischen Kräften‹ nicht willenlos ausgeliefert war, sondern einen erheblichen Entscheidungsspielraum hatte, wann er mit wem und in welcher Sache zusammenarbeitete - oder eben nicht.«[39]

»Der Mann wurde schon in der Kindheit ... vernichtet.«

4. Ein Versuch über Franz Josephs Kindheit, Jugend und die Zeit der Thronbesteigung[1]

Franz Joseph wurde am 18. August 1830 in Schönbrunn geboren. »Ein unaussprechlicher Ausdruck von Glück und Freude lag auf dem Antlitz des Erzherzogs Franz Karl«, berichtete ein Augenzeuge, »als er seinem kaiserlichen Vater persönlich die Meldung von dem frohen Ereignisse abgestattet hatte. War er ja zum ersten Mal nach sechsjähriger Ehe mit einem Kinde, obendrein mit einem Prinzen, beglückt worden, welcher, wie man damals schon mit Grund annahm, bestimmt war, dereinst den Thron der Habsburger zu besteigen.«[2] Das Neugeborene stand in der Erbfolge nur an dritter Stelle, doch die Wahrscheinlichkeit, dass dieser Erzherzog dereinst die Nachfolge seines Großvaters Franz I. antreten würde, war groß. Der Kaiser hatte zwar viermal geheiratet, doch nur zwei Söhne, Ferdinand und Franz Karl, und fünf Töchter hatten überlebt. Diese Kinder entstammten aus seiner Ehe mit Marie Therese von Neapel, der doppelten Cousine des Kaisers. Die dramatischen Folgen einer solchen aus dynastischen Erwägungen und primitivem Dünkel praktizierten Inzucht sind seit Jahrhunderten bekannt: Schwachsinn, physische Gebrechen, Charakterschwächen, geistige Inferiorität und allerlei Geisteskrankheiten. Ferdinand, zur Zeit der Geburt Franz Josephs noch unverheiratet, war extrem geistesschwach und schwerer Epileptiker, sein Bruder Franz Karl ein beschränkter, unbegabter Einfaltspinsel. Beiden war eine auffallende Disproportion des Kopfes eigen. Man hatte Franz Karl mit der ehrgeizigen, politisch aktiven bayerischen Prinzessin Sophie, der Stiefschwester der vierten Frau seines Vaters, verheiratet, deren vornehmste Aufgabe es war, den Fortbestand der Dynastie zu garantieren. Welche zukünftige Rolle dem Erstgeborenen Sophies zugeschrieben wurde, illustriert Grillparzers Gedicht *Fantasie am Morgen der Niederkunft der Erzherzogin Sophie*, wo es heißt: »Heil dir und ihm, dem Erben des Thrones! Lang möcht' er herrschen, uns und dir zur Lust!«[3] Am 20. August fand die Taufe statt, in der das Kind die Namen Franz Joseph Karl erhielt.

Sophie, von der gesagt wurde, sie sei der einzige Mann in ihrer Familie, war eine starke Persönlichkeit, sie war verhältnismäßig belesen und gebildet, andererseits aber erzkatholisch bis hin zur Bigotterie. An der Idee des Gottesgnadentums hielt sie eisern fest, während sie im Liberalismus die Fratze des Bösen erblickte. Sophie war überzeugt, »dass die Herrschenden besondere Auserwählte seien, die mit Hilfe der Gnade Gottes ihre Untertanen regieren ... und die beherrschten Völker durften sich glücklich preisen, von einem derartigen Herrscher regiert zu werden.«[4] Ein Vergleich mit der späteren Kaiserin Zita drängt sich auf.

In ihrer Ehe war Sophie die dominierende Persönlichkeit. Es war klar, dass sie im Falle einer Thronbesteigung ihres Mannes starken Einfluss auf die Staatsgeschäfte nehmen würde. Diese Option war keineswegs nur theoretischer Natur, Ferdinand, der Kronprinz, war krank, niemand hätte voraussagen können, dass er einmal ein Alter von über achtzig Jahren erreichen würde. Als Ferdinand 1831 verheiratet wurde, sah Sophie sich jedoch in ihren Plänen akut gefährdet, denn würde Ferdinand Kinder zu zeugen vermögen, wären die Thronansprüche für ihren Mann und ihren Sohn in weite Ferne gerückt. Die treibende Kraft hinter dieser Eheschließung war Fürst Metternich, der einflussreiche Staatskanzler, auf dessen Drängen Ferdinand bereits sechs Wochen nach der Geburt Franz Josephs zum König von Ungarn gekrönt worden war. Erst als ihr die Ärzte versicherten, dass eine Vaterschaft des Kronprinzen höchst unwahrscheinlich sei, beruhigte sich Sophie und kam zur Überzeugung, dass sie für ihren »ausgezeichneten Franz, für ihr Kind und für sich« nichts zu befürchten habe.[5]

Unangefochten wachte Sophie über die Erziehung ihres Sohnes, der »Franzi« gerufen wurde. Sie war sich dessen bewusst, dass es in ihren Händen lag, einen zukünftigen Kaiser und damit das Gepräge der Monarchie nach ihren Wertvorstellungen zu formen. Die Beziehung Franz Josephs zu seiner Mutter war außerordentlich eng. Wenn Sophie eine längere Reise antrat, bekam er Weinkrämpfe und weigerte sich zu essen. »Ich muss immer rasend Acht geben«, notierte sie, »seine Empfindlichkeit nicht zu nähren ... Unheimlich ist mir das tiefe Gefühl immer ein bisschen.«[6] Wie sehr die Erziehung Sophies auf ihr Kind, das sie eines Tages auf einer einsamen Spitze thronen zu sehen wünschte, einwirkte, belegt ein scheinbar belangloser Vorfall. Louise von Sturmfeder, die »Aja« des Knaben, ging mit diesem im Kaisergarten spazieren und traf auf eine Gräfin, die mit ihren Kindern, die den kleinen Erzherzog sofort in ihre Mitte nahmen, ebenfalls einen Spaziergang unternahm. Sophie fragte sofort aufgebracht und pikiert: »Mit wem geht denn das Kind? Eigentlich gehört sich das nicht!«[7] Die Kinder der Gräfin waren also kein standesgemäßer Umgang für »Franzi«. Auch Franz Josephs später in Pedanterie ausartender Ordnungssinn war in frühester Kindheit angelegt. Sturmfeder schrieb von dem »Geist der Ordnung«, der in dem Kind wohne, »man könnte wahrhaftig sagen, angeboren ist. Ohne dass ihm jemand sagt, arrangiert er seine Spielsachen und hat nicht eher Ruhe, bis jedes Stück an seinem Platz ist.«[8] Ebenso weit zurück geht Franz Josephs Vorliebe für alles Militärische, worauf in einem anderen Kapitel dieses Buches noch genauer eingegangen wird.

»Die ersten Jugendjahre bestimmen vielleicht die Gesichtszüge des Menschen durch sein ganzes Leben, so wie sie überhaupt die Grundlage seines ... Charakters sind.« Mit diesen Worten brachte der 20-jährige Friedrich Schiller zum Ausdruck, dass in der Kindheit die Wurzeln eines ganzen Lebens verborgen sein könnten. Heute wissen wir, dass die ersten Lebensjahre für die wesentlichen Persönlichkeitsmerkmale von entscheidender Bedeutung sind, für den Charakter, für die emotionale Stabilität, nicht zuletzt für die geistige Entwicklung. Neigungen und Abneigungen, Erfahrungen und Eindrücke, vor allem auch die frühen Bezugspersonen, sie bestimmen die spätere Entwicklung. In dieser frühen Phase spielte für die Entwicklung Franz Josephs neben der Mutter der Großvater eine prägende Rolle. »Dem kleinen Franz Joseph«, so Holler, »bedeutete sein Vater sehr wenig, eigentlich gar nichts, sein bewunderter und heiß geliebter Großvater dagegen alles. Sein ganzes Streben ging dahin, so zu werden und so zu sein wie der Großvater, der Kaiser Franz. Er schaffte es nur zu gut.«[9]

Der »gute Kaiser Franz«, von dem ein Zeitgenosse meinte, dass hinter dessen »angeblicher Gutmütigkeit eine Schlauheit und Härte verborgen« liegen würden, »vor denen selbst ein Metternich zurückschreckte«,[10] starb

am 2. März 1835. Noch am Sterbebett hatte er zwei Dokumente unterzeichnet, die seinen Sohn und Nachfolger Ferdinand verpflichteten, die Rechte der römisch-katholischen Kirche zu garantieren und die »Grundlagen des Staatsgebäudes« nicht zu verrücken. Außerdem hielt er ihn an, über öffentliche Fragen und Personen keine Entschlüsse zu fassen, ohne Metternich darüber gehört zu haben. Dieser war aber weit davon entfernt, die ganze Macht in seinen Händen zu halten. Die Regierungsgeschäfte führte seit 1836 die neu eingerichtete Staatskonferenz, der neben Metternich, den Erzherzögen Ludwig und Franz Karl auch Anton Graf Kolowrat angehörte, Metternichs erbittertster Gegner. Kolowrat bestimmte über die gesamte Innenpolitik beinahe autonom. Der Kaiser wurde in der Staatskonferenz von seinem unfähigen Onkel Ludwig vertreten, die Erzherzöge Karl, Joseph und Johann, Kaiser Franz' wesentlich begabtere Brüder, waren von der Macht ausgeschlossen worden. Kaiser Ferdinand wurde im Volksmund »Nandl« oder schlicht »Trottel« genannt, für den kleinen Franz Joseph konnte er jedenfalls kein Vorbild sein. Im Gegensatz dazu fand in der Erinnerung des Kindes immer stärker die Heroisierung des mediokren Großvaters als Verkörperung des idealen Herrschers statt.
Mit seinem sechsten Geburtstag trat Franz Joseph in einen neuen Lebensabschnitt ein, seine formelle Erziehung begann. Für die Funktion des »Primo Ajo«, womit die oberste Aufsichtsperson gemeint war, wurde auf Wunsch Metternichs der 46-jährige Heinrich Graf Bombelles erwählt, zum Dienstkämmerer wurde der 42-jährige Oberst Johann Alexander Graf Coronini-Cronberg bestellt, der auf die Entwicklung des Charakters Franz Josephs größten Einfluss hatte.[11] Coronini war unnahbar und pedantisch, sein »Mangel an Fantasie ... wurde reichlich durch die strenge Zuchtschule des Soldatenhandwerks aufgehoben. Seine Hauptaufgabe war es, aus dem kleinen, fröhlichen Franzi ... einen richtigen Soldaten und Thronanwärter zu formen ... Es dauerte gar nicht lange und aus ... Franzi war ein schmallippiger, sehr ernster, zurückhaltender, altkluger junger Mann geworden, der von der Wichtigkeit seiner Persönlichkeit überzeugt und eingenommen war.«[12]
Die umfangreichen Lehrpläne für Franz Joseph unterschieden sich nicht substanziell von jenen, nach welchen sein Großvater unterrichtet worden war. Das Pensum war umfangreich und erlaubte nur wenige Pausen. Zu selbstständigem Denken wurden beide nicht hingeführt, Drill und stumpfsinniges Auswendiglernen standen an der durchgeplanten Tagesordnung, die nichts dem Zufall überließ. Der Stundenplan für den Sechs-

jährigen sah für Montag, Mittwoch und Freitag wie folgt aus: 7.00–7.30 (Ankleiden); 7.30–8.00 (Ungarisch); 8.00–9.30 (Frühstück); 9.30–10.00 (Zeichnen); 10.00–10.30 (Deutsch); 10.30–11.00 (Deutsch); 11.00–11.30 (Schreiben); 11.30–12.00 (Geografie); 12.00–14.00 (Spaziergang); 14.00–15.00 (Mittagessen); 15.00–16.00 (Ruhe); 16.00–17.00 (Französisch); 17.00–19.00 (Reiten oder Tanzen); 19.00–20.00 (Abendessen); 20.00 (Bettruhe). Dienstag, Donnerstag, Samstag: 7.00–7.30 (Ankleiden); 7.30–8.00 (Ungarisch); 8.00–9.30 (Frühstück); 9.30–10.00 (Französisch); 10.00–10.30 (Deutsch); 10.30–11.00 (Schreiben); 11.00–11.30 (Schreiben); 11.30–12.00 (Geografie); 12.00–14.00 (Spaziergang); 14.00–15.00 (Mittagessen); 15.00–16.00 (Ruhe); 16.00–17.00 (Deutsch); 17.00–19.00 (Exerzieren); 19.00–20.00 (Abendessen); 20.00 (Bettruhe).[13] Später kamen zahlreiche andere Fächer hinzu: Religion, Geschichte, Musik, Sprachen wie Tschechisch, Italienisch und Polnisch (der sprachbegabte Franz Joseph lernte nie Englisch), etwas Latein und Griechisch. »Philosophie« wurde vor allem als »Morallehre« unterrichtet, womit Sophies Beichtvater Othmar von Rauscher betraut war. Politische und juristische Unterweisungen blieben Stückwerk. Einen hohen Stellenwert nahm »Militärkunde« ein, die dem höchst interessierten Franz Joseph, der als erster habsburgischer Thronfolger sorgfältig zum Offizier erzogen wurde, von Franz von Hauslab nahe gebracht wurde, doch legte man mehr Gewicht auf die Vermittlung der äußeren Form der Befehlsausübung als auf Stunden in Strategie.[14] Metternich persönlich übernahm es 1847, den Erzherzog an Sonntagen in Staatswissenschaft zu unterweisen. Franz Joseph war 13, als die übermäßige Belastung zu einer stressbedingten Krankheit führte, doch er erholte sich rasch wieder und »funktionierte« so, wie dies von ihm erwartet wurde. Sparta galt alles, Athen nichts. Am 18. August 1845 schrieb er in sein Tagebuch: »Mein Geburtstag und zwar der 15te. Fünfzehn Jahre alt, nur mehr wenig Zeit zur Erziehung; also muss ich mich sehr Anstrengen mich zu bessern.«[15]

Reaktionäre Personen wie Sophie und Bombelles, Coronini, Hauslab und Joseph Fielo, der Geschichtelehrer, Metternich und Rauscher, der schon aufgrund einer gewissen Charakterverwandtschaft einen bleibenden Einfluss auf Franz Joseph ausübte, zeichneten den Weg, den der Habsburger bis zu seinem Tode ging, die Grenzen, die ihm in diesen zwölf Jahren gezogen worden waren, durchbrach er nie. Der stupide Erziehungsmarathon hatte Methode, eine innere Logik, die sich in den ideologiebehafteten Fächern, in den Lektionen über die gottgegebene Allmacht des Herrschers oder über den Liberalismus, der dem Erzherzog als Teufelswerk verkauft wurde, bemerkbar machte. Dass Franz Joseph neuen Ideen zeitlebens verschlossen blieb und tradierte Wahrheiten niemals infrage stellte, ist auf diese entscheidenden Jahre zurückzuführen, in welchen es – dem (Un-)Geist des Hofes entsprechend – unterblieben ist, dem jungen Habsburger die Abenteuer des Geistes schmackhaft zu machen. Anstatt intellektuelle Neugier und Wissensdurst zu wecken formte man aus Franz Joseph einen an Äußerlichkeiten hängenden Perfektionisten, der es nie an Pünktlichkeit, Pflichtbewusstsein und peinlicher Gewissenhaftigkeit fehlen ließ, zu einem originellen Gedanken hingegen weder als Jugendlicher noch als Greis fähig war.

»Alles in allem genommen«, fasste Redlich zusammen, »der 18-jährige Erzherzog, an dem das Schicksal der Dynastie hing, als das politische Erdbeben in Paris im Februar 1848 die politische und soziale Ordnung des habsburgischen Völkerreiches bis in die Tiefen erschütterte, war ein physisch und geistig gut veranlagter Jüngling von der durchschnittlichen Art von Fürstensöhnen, bei denen ... die Tradition größeren Raum einnehmen muss als die aus der eigenen Individualität hervorwirkenden Kräfte. Erzherzog Franzi war gewiss nicht ohne manche wertvolle Gaben für die ihm vorbestimmte hohe Stellung, doch ohne ganz besonders auffallende höhere Begabung; ein schon in dem kaum dem Knabenalter entwachsenen Prinzen wahrnehmbares, sehr stark ausgesprochenes Gefühl für persönliche Würde und äußere Haltung kennzeichneten ihn ebenso wie ein Mangel an höheren intellektuellen Interessen, dem ein unverkennbarer, früh entwickelter Tatsachensinn und nüchternes Urteil gegenüberstand. Als eine besonders gütige Natur ist er seiner Umgebung damals nicht erschienen ... Er war gewiss nicht reif genug, aus eigener Kraft das unsagbar schwere und hohe Schicksal selbsttätig zu formen, welches ihm die Not des Erzhauses und der dynastische Ehrgeiz seiner stolzen Mutter allzu früh auferlegten.«[16]

Dem Orkan des »Völkerfrühlings« von 1848 gingen dunkle Wolken voraus, die Revolution brach nicht aus heiterem Himmel los, in ganz Europa zog ein Gewitter herauf, welches das Pulverfass der allgemeinen Missstimmung in die Luft zu sprengen drohte. Die Ursachen waren vielschichtig, die Politik war von einem Zustand der Windstille gekennzeichnet, die Menschen spürten die Folgen der Geldentwertung und litten an der scharfen Zensur. Die Radikalisierung der nationalen Bewegungen nahm zu. Missernten und Wirtschaftskrisen zogen Hungerrevolten und Arbeiterunruhen nach sich. Zuerst gärte es in den Provinzen des Habsburgerreiches, wo der Ruf der Nationalitäten nach Freiheit die Büchse der Pandora geöffnet hatte. »Das Jahr 1848 rollt auf – dräuend, gewitterschwer, weltgeschichtlich«, schrieb zum Jahreswechsel 1847/48 der Offizier Carl Moering. Ungarn mit seiner starken antihabsburgischen Opposition machte den Anfang. Am 3. März hielt Ludwig Kossuth die »Taufrede der Revolution«, wenige Tage später erhob sich das Wiener Bürgertum.[17] Am 13. März, einen Tag, nachdem Studenten volle akademische Freiheit und die Aufhebung der Zensur gefordert hatten, drang eine Gruppe in das Gebäude des niederösterreichischen Landtages ein und skandierte die Entlassung Metternichs. Wenig später gab es die ersten Toten, wofür Erzherzog Albrecht verantwortlich gemacht wurde. Damit hatte in den Augen der Revolutionäre aber die Dynastie selbst das Blut des Volkes vergossen. Die Bedrohung für den Hof wuchs, als die Bürger und Studenten der Innenstadt massenweise Zustrom von den Arbeitern aus den Vororten erhielten.

Angesichts der drohenden Lage war der Rücktritt Metternichs unausweichlich. Der greise Kanzler bekam nach 39 Jahren an der Spitze der Außenpolitik den Dank des Hauses Habsburg zu schmecken, er wurde eiskalt fallen gelassen und konnte nur mit Hilfe des Barons Rothschild nach England fliehen. Kaiser Ferdinand sah sich am 15. März »zur Erfüllung der Wünsche unserer treuen Völker« gezwungen, er versprach eine »Constitution«. Wenige Stunden zuvor hatte er allen Mut zusammengenommen und mit Franz Karl und Franz Joseph eine Spazierfahrt in der Innenstadt unternommen. Franz Joseph war auch dabei, als der Kaiser am 11. April nach Pressburg reiste, um die neue konstitutionelle Herrschaft in Ungarn zu bestätigen. Als die kaiserliche Familie infolge der heftigen Proteste gegen die von Ferdinand oktroyierte Verfassung im Mai Wien verließ und nach Innsbruck floh, befand sich Franz Joseph bei der Armee in Italien, wo Feldmarschall Radetzky, der im Februar über Lombardo-Venetien den Belagerungszustand verhängt hatte, den Truppen Sardinien-Piemonts gegenüberstand.[18] Der Erzherzog reiste erst am 5. Juni nach Tirol. Die Erlebnisse im Feldlager Radetzkys und bei Santa Lucia hinterließen bei dem 18-Jährigen einen tiefen, bleibenden Eindruck. Nach Santa Lucia schrieb er seiner Mutter: »Ich habe zum ersten Male die Kanonenkugeln um mich pfeifen gehört und bin ganz glücklich!«[19] Grillparzers Huldigungsgedicht an Radetzky, der auf italienischem Boden triumphierte, *In Deinem Lager ist Österreich*, nahm die »Viribus unitis«-Devise Franz Josephs vorweg. Radetzky, Fürst Alfred zu Windischgraetz und Josef von Jellačić, Banus von Kroatien, waren jene Armeeführer, die gegen den äußeren und gegen den inneren Feind den Sieg erfochten und Habsburgs Thron gerettet hatten. Aus dem »WIR« in der ersten Proklamation des jungen Kaisers können auch die dementsprechend geordneten Initialen dieser drei Militärs herausgelesen werden. Windischgraetz war infolge der »Oktoberrevolution«, die ausgebrochen war, weil ein Wiener Grenadierbataillon sich geweigert hatte gegen das revolutionäre Ungarn zu marschieren, mit kaiserlichen Truppen von Prag aus nach Wien marschiert, Jellačić rückte von Osten gegen die aufständische Hauptstadt vor, die gegen diese Übermacht keine Chance hatte.

Die Revolution stellte sich als reine Gegenwelt zu allem dar, was in Franz Joseph an Denken, Fühlen und Wollen steckte, sein politisches Weltbild war schlicht und manichäisch, es gab nur Gut und Böse, hier die »braven Truppen«, die »Treue der Gutgesinnten«, dort die »treulosen Wiener«, die »Spitzbuben«, der »schlechte Geist« des Aufruhrs. Für die Hofpartei um Sophie und deren hochadelig-militärischen Paladine mit den Fürsten Windischgraetz und Schwarzenberg an der Spitze, welche im Herbst 1848 die Abdankung des Kaisers und unter Umgehung von Franz Karl die Thronbesteigung Erzherzog Franz' vorbereiteten, waren alle parlamentarischen Verfassungsbemühungen ein Anschlag gegen das Selbstherrschertum, in ihr Verdikt waren Erzherzog-Palatin Stephan und Erzherzog Johann, der »Reichsverweser« der Frankfurter Paulskirche, einbezogen, sie wurden als Abtrünnige angesehen.[20]

Die kaiserliche Familie, die sich Anfang August entschlossen hatte nach Wien zurückzukehren, war am 7. Oktober erneut geflohen und hatte am 14. Oktober im mährischen Olmütz Quartier bezogen. Auch die Mehrzahl der Abgeordneten folgte dem Kaiser nach Mähren, was zur Folge hatte, dass der Reichstag in Wien als »Rumpfparlament« erscheinen musste. In Kremsier, unweit von Olmütz, wurden die Delegierten einquartiert, dort sollten sie tagen. Aus Wien waren auch Politiker eingetroffen, die in Zukunft eine tragende Rolle spielen sollten: Baron Kübeck, Alexander von Hübner und Fürst Felix von Schwarzenberg, der auf Empfehlung seines Schwagers Windischgraetz, dessen politische Ansichten er allerdings nicht teilte, zum Ministerpräsidenten ernannt wurde. Der Diplomat Schwarzenberg, ein autoritärer Hocharistokrat, war eng mit der Armee verbunden; beseelt von der Bedeutung Österreichs

sollte es nun sein vorrangiges Ziel sein, dessen Machtposition in Europa wiederherzustellen. Dieses Ziel versuchte er in der Folge über den Weg einer strikten Zentralisierungspolitik im Inneren zu erreichen, er kämpfte für die Integrität der Gesamtmonarchie mit Einschluss der italienischen Provinzen und Ungarns. Ob Schwarzenbergs Beteuerung vom 27. November, »wir wollen die constitutionelle Monarchie aufrichtig und ohne Rückhalt«, nur eine Finte war um Zeit zu gewinnen oder ob er tatsächlich meinte, den einheitlichen Staat auf konstitutioneller Grundlage zu gewährleisten, muss offen bleiben. Die künftige Entwicklung, die darin gipfelte, die vom Kremsierer Reichstag erarbeitete Verfassung zu verwerfen und anstatt derer die so genannte »Märzverfassung« zu erlassen, die aber nicht in Kraft gesetzt wurde, lässt Zweifel an seiner Lauterkeit als berechtigt erscheinen.
Am 13. November reiste Schwarzenberg von Wien nach Olmütz und hatte eine lange Unterredung mit Kaiserin Maria Anna, Franz Karl und Sophie. Alle Anwesenden waren sich einig, dass nun der Augenblick für den Thronwechsel gekommen sei. Zum Entsetzen Sophies wollte ihr Gatte plötzlich nicht auf die Nachfolge verzichten, da er einen solchen Schritt als Verstoß gegen das geheiligte Prinzip der Legitimität betrachtete. Erst als dieser Konflikt beigelegt war, konnte man ernsthaft an die Vorbereitungen für den Thronwechsel herangehen. Erzherzog Franz, der junge, strahlende Hoffnungsträger der Dynastie, der von Magenschmerzen gepeinigt wurde, bekam in dieser kritischen Zeit nach wie vor seine gewohnten Unterrichtsstunden. Auf Drängen Schwarzenbergs bestieg der darüber verärgerte 18-Jährige nicht als Franz II., so wie dies auch seine Eltern gewünscht hatten, den Thron, sondern als Franz Joseph I. Der Name Franz II. hätte die Untertanen glauben machen können, dass unter dem neuen Kaiser das »System Metternich« wieder auferstehen würde, der Beiname Joseph hingegen erinnerte an den »Reformkaiser« Josef II. Die feierliche Zeremonie fand am 2. Dezember in der erzbischöflichen Residenz in Olmütz statt,[21] Kaiser Ferdinand schrieb in sein Tagebuch die trockenen Worte: »Die Funktion endete damit, dass der neue Kaiser vor seinem alten Kaiser und Herrn, nämlich vor mir, kniend um den Segen bath ...«[22] Ferdinand soll in seiner Naivität zu Franz Joseph noch die Worte gesagt haben: »Gott segne dich, sei nur brav, Gott wird dich schützen, es ist gern geschehen!«
Da die Thronbesteigung unter Missachtung der ungarischen Gesetze er-

folgt war, rief Kossuth im April die Republik aus, die Habsburger wurden für abgesetzt erklärt. Aus ganz Europa eilten Freiwillige herbei, um die Magyaren in ihrem Freiheitskampf zu unterstützen. Windischgraetz erzielte zunächst zwar einige militärische Erfolge, doch die Niederwerfung Ungarns im Sommer 1849 wäre ohne die massive Hilfe des russischen Zaren Nikolaus I., der sich gegenüber dem jungen Habsburger wie ein väterlicher Freund verhielt, nicht möglich gewesen. Windischgraetz' Stern befand sich im Sinken, vor allem Karl Graf Grünne, der mittlerweile zu großem Einfluss gekommen war, intrigierte gegen ihn und veranlasste seine Absetzung durch den Kaiser. »Auf den Dank des Hauses Habsburg konnte man sich verlassen«, bemerkte Holler zynisch und völlig zu Recht,[23] wenige Jahre später sollte auch der russische Zar diese Erfahrung machen. Die ungarischen Kriegsgefangenen wurden von österreichischer Seite nicht mit jener »wohlverstandenen Milde« behandelt, die der Romanow von Franz Joseph brieflich erbeten hatte.[24] Der Habsburger antwortete, es wäre seine »heilige Pflicht, äußerste Strenge« walten zu lassen. Sein unerbittlicher Exekutor in Ungarn war Feldzeugmeister Julius von Haynau, er war der verlängerte Arm des hasserfüllten Rachedurstes des Wiener Hofes, der im »Blutgericht von Arad« einen grauenvollen Höhepunkt fand. Am 6. Oktober 1849 wurden die Urteile vollstreckt, u. a. 13 Generale wurden unter den Klängen der Kaiserhymne als »Hochverräter« hingerichtet. Insgesamt fielen dem kaiserlichen Justizmord 114 Ungarn zum Opfer. Empörung zog speziell die Hinrichtung des vormaligen Ministerpräsidenten Lajos Batthyány nach sich. Schwarzenberg soll auf das Ansinnen, Gnade walten zu lassen, geantwortet haben, das sei eine gute Idee, doch zuerst »wollen wir ein bisschen hängen lassen«. Die Schergen Haynaus übten eine vom Kaiser akzeptierte Schreckensherrschaft aus. Franz Joseph, von den Ungarn vor noch nicht allzu langer Zeit als »rothosiger Leutnant« verspottet, wies alle Interventionen, von welcher Seite sie auch an sein allerhöchstes Ohr drangen, harsch zurück. Sein Thron wurde in der Blutlache der ungarischen Revolution errichtet. Die Revolution war niedergeschlagen worden, deren Führer waren geflohen, doch das Verhältnis der Dynastie zur ungarischen Nation war durch die Härte der Sieger auf Jahrzehnte schwer belastet.

Es war ein junger Ungar, János Libényi, der am 18. Februar 1853 auf Franz Joseph ein Attentat verübte.[25] Nach seiner Verhaftung gab er sich durch die Rufe »Eljen Kossuth« als Anhänger der Revolution zu erkennen.

5. Der multiple Versager

Ehemann

Kaiserin Elisabeth

»Wie so oft in früheren Zeiten konnte ich nun wieder bemerken, dass Tante Sisi und Franz Joseph sich, ohne es zu wollen, so leicht gegenseitig verletzten. Er kann ihre außergewöhnliche, feurige Natur nicht verstehen, während ihr für seinen einfachen Charakter und praktischen Verstand das Verständnis abgeht. Und doch liebt er sie so sehr.«

Amélie, Nichte Elisabeths, Dezember 1889

»Eine gerechte Beurteilung der Person Kaiser Franz Josephs ... ist nur möglich«, schrieb Brigitte Hamann im Vorwort ihrer den Rang eines Standardwerkes einnehmenden Elisabeth-Biografie, »wenn auch jene Persönlichkeit wahrheitsgetreu und abseits eines süßlichen Klischees mit einbezogen wird, die für sein Leben von nicht zu unterschätzender Bedeutung war - auch und gerade durch ihre Verweigerung: Elisabeth, seine ›geliebte Engels-Sisi‹.«[1] Kaiser und Kaiserin waren Antipoden, zwei höchst ungleiche Persönlichkeiten, welche sich gegenseitig trefflich unglücklich zu machen verstanden. Das Koordinatensystem der kaiserlichen Ehe, die 44 Jahre - von welchen »Sisi« praktisch Jahrzehnte nicht an der Seite ihres Mannes weilte - währte, definierte sich gewissermaßen über zwei in entgegengesetzte Richtungen weisende Pfeile, gleich Plus und Minus lebten sie aneinander vorbei.

Der Beginn dieser unglücklichen Verbindung schien hingegen einem Märchenbuch entlehnt zu sein, die Liebe zur völlig unreifen, unfertigen, kaum 16-jährigen Elisabeth, seiner bayerischen Cousine, brach über den 23-Jährigen regelrecht herein. Die näheren Umstände, die »Brautschau« von Franz Josephs Mutter und die erstmalige Auflehnung des gehorsamen Sohnes, welcher den Plan Sophies und deren Schwester Ludovika, den Kaiser mit Elisabeths älterer Schwester Helene zu verheiraten, vereitelte, setze ich als bekannt voraus. Im Rückblick schrieb Elisabeth: »Die Ehe ist eine widersinnige Einrichtung. Als 15-jähriges Kind wird man verkauft und tut einen Schwur, den man nicht versteht und dann 30 Jahre oder länger bereut und nicht mehr lösen kann.«
In den Monaten bis zur Hochzeit musste Elisabeth, die in beinahe bürgerlichen Verhältnissen aufgewachsen war und eine im höfischen Sinne nur mangelhafte Erziehung genossen hatte, ein gewaltiges Pensum nachholen: höfisches Protokoll und höfisches Tanzen, österreichische Geschichte, Sprachen etc. Je näher der Tag der Hochzeit rückte, der 24. April 1854, desto größer wurde ihre Angst vor dem, was sie im fernen Wien erwarten würde. »Ich habe den Kaiser so lieb«, hatte sie im Sommer 1853 einbekannt, »wenn er nur kein Kaiser wäre!« Viel später sollte die zur Republikanerin gereifte »Kaiserin wider Willen« erklären: »Kaiser sein ist sowieso eine Sache, die eigentlich abgeschafft gehört!«
Aufgrund der angespannten außenpolitischen Situation musste das Paar auf Flitterwochen verzichten, Franz Joseph ging bis spät abends den Staatsgeschäften nach, während »Sisi« von Heimweh geplagt ihr Schicksal bedauerte. 14 Tage nach der Hochzeit dichtete sie: »Oh, dass ich nie den Pfad verlassen,/Der mich zur Freiheit hätt' geführt!/Oh, dass ich auf der breiten Straßen/Der Eitelkeit mich nie verirrt!/Ich bin erwacht in einem Kerker,/Und Fesseln sind an meiner Hand./Und meine Sehnsucht immer stärker - Und Freiheit! du, mir abgewandt!/Ich bin erwacht aus einem Rausche,/Der meinen Geist gefangen hielt,/Und fluche fruchtlos diesem Tausche,/Bei dem ich Freiheit!dich - verspielt!«
Ungeachtet der großen gegenseitigen Zuneigung schlitterte die Ehe bereits nach kurzer Zeit in eine Katastrophe. Von Anfang an fühlte sich Elisabeth in Wien unwohl, das pedantisch gehandhabte Zeremoniell, gehütet von ihrer Schwiegermutter, empfand sie als drückende Last. Für Sophie war »Sisi«, die völlig unvorbereitet in eine ihr fremde Welt hineingestoßen worden war, ein »Fratz«, ein dummes, ungelenkes, wohl aber beeinflussbares Mädchen, aus dem eine Kaiserin geformt werden

musste. Dabei ging »die böse Frau«, wie Elisabeth die Schwiegermutter nannte, hart und unnachgiebig vor und erreichte damit das genaue Gegenteil dessen, was sie angestrebt hatte. Franz Joseph war zu schwach, zu sehr Muttersöhnchen, als dass er es konsequent unternommen hätte, sich auf die Seite seiner Frau zu schlagen.
Zwischen 1855 und 1858 erfüllte Elisabeth ihre wichtigste Pflicht, der Dynastie Kinder zu gebären. Nach zwei Mädchen, von denen das erste bald starb, wurde 1858 endlich der Kronprinz geboren. Sopie übernahm alle Vorbereitungen. »Sie allein bestimmte, was zu geschehen hätte, die Schwiegertochter wurde gar nicht gefragt ... Sie wusste, wie ihr Gemahl vor der Mutter zusammenkippte, wie sehr er von ihrem Wohlwollen abhing ... aber auch, wie sehr er selbst unter ihrer Fuchtel litt. Nur, er traute sich nie aufzubegehren.«[2] Sophie übernahm die Verantwortung für die Erziehung der Kinder, deren Kammer neben ihr Zimmer verlegt wurde. Die jugendliche Kaiserin war für diese Aufgabe als zu unreif befunden worden, sie hatte sich dem Regiment der Schwiegermutter ebenso zu unterwerfen, wie es der Kaiser zu tun gewohnt war. Erst bei ihrem vierten Kind, Marie Valerie, vermochte sich Elisabeth durchzusetzen: »Erst jetzt weiß ich, welche Glückseligkeit ein Kind bedeutet ... Meine anderen Kinder hat man mir sofort weggenommen. Es war mir nur dann erlaubt, die Kinder zu sehen, wenn Erzherzogin Sophie die Erlaubnis dazu gab. Sie war immer anwesend, wenn ich die Kinder besuchte. Endlich gab ich den Kampf auf ...«[3]
Das Ringen um Selbstbehauptung, der Kampf gegen die Schwiegermutter und das Aufbäumen gegen ihre repräsentativen Verpflichtungen griffen die Gesundheit Elisabeths an, sie kränkelte, provozierte und opponierte. Vom Kriegsschauplatz in Italien schrieb der Kaiser bittersüße Briefe: »Meine liebste Engels-Sisi, den ersten Augenblick nach dem Aufstehen benütze ich, um ... dir zu sagen, wie sehr ich dich liebe und wie ich mich nach dir und den lieben Kindern sehne ...«[4] Als der höfische Tratsch von einer Affäre Franz Josephs berichtete, verließ Elisabeth 1860 Wien. Nur widerwillig kehrte sie schließlich zurück, um jedoch sofort wieder in eine Krankheit zu flüchten. Was nun folgte, wiederholte sich mehrfach. Sobald die Kaiserin aus Wien weg war, besserte sich ihr Zustand, doch kaum war sie von langen Auslandsaufenthalten, die sie u. a. nach Madeira und Korfu geführt hatten, zurück, stellten sich die alten Symptome wieder ein: Weinkrämpfe, Platzangst, Husten u. a. m. Erst 1862 hatte Elisabeth zu sich gefunden, sie war eine andere Frau ge-

worden: »selbstbewusst, energisch, fordernd – und vor allem eine voll erblühte, außerordentliche Schönheit. Und Franz Joseph wurde ihr glühendster, geradezu demütig ergebener Verehrer. Von nun an setzte sie alles durch, was sie wollte. Vor allem wollte sie reisen ... nur fort aus Wien. Ein traditionelles Eheleben hatte es in dieser Ehe kaum gegeben und gab es nun schon gar nicht mehr.«[5]

Elisabeths Schönheit förderte ihre Egozentrik, die Bewunderung, die ihr entgegengebracht wurde, schmiedete ihren Narzissmus. Sexualität dürfte in ihrem Leben keinen großen Stellenwert eingenommen haben, folgende zwei Zeilen aus ihrer Feder machen dies deutlich: »Für mich keine Liebe, für mich keinen Wein/Die eine macht übel, der andere macht spei'n!« Franz Joseph, der vom Schlafzimmer nach Lust und Laune der Gattin ausgesperrt war, erfüllte ihr jeden Wunsch, er bettelte geradezu um ihre Zuneigung. »Jetzt hätt' ich halt noch eine Bitt'«, schrieb er am 27. Juli 1866. »Wenn du mich besuchen könntest. Das würde mich unendlich glücklich machen.« Zwei Wochen später hieß es: »Mein lieber Engel, jetzt bin ich wieder mit meinem vielen Kummer allein und sehne mich nach dir. Komme bald wieder ... wenn du auch recht bös und sekkant warst, so habe ich dich doch so unendlich lieb, dass ich ohne dich nicht sein kann. Schone dich nur recht und gebe beim Reiten Acht, denn ich ängstige mich sehr ...« Diese demütige Verehrung, die Franz Joseph in der Rolle eines mit der Einsamkeit hadernden Bittstellers zeigt, überdauerte die Jahrzehnte. »Meine Gedanken sind viel und mit Sehnsucht bei dir. Du denkst wohl seltener an mich«, schrieb er 1888.[6]

Elisabeth war für Franz Joseph das Gegenteil einer idealen Ehefrau, sie war vor allem keine Kaiserin, da sie zwar alle Rechte und Privilegien, die ihre hohe Stellung mit sich brachte, auskostete, sich aber allen Pflichten verwehrte. Dass gerade sie als *die* Kaiserin schlechthin galt und gilt, ist erstaunlich. Die Frage, welchen Anteil Franz Joseph am missglückten Leben »Sisis« hatte, ist schwer zu beantworten. Hätte er es gewagt, gegen die Mutter aufzubegehren und Partei für seine junge Frau zu ergreifen, so hätte diese womöglich als Mutter ihrer Kinder in Wien heimisch werden können. Der Kaiser hingegen hatte Elisabeth immer wieder eindringlich gebeten, in den Konflikten mit der Schwiegermutter nachzugeben. Wenn wir die Briefe Franz Josephs an Sophie heranziehen, so findet sich nur eine einzige Stelle, wo er der geliebten Mutter, die damit gedroht hatte, aus der Hofburg auszuziehen, eine sanfte

Rüge erteilt.[7] Während er mit Sophie sehr wohl über Politik sprach, dachte Franz Joseph nicht daran, Elisabeth an seinen Sorgen teilhaben zu lassen. Die junge Frau litt darunter, dass sie wie ein Kind beiseite gedrängt und nicht ernst genommen wurde. Jene politischen Überzeugungen, die langsam in ihr reiften, Liberalismus, Antiklerikalismus, die Präferenz für den Verfassungsstaat, standen in einem scharfen Gegensatz zu den Ansprüchen des Gottesgnadentums und Absolutismus.

Als Elisabeth 1859 ihren Gatten drängte endlich Frieden zu machen, ignorierte er sie. Wirklich politisch aktiv wurde sie nur ein einziges Mal. 1866 nahm sie sich dem Drängen der Ungarn auf Unabhängigkeit an und wurde zur Fürsprecherin für deren nationale Forderungen. »Sisis« Magyarophilie entstand zunächst wohl aus ihrer Opposition gegen den Wiener Hof, wo die Ungarn noch immer als Revolutionäre galten.[8] Sie sprach ausgezeichnet Ungarisch und hatte sich mit den führenden Politikern Ferenc Deák und insbesondere Gyula Andrássy, für den sie eine Art schwärmerische Zuneigung empfand, angefreundet. Andrássy war es gelungen, die Kaiserin zu seinem Werkzeug zu machen. Elisabeth mischte sich nun konkret und energisch in die Politik ein, ihre politischen Wünsche an Franz Joseph waren so scharf formuliert, dass man durchaus von Erpressung sprechen kann. Der Kaiser gab nach, seine Briefe an »Sisi« unterzeichnete er in dieser schwierigen Zeit mit »Dein treues Männchen« oder »Dein dich ungeheuer liebender Kleiner«. Am 8. Juni 1867 war Elisabeth am Ziel: Ihr Mann wurde zum König von Ungarn gekrönt, sie zur Königin.

In den 1870er-Jahren widmete sich Elisabeth vor allem dem Reiten. Sie kaufte die besten und teuersten Pferde und nahm erfolgreich an Wettkämpfen teil. Später verlegte sie sich auf den Fechtsport, um schließlich in den 1880er-Jahren ihre Individualität im Dichten zu pflegen. »Sisi«, die ihr Talent gewaltig überschätzte, wähnte sich in der poetischen Nachfolge Heinrich Heines, mit dem sie in spiritistischem Kontakt zu stehen überzeugt war. Das literarische Interesse der »seltsamen Frau« ging aber weit über ihren Meister Heine hinaus, so übersetzte sie Werke der Weltliteratur ins Griechische, eine Sprache, die sie mit großem Fleiß erlernt hatte. Sie schwärmte für alles Griechische, für die homerischen Mythen ebenso wie für die großartige Landschaft. Die Summe ihres extravaganten Verhaltens war auch eine Manifestation dafür, wie sehr sie die monarchische Staatsform, in der sie nur mehr eine »Ruine« erblickte, verachtete. »Übrigens glaubt Mama, dass sich Österreich ... nicht

mehr halten wird, wenn Papa nicht mehr ist«, notierte Marie Valerie. In einem ihrer Gedichte brachte Elisabeth klar zum Ausdruck, was sie über die Monarchie dachte: »Wer weiß! Gäb's keine Fürsten/Gäb es auch keinen Krieg/Aus wär' das teure Dürsten/Nach Schlachten und nach Sieg .../Und sollten sie entscheiden/Die Republik muss sein/So willige mit Freuden/In ihren Wunsch ich ein.«
Für Franz Joseph waren die geistigen und künstlerischen Ambitionen seiner Frau unverständlich, nichts als »Wolkenkraxlerei«. Der prosaische Kaiser, der mit Elisabeth eigentlich nur die Liebe zur Natur teilte, fand es z. B. völlig unverständlich, dass »Sisi« in der Nacht las: »Ich beschwöre dich, gebe dieses Leben gleich auf und schlafe bei der Nacht, die ja von der Natur zum Schlafen und nicht zum Lesen und Schreiben bestimmt ist ...«[9] Es wurde für Franz Joseph immer schwieriger, den Kontakt mit Elisabeth aufrechtzuerhalten. Auch seine Versuche, die Kaiserin in Wien zu halten, scheiterten. »Sisi« hatte sich in eine Traumwelt verabschiedet, nicht nur die physische Beziehung war abgebrochen, die Eheleute hatten sich nichts mehr zu sagen. Wenn Franz Joseph bei Tisch eine Äußerung der Kaiserin nicht verstand, weigerte sich diese ihre Worte zu wiederholen. Andererseits war eine Konversation mit dem Kaiser kaum möglich, es wäre immer schon schwer gewesen, schrieb Valerie 1889 in ihr Tagebuch, »mit Papa nur halbwegs ins Gespräch zu kommen«. Nach dem Tod der Mutter beteuerte sie: »Wie verstehe ich jetzt, dass der Umgang mit Papa Mama schier erdrückte. Ja, es ist schwer, mit Papa zu sein, da er einen eigentlichen Gedankenaustausch nie gekannt hat. Ich weiß, wie tief er fühlt und leidet, und stehe machtlos vor all diesem Weh, mit keinem anderen Mittel als der althergebrachten Schablone.«[10] Nach der Gräfin Larisch soll Elisabeth ihren Mann nie bei seinem Namen genannt haben, sie hätte stets nur »Du« gesagt: »›Du, komm her‹, apostrophierte sie den Herrscher von Österreich, vor dessen Willen die ganze Familie zitterte, dessen Machtwort aufsässige Erzherzöge in die Verbannung trieb.«[11] Elisabeth strafte den Kaiser häufig mit demütigender Nichtbeachtung. »In Gödöllö bekam der Kaiser seine Gattin, selbst wenn sie unter einem Dache wohnten, nur selten zu Gesicht«, erinnerte sich Ketterl. »Wollte Franz Joseph sie morgens besuchen und ging er ohne Anmeldung zu ihr hinüber, erklärten die diensthabenden Geister ..., die Kaiserin schlafe noch ... so kam es vor, dass der Kaiser oft zehn Tage lang umsonst zu ihr hinüberging ... mir tat der hohe Herr oft in der Seele Leid.«

Der Tod des Kronprinzen 1889 warf die 51-jährige Elisabeth endgültig aus der Bahn. Sie empfand Schuldgefühle gegenüber dem Sohn, der jahrelang vergeblich auf ihre Zuwendung gewartet hatte. Gegenüber ihrem Bruder klagte sie: »Hätte nur der Kaiser niemals ihr elterliches Haus betreten, sie niemals gesehen! Was wäre ihm und ihr alles erspart geblieben!«[12] Valerie litt an der »traurigen Atmosphäre« der elterlichen Ehe auch nach Mayerling: »Ich sage mir mit tiefstem Weh, dass dies schwere Leid statt die Eltern ... einander näher zu bringen, sie noch mehr entfremdet hat (weil keines des andern Schmerz versteht).«[13] Elisabeths Schönheit war verwelkt, sie selbst bezeichnete sich als »Mumie«, ihr faltiges, mageres Gesicht verbarg sie hinter einem Fächer. Von Elisabeth ging eine tiefe Traurigkeit aus, die Franz Joseph, dessen Liebe zu ihr niemals erlosch, noch immer zu »Tönen inniger Besorgtheit« veranlassten.[14] Die Kaiserin sehnte sich nach dem Tod: »Mama wird wohl nie mehr, was sie ehemals war; sie neidet Rudolf den Tod und ersehnt ihn Tag und Nacht.«[15] Ihre Ermordung durch einen italienischen Anarchisten am 10. September 1898 löschte ein sinnlos gewordenes Leben aus. »Was ist denn jetzt mit mir geschehen?«, waren ihre letzten Worte. Dieser leise Aufruf türmt sich gleich einem düsteren Fragezeichen hinter der Biografie der »seltsamen Frau« auf, die ihr ganzes Leben daran gelitten hat, dass ein Kaiser in ihr Leben getreten war. Auf die Frage, ob man in diesem Jahr 1853 nach den Gefühlen des Mädchens gefragt habe, antwortete ihre Mutter später: »Dem Kaiser von Österreich gibt man keinen Korb!«

Graf Paar war anwesend, als Franz Joseph die Nachricht vom Tode seiner Frau erhielt. Margutti gegenüber erzählte er, der Kaiser habe »jeglicher Selbstbeherrschung abhold« gestammelt: »Niemand weiß, wie sehr wir uns geliebt haben!«[16] Ketterl will die Worte gehört haben: »Niemand weiß, was diese Frau mir gewesen ist!«[17] Franz Joseph habe zwar geweint, notierte Valerie, »aber fassungslos war er auch da nicht und bald darauf wieder ruhig wie damals nach Rudolfs Tod ... Er arbeitet alle Tage ununterbrochen wie immer, selbst alles bestimmend, was dem hergebrachten Ceremoniell zufolge zu geschehen hat.«[18]

Exkurs: Katharina Schratt

Elisabeth war nicht frei von Schuldgefühlen gegenüber dem Kaiser, was in einem ihrer Gedichte deutlich zum Ausdruck kam. »Deine früh ergrauten Haare/Stillen Vorwurf sprachen sie;/Und die Treue langer Jahre/Ich verdiente sie wohl nie.« Was die eheliche Treue des Kaisers anlangte, schwelgte sie freilich in Illusionen. Als Franz Joseph »Sisi« kennen lernte, war er natürlich nicht mehr unerfahren, welche Dame allerdings zu welchem Zeitpunkt die Rolle der »initiatrice« eingenommen hatte, ist nicht gesichert. Als 14-Jähriger war der Erzherzog in Leidenschaft zu einer preußischen Baroness entflammt. Sophie schrieb damals in ihr Tagebuch: »Franzi ist in zarter Art und Weise mit Fräulein von Marwitz beschäftigt. Es ist das erste Mal, dass solch ein Gefühl in ihm erwacht. Ich kann den Eindruck nicht genügend beschreiben, den mir das gemacht hat. Dieser Bub, den ich noch für ein Kind hielt, geht plötzlich, ohne dass ich es merke, zu den Neigungen und Gefühlen eines jungen Mannes über. Das ließ mich eine vage Unruhe wie eine peinliche Sensation empfinden und es scheint mir, als gehöre er mir nicht mehr so wie früher.«[19] Bei Bagger ist zu lesen, dass Franz Joseph seine erste sexuelle Erfahrung mit einer reifen, üppigen Frau aus der Nähe von Krems gemacht habe.[20] Einer anderen Quelle zufolge soll die Rolle der »initiatrice« der verheirateten Gräfin Elisabeth Ugarte zugefallen sein, die der Habsburger im Fasching des Jahres 1848 kennen gelernt habe.[21] Im Jahr davor finden sich in Franz Josephs »Wirtschaftsbuch« plötzlich auftauchende Posten für Blumen und Bonbonnieren, was jedenfalls einschlägige Schlussfolgerungen erlaubt, zwischen dem 16. und dem 17. Lebensjahr begann er übrigens auch zu rauchen.[22]

Am Wiener Hof, an welchem »diese Angelegenheit« als rein hygienisches Problem behandelt wurde, bzw. in den Haushalten der Erzherzöge nahm die »initiatrice« eine durchaus angesehene Stellung ein. Holler bemerkte: »Bei der Auswahl dieser Damen wurde viel weniger auf Stand und Herkunft geachtet, sondern vielmehr auf eine gesunde, animalische Konstitution.«[23] Hartnäckig hielt sich das Gerücht, dass Graf Grünne, Franz Josephs Obersthofmeister und seit 1850 dessen Generaladjutant, es war, der für seinen Herrn Liebesabenteuer arrangiert habe. Es wurde festgehalten, dass Franz Joseph in den ersten drei Jahrzehnten seiner Regentschaft mit einer Reihe von Damen Verhältnisse gehabt habe, welche, nachdem der Kaiser ihrer überdrüssig geworden war, Abfertigungen in beträchtlicher Höhe erhalten haben sollen.[24]

Wirklich bewiesen ist das langjährige außereheliche Verhältnis Franz Josephs zu der Wienerin Anna Nahowski, die ein Tagebuch führte, das erst

1986 von Friedrich Saathen veröffentlicht wurde.[25] Der Kaiser war 45 Jahre, als er die noch nicht 16-jährige Nahowski 1875 im Schönbrunner Schlosspark während seines Morgenspaziergangs kennen lernte. Da diese Beziehung lange - bis 1888/89 - währte, ist es eigentlich verwunderlich, dass das Liebesverhältnis zwischen dem Kaiser und der Tochter eines Korbwarenerzeugers kein annähernd so großes Interesse wie die Beziehung zu Katharina Schratt nach sich zog. Auch nachdem Franz Joseph im Sommer 1886 diese Freundschaft zur bekannten Schauspielerin aufgenommen hatte, traf er sich noch mit Nahowski, immerhin zwei Jahre lang. Nahowski war zweimal verheiratet, die erste Ehe war sie kurz vor ihrer ersten Begegnung mit dem Kaiser eingegangen. Zumindest ihr zweiter Mann wusste von ihrem hoch gestellten Liebhaber. Franz Nahowski arrangierte sich ohne allzu große Probleme, vermutlich auch deshalb, weil seine Frau jene beachtlichen Summen, die sie von Franz Joseph bekam, an den Gatten ablieferte. Für Anna blieb ihr Liebhaber, der sich selten länger als eine Stunde bei ihr aufhielt, stets die Majestät. »So einfach der Kaiser in allem und jedem ist, hält Er viel auf gute Sitten und anständiges Benehmen. Alles Ordinäre und sich gehen lassen ist Ihm verhasst.«[26] Die Begegnung mit Franz Joseph war *die* große Geschichte ihres Lebens und dennoch war sie sich stets der unüberbrückbaren Distanz bewusst: »So nahe wir uns stehen, so himmelweit sind wir entfernt voneinander.«[27] Eines der drei überlebenden Kinder Nahowskis, Helene, war möglicherweise die Tochter des Kaisers, aber auch von ihren Geschwistern wurde dies behauptet. Helene heiratete später den Komponisten Alban Berg.

Gerüchte über uneheliche Kinder Franz Josephs gab es viele, Nachweise konnten nicht erbracht werden. Eine Frau Braun, die Tochter einer Weißnäherin, soll ebenso ein Kind des Kaisers gewesen sein wie Baron Gautsch, immerhin Minister, oder der Sohn einer Sennerin, die der Habsburger während der Jagd auf einer Alm kennen gelernt haben soll.[28] Oftmals zitiert wurde die Versicherung Lernet-Holenias, er habe in Ischl mehrere Männer gesehen, die dem alten Monarchen verblüffend ähnlich gesehen hätten.

Hellmut Andics machte auf die Mitteilung des Verfassers eines Fernsehspiels über Kaiserin Elisabeth aufmerksam, in dem auf Basis von erhalten gebliebenen ärztlichen Verschreibungen der Nachweis geführt werden sollte, dass die Kaiserin von Franz Joseph mit Gonorrhöe angesteckt worden sei. Dass »die Erkenntnis einer solchen Erkrankung und

ihres Ursprungs bei einer jungen Frau einen Schock für das ganze Leben auslösen könnte, wäre verständlich«.[29] Nicht nachvollziehbar ist, dass die Verarbeitung dieser begründeten Vermutungen in der TV-Sendung schließlich unterblieb, weil die Verantwortlichen den Mythos nicht beschädigen wollten.
Alle diese tatsächlichen oder vermuteten Liebschaften waren der Öffentlichkeit natürlich nicht bekannt, sie sollen hier aber nicht ausgespart werden, rücken sie doch das tradierte Bild von der in Einsamkeit und Askese erstarrten »papierenen Schreibtischexistenz« Franz Josephs etwas zurecht. Mitleben und mitleiden konnte das Volk aber nur dann, wenn ihm eine Plattform zur Identifikation geboten wurde, des Kaisers Liebe zur Märchenprinzessin »Sisi« war eine solche, seine allgemein bekannte Freundschaft zur »gnädigen Frau« Schratt ebenso. Dass der alternde, kontaktarme Kaiser von seinem Thron herabstieg, um seine Gunst einer Schauspielerin zu schenken, verlieh ihm einen Stich ins Menschlich-Allzumenschliche und somit Popularität.[30] In den drei Jahrzehnten dieser Verbindung entfaltete sich eine überaus umfangreiche Korrespondenz, die für Franz Joseph auch eine Art Rettungsanker gewesen sein mag, an welchem er sich aus der Monotonie seines von Pflichten zugeschütteten Alltags zu ziehen vermochte. Die Briefe bilden »eine unfreiwillige und schonungslose Selbstdarstellung des sonst so unnahbaren und verschlossenen Kaisers, der hier seine Ängste und Unsicherheiten eingesteht, seine Schwächen wie seine Stärken offenbart - und seine emotionelle Abhängigkeit von der Freundin. Die Briefe sind aber auch Zeugnisse des kaiserlichen Alltags und Ersatz für einen entspannenden wienerischen Plausch bei Gugelhupf und Kaffee - mit dem dabei üblichen Gemisch von Wichtigem und Unwichtigem, Alltäglichkeiten neben hoher Politik, Theater- und Familientratsch, Freuden, Sorgen, Eifersüchten und Unpässlichkeiten. In einem Federzug werden darin ... die monarchiebedrohenden Nationalitätenkrawalle ... und die Wirkung des Abführmittels erörtert, das die Freundin eingenommen hatte ...«[31]
In der Handschriftensammlung der Österreichischen Nationalbibliothek werden etwa 900 Briefe Franz Josephs an die Schratt aufbewahrt, weitere Briefe gelten als verloren.[32] Die Gegenbriefe Schratts sind im Original nicht bekannt, verschiedene Briefkonzepte, die nur schwer zu entziffern sind, lagern ebenfalls in der Nationalbibliothek.[33] Eine erste Auswahl der Briefe wurde 1949 vom Habsburg-treuen Jean de Bourgoing herausgegeben, dessen Absicht es war, Franz Joseph in ein mensch-

licheres und sympathischeres Licht zu rücken. Bourgoing meinte beispielsweise die Erwähnung weglassen zu müssen, dass Franz Joseph während der »stillen Woche« am Bett seiner Freundin sitzen durfte und dies als beglückende Intimität empfand (»... so werden Sie mir hoffentlich im Bette Audienz ertheilen, was für Ihre Gesundheit zuträglich sein und mich freuen würde.«). Daraus erwuchsen »die Gerüchte, dass Bourgoing angeblich schockierende Bettgeschichten des Paares unterdrückt habe. Die so harmlose Erklärung scheute der offenbar recht prüde Bourgoing und ging in seinem moralischen Übereifer so weit, dass die Fantasie der Leser über den so offenkundig moralisch gesäuberten Texten erst recht Kapriolen schlug ...«[34]

In welcher Weise sich diese Edition von jener Hamanns aus 1992 unterschied, wurde weiter oben bereits festgehalten. Franz Joseph hatte seiner Freundin in vollem Vertrauen auf ihre Diskretion geschrieben, was seine Briefe historisch überaus wertvoll macht: »Auch diese Zeilen werden einer strengen Censur nicht entsprechen«, schrieb er 1888, »und wenn Sie dieselben verbrennen würden, wäre es gewiss das Beste; wenigstens versprechen Sie mir, sie gut zu verwahren, damit nie ein fremdes Auge sie erblickte.«[35]

Der Kaiserin, die von Wien fortblieb, wann immer es möglich war, war nicht entgangen, dass Katharina Schratt, welche Karl Kraus später als »schauspielerischen Urtypus primitiver Gesundheit«[36] beschreiben sollte, das lebhafte Interesse ihres vereinsamten Mannes erweckt hatte. Die 1853 geborene Kaufmannstochter war 1883 an das k.k. Hofburgtheater berufen worden und hatte sich persönlich für die Ernennung beim damals 53-jährigen Kaiser zu bedanken. Die Schratt soll Franz Joseph laut zum Lachen gebracht haben, was seine Umgebung, die solche Töne vom Monarchen nicht gewohnt war, in beträchtliches Erstaunen versetzte.[37] Elisabeth war in keiner Weise eifersüchtig, im Gegenteil, es ist wahrscheinlich, »dass diese bisher harmlose Schwärmerei ... niemals mehr geworden wäre ohne Elisabeths sehr energische Unterstützung«.[38] Die Kaiserin arrangierte im Frühjahr 1886 ein Treffen zwischen ihrem Mann und der Schratt im Atelier des Hofmalers Angeli, bei dem sie für den Kaiser ein Bild der Schauspielerin in Auftrag gegeben hatte. Sie selbst wohnte diesem Treffen bei »und machte sich so zur Schirmherrin dieser Liebe ihres Mannes«.[39] Fürstin Fugger schrieb über die Schratt: »Der Zauber ihrer Persönlichkeit war der Schlüssel zum Herzen des sonst ganz unnahbaren Kaisers Franz Joseph. Wenn auch keinerlei

Intimitäten zwischen ihnen herrschten ... so war sie doch die Einzige, mit der er sich über alles aussprach, was ihn beschäftigte.«[40] Die Bemerkung, es hätten keine Intimitäten stattgefunden, mag mit den Moralvorstellungen jener Epoche zu tun haben. Das Bild des untadeligen, christlichen Herrschers durfte keine Kratzer abbekommen. Es dauerte aber ziemlich sicher einige Jahre, bis diese Beziehung zu einer sexuellen Definition fand, denn noch 1888 schrieb Franz Joseph: »... unser Verhältnis muss auch künftig das Gleiche sein wie bisher, wenn es dauern soll, und das soll es, denn es macht mich ja so glücklich. Sie sagen, dass Sie sich beherrschen werden, auch ich werde es thun, wenn es mir auch nicht immer leicht wird, denn ich will nichts Unrechtes thun, ich liebe meine Frau und will ihr Vertrauen und ihre Freundschaft für Sie nicht missbrauchen.«[41] Ab Februar 1889 unterfertigte der Kaiser seine Briefe als »Ihr Sie innigst liebender Franz Joseph«, vorher hatte er seine Schreiben an die Schratt, seinen »heiß geliebten Engel«, den er jedoch niemals mit »Du« oder mit dem Vornamen anzusprechen pflegte, mit »Ihr treu ergebener ...« gezeichnet. Weder Verliebtheit noch Lust und auch nicht der angesparte Vorrat an Vertrautheit vermochten über das internalisierte Majestäts- und Auserwähltheitsgefühl dieses Mannes zu triumphieren. Obzwar die Schratt Franz Joseph, der geradezu ängstlich auf äußere Diskretion bedacht war, in ihren Briefen mit »Mein allergnädigster Herr und Kaiser« titulierte, ist es nachvollziehbar, dass sie enttäuscht darüber war, dass der Kaiser den Rubikon nicht zu überschreiten vermochte. »Das hat sie gekränkt bis zum Schluss«, wusste ihre Nichte, »dass sie für ihn immer die Bürgerliche war.«

Georg Markus veröffentlichte 1982 ein Buch, in welchem er die Behauptung aufstellte, dass Franz Joseph und seine »liebe, gute Freundin« nach dem Tode der Kaiserin und dem Ableben des Ehemannes der Schratt, Nikolaus von Kiss (Mai 1909), von dem sie sich schon lange zuvor getrennt hatte, eine so genannte »Gewissensehe« eingegangen wären.[42] Dabei handelt es sich um eine Ehe, die zwar in ordentlicher, gültiger Form geschlossen, aber geheim gehalten wird. Markus beruft sich u. a. auf eine Aussage des 1963 verstorbenen katholischen Sozialreformers August Maria Knoll, der 1934 im Wiener Erzbischöflichen Palais Trauzeuge einer solchen Gewissensehe war. Knoll hatte bei dieser Gelegenheit ebenso wie das junge Paar Einblick in das ansonsten im Geheimarchiv der bischöflichen Kurie aufbewahrte Trauungsbuch nehmen können. Die letzte Eintragung soll auf die Namen »Franz Joseph von Habsburg-Lothringen und Katharina Kiss de Ittibe, geb. Schratt« gelautet haben. Gerüchte über eine solche Heirat kursierten seit langer Zeit, Otto Habsburg bemerkte über diese Möglichkeit einmal ohne sie zu verneinen: »Ob er nun mit Frau Schratt tatsächlich verheiratet war oder nicht, interessiert höchstens Abraham a Sancta Clara - aber nicht die moderne Geschichte!«[43]

Vater: Kronprinz Rudolf

»Es ist eine seltsame Fügung«, schrieb Heinrich Benedikt, »dass die drei Kronprinzen des Hauses Österreich, von denen ein gefährliches Abgehen von der unerschütterlich festgehaltenen Tradition erwartet wurde, Don Carlos, Rudolf und Franz Ferdinand, eines gewaltsamen Todes starben.«[44]

»Kronprinzenschicksale« als archetypisches Muster der Nachfolgefrage berauschten bereits das Publikum im alten Griechenland, bedeutende Dichter haben sich des Stoffes angenommen. Das Spannungsverhältnis zwischen einem Machthaber und seinem Nachfolger analysierte Elias Canetti scharfsinnig: »Wenn es um eine Dynastie geht und der Nachfolger sein Sohn ist, wird die Beziehung zu diesem doppelt schwierig. Es ist natürlich, dass der Sohn ihn überlebt, wie jeder Sohn, und es ist natürlich, dass der Sohn die Passion fürs Überleben früh in sich steigert - er soll selbst ein Machthaber werden. Beide haben jeden Grund, einander zu hassen ... Der eine, der die Macht in Händen hat, weiß, dass er vor dem anderen sterben soll. Der andere, der die Macht noch nicht hat, fühlt sich des Überlebens sicher. Der Tod des Älteren ... wird glühend herbeigesehnt. Andererseits wird der Regierungsantritt des Jüngeren mit allen Mitteln hinausgeschoben. Es ist ein Konflikt, für den es keine wirkliche Lösung gibt. Die Geschichte ist voll von Aufständen solcher Söhne gegen ihre Väter.«[45]

Viktor Bibl stellte in seinem Buch über »Thronfolger« die Hypothese auf, dass solche Konflikte zwischen dem Herrscher und seinem Nachfolger unvermeidlich seien. Der Thronerbe strebe noch zu Lebzeiten des Machthabers nach Anerkennung, nach Autorität, er folge dem Drang, seine Ansichten äußern zu können, während der Herrscher nicht gewillt sei dem Erben irgendwelche Macht zu überlassen, er dulde auch keinerlei Beeinflussung oder Einmischung. Beide würden die

Interessen des Reiches vor Augen haben, doch jeder sieht sie durch das Verhalten des anderen in Gefahr.[46] Rudolf lehnte sich nicht offen gegen den Kaiser auf, seine Opposition versickerte in politischen Denkschriften und anonymen Zeitungsartikeln. Selbst in jenen Jahren, in welchen der Gegensatz zur Politik und Gedankenwelt seines übermächtigen Vaters einen unüberwindbaren Graben gerissen hatte, war seine »Rebellion« durch die Achtung gebietende, gestrenge Präsenz Franz Josephs gebändigt. Er rang stets mit seinem Bemühen, ein »folgsamer« Sohn zu sein.

Des Kronprinzen Verhältnis zu seinem Vater entwickelte sich von kindlicher Zuneigung und Verehrung in eine Richtung, die von höchst ambivalenten Emotionen getragen war, wenngleich ihm der tiefe Respekt, den er hinsichtlich der Disziplin des Kaisers, hinsichtlich des väterlichen Gefühls für Verantwortung und Pflichterfüllung empfand, niemals abhanden kam. Ein Lob des Vaters, ohnehin eine Seltenheit, war noch für den 29-Jährigen Balsam auf sein empfindsames Gemüt, eine Art Belohnung, nach welcher der Kronprinz beglückt griff: »Er war außerordentlich gnädig zu mir und belobte in den gnädigsten Worten meine Tätigkeit in Galizien und der Bukowina.«[47] Nur 18 Monate vor seinem Tod schrieb er seinem Onkel Albrecht: »Mein einziger Ehrgeiz ist es, meinem Kaiser zu dienen, und ich glaube, dass ich das bis jetzt gut gemacht habe.«[48] Auffallend ist somit die Ambivalenz, dem Vater gefallen, es ihm recht machen zu wollen und andererseits heftig gegen dessen Politik zu opponieren.

Rudolf wurde am 21. August 1858 geboren. Mit ihm hatte endlich der heiß ersehnte Garant für die Kontinuität der Dynastie das Licht der Welt erblickt. Franz Joseph enthüllte seine Gedankenwelt, sein pädagogisches Wollen, welches den Sohn und Erben zum strammen Soldaten und begeisterten Jäger zu nötigen gedachte, indem er dem Neugeborenen die Inhaberschaft eines Infanterie-Regiments verlieh (»Ich will, dass der durch Gottes Gnade Mir geschenkte Sohn von seinem Eintritte in diese Welt an Meiner braven Armee angehöre.«).[49] Rudolf hatte Soldat zu werden, dies stand vom ersten Augenblick an fest. Seinem erst dreijährigen Sohn schrieb er die Zeilen: »Ihr habt ja die Soldaten von deinem Regiment tanzen gesehen; das muss sehr hübsch gewesen sein, nur höre ich, dass du dich gefürchtet hast, was eine Schande ist!«[50] Dass Furcht in den Augen des soldatisch geprägten Kaisers als Schande galt, ist bezeichnend. Es darf nicht verwundern, dass sich beim Kronprinzen

»eine Disposition zur Kränklichkeit und Ängstlichkeit« bemerkbar machte, »die offenbar mit dem frühen Mutterentzug (die Kaiserin verließ 1860 auf dem Höhepunkt einer Ehekrise für längere Zeit die Familie) im Zusammenhang stand.«[51]

Wir haben Kenntnis von 63 datierten, fünf undatierten Briefen sowie zehn Telegrammen Franz Josephs an seinen Sohn zwischen November 1861 und Dezember 1876.[52] Diese Dokumente gewähren einen hochinteressanten Einblick in die erzieherischen Intentionen, aber auch in die jeweilige Lebenssituation und augenblickliche Gemütsverfassung des Kaisers. Das Wetter, die Jagd, seine Amtsgeschäfte, das Militär und wiederkehrende Ermahnungen an die Adresse Rudolfs, fleißig, mutig und gehorsam zu sein, begegnen uns als bevorzugte Themen: »Es hat mich sehr gefreut zu hören, dass du so brav und freundlich warst, wie die Offiziere von deinem Regimente bei dir waren« (an den dreijährigen Rudolf) – »Hier ist es jetzt sehr kalt im Gebirge; wo ich Auerhahnen geschossen habe, liegt viel Schnee« (an den Vierjährigen) – »Du wirst der lieben Mama und mir immer Freude machen, recht muthig, männlich und fleißig sein« (an den Achtjährigen) – »Ich danke dir für deine Nachrichten über die Wiener Schnepfenjagden und bitte dich mir mitzuteilen, was noch weiter geschossen wurde« (an den Zehnjährigen) – »Ich bedauere sehr, dass du ... auf der Jagd alles gefehlt hast, und hoffe nur, dass du auf künftigen Jagden ... besser schießen wirst« (an den Elfjährigen). Weissensteiner analysierte die vorhandenen Schreiben des Kaisers wie folgt: »In den Briefen ... erweist sich Franz Joseph als fürsorglicher, aber gestrenger Vater, der in seiner Wort- und Themenwahl sowie im geistigen Anspruchsniveau auf den Entwicklungsstand und die Aufnahmefähigkeit des Sohnes Bedacht nimmt, auf seine Vorlieben eingeht, seine Fragen prompt beantwortet, ihn tadelt und zu körperlichen wie intellektuellen Leistungen ermuntert ... Franz Joseph versucht den jungen Kronprinzen ... pädagogisch fernzusteuern. Der erhobene Zeigefinger ist nicht zu übersehen ... Der Kaiser fand für seinen sensiblen Sohn aber auch Worte des Lobes und der Ermunterung, wenngleich sie ihm spärlicher aus der Feder flossen als die Appelle zur Pflichterfüllung und zur Männlichkeit. Galt Franz Josephs Hauptinteresse der körperlichen Erziehung Rudolfs, dessen Jagderfolgen und Fortschritten beim Reiten, so nahm er selbstverständlich auch Anteil an der geistigen Entwicklung seines Sohnes. Immer wieder ermahnt er ihn zum fleißigen Studium und lobt seine Fortschritte ... Auch an Gefühls-

äußerungen, die eine emotionelle Bindung an den Sohn signalisieren, fehlt es ... nicht, wenn sie auch äußerst selten sind. Der Kaiser, nach außen hin stets um männliche Beherrschtheit bemüht, beklagt ab und zu seine eigene und Rudolfs Einsamkeit ...«[53]
Franz Joseph, introvertiert und unkommunikativ, hatte große Schwierigkeiten, jene Zuneigung, die er für seinen Sohn empfand, zu zeigen bzw. zum Ausdruck zu bringen. Keine auch noch so umfangreiche und sorgfältig geführte Korrespondenz vermag den persönlichen Kontakt zu ersetzen, erst recht nicht bei einem Kind. Dass der Kaiser aufgrund seiner Verpflichtungen für die Familie überaus wenig Zeit hatte, ist bekannt, dennoch war er beispielsweise bei allen Prüfungen, die zum Abschluss eines Unterrichtsfaches stattfanden, zugegen. Noch um einiges weniger als der Kaiser kümmerte sich die meist abwesende, egomanische Kaiserin um den Kronprinzen. Während Franz Joseph Rudolf überforderte, beklagte Elisabeth vor allem ihr eigenes Schicksal und sah die Verlorenheit ihres Kindes nicht. Rudolf wurde von seinem Vater gezwungen stundenlangen Paraden beizuwohnen, Kasernen zu besichtigen, Schießübungen über sich ergehen zu lassen und fast täglich zu exerzieren. Er war ein ängstliches Kind, sehr sensibel und von labiler Gesundheit. »Eines aber fiel schon früh bei diesem Knaben auf«, erklärte Hamann, »er hatte einen regen Geist, war frühreif, altklug, vorlaut, vor allem von einer nicht zu stillenden Wiss- und Lernbegierde. Gerade diese geistige Frühreife scheint jedoch bei dem kaiserlichen Vater keine Befriedigung ausgelöst zu haben. Zwar lobte er in seinen Briefen den Lerneifer des Kindes, war aber stets bemüht, ihm vor allem körperliche Übungen, so das Reiten und Schießen, nahe zu legen«.[54]
Kurz nach seinem sechsten Geburtstag erhielt Rudolf einen eigenen Hofstaat. Zu seinem Erzieher wurde ein Offizier von schwer vorstellbarer Rücksichtslosigkeit und Brutalität bestellt: Graf Leopold Gondrecourt, ein engstirniger Zuchtmeister, der es für notwendig befand, den hoch sensiblen Kronprinzen mitten in der Nacht mit Pistolenschüssen zu wecken und mit Wasserkuren zu traktieren. Es kam auch vor, dass Rudolf in der Nacht zum Exerzieren abkommandiert wurde, im Schnee! Ein andermal ließ Gondrecourt den Prinzen hinter der Mauer eines Tiergartens stehen und eröffnete dem verschreckten, vor Angst brüllenden Kind, dass sich ein Wildschwein nähern würde.[55] Franz Joseph sah diesem Treiben zu, doch er nahm keinen Anstoß daran, auch Sophie nicht. Der hochgradig nervöse Rudolf, der von seinem Vater gelegent-

lich als »mein Krepierl« bezeichnet wurde, verfiel und wurde so schwach, dass bereits der Verdacht bestand, er wäre an Diphtherie erkrankt. Sein Verhalten gestaltete sich so auffällig, dass endlich die Kaiserin eingriff. Sie würde es nicht zulassen, dass Gondrecourt ihren Sohn »beinahe zum Trottel« machen würde. Franz Joseph wollte zunächst nicht nachgeben, bis ihm Elisabeth am 24. August 1865 ein schriftliches Ultimatum zukommen ließ, »dessen Ton ein bezeichnendes Licht auf die Gefühlskälte innerhalb der ersten Familie der Monarchie wirft:«[56] »Entweder Gondrecourt oder ich!« Erst jetzt, nach dieser unverhohlenen Drohung, gab der Kaiser klein bei und stimmte der Bestellung von Joseph Latour von Thurmburg zum neuen Erzieher des Kronprinzen zu. Um zu illustrieren, welchem Mann Franz Joseph die Erziehung seines Sohnes bis zu dessen achtzehnten Lebensjahr anzuvertrauen bereit war, mag das Beispiel eines Soldaten für sich sprechen, dem von Gondrecourt ein Ohr abgeschnitten wurde, nur weil dieser eines Nachts nicht sofort aufstehen wollte.

Der 44-jährige Oberleutnant Latour, ein studierter Jurist, wurde für Rudolf, der allerdings noch über einen langen Zeitraum Bettnässer blieb, zu einer Art Vaterfigur. Er brachte Beständigkeit und Verständnis in den Alltag des Kronprinzen, dessen »Familienleben«, das diese Bezeichnung eigentlich gar nicht verdiente, weil es ein solches de facto nicht gab, sich exklusiv über einen Stundenplan definierte und eher den Charakter eines Rapports hatte. So hieß es etwa: »10 bis 11 Uhr: zu den Majestäten.« Friedrich Heer bilanzierte Rudolfs traurige Situation prägnant: »Das sensitive Kind litt sein ganzes Leben hindurch bis zu seinem Tod an einem Mangel an Liebe.«[57] Latours psychologisch einfühlsame Erziehungsmethoden sowie dessen Ruf, »liberal« zu sein und in der Gunst der Kaiserin zu stehen, machten seine Stellung bei Hofe nicht einfach, insbesondere die Kaiserinmutter und Erzherzog Albrecht misstrauten ihm. Erst nach fünf Jahren erhielt er den Titel »Erzieher«.

Die Lehrer Rudolfs wurden sorgfältig ausgewählt, sie kamen alle aus dem liberalen und bürgerlichen Bereich. Unter deren Fittichen reifte der Kronprinz in der Folge zu einem weltoffenen, modern ausgebildeten jungen Mann mit aniklerikalen und antiaristokratischen Ansichten heran, was gleichsam einen natürlichen Graben zum geschlossenen, konservativen Weltbild seines Vater aufriss. Die erste politische Schrift Rudolfs, die selbstverständlich nicht namentlich gezeichnet war, trug den Titel »Der österreichische Adel und sein constitutioneller Beruf.

Mahnruf an die aristokratische Jugend. Von einem Österreicher«.[58] Der Frühreife trat in dieser Schrift, die unter dem Einfluss und der Mitarbeit seines Lehrers Carl Menger, des Begründers der österreichischen Schule der Nationalökonomie, entstanden war, u. a. für den Verfassungsstaat, den Parlamentarismus und die liberalen Schulgesetze ein. Rudolfs Bekanntschaft mit dem Journalisten Moriz Szeps ging auf die Vermittlung Mengers zurück. Szeps entstammte einer jüdischen Familie und war Chefredakteur der links-liberalen Tageszeitung *Neues Wiener Tagblatt*, für die der Thronfolger eine Reihe von oppositionellen Leitartikeln schrieb.

Nach 1877 erhielt Rudolf mit dem lebenslustigen Grafen »Charly« Bombelles einen Obersthofmeister, der den verdächtig nachdenklichen Kronprinzen mit den »angenehmen Seiten des Lebens« vertraut machen sollte. Die dahinter stehende Absicht war klar: Der neugierige und rebellische Thronerbe sollte abgelenkt werden, durch schöne und willige Frauen, durch Feste und Jagdveranstaltungen. Der Kronprinz verstand es, die neue Freiheit in vollen Zügen auszukosten, er suchte immer öfter die Bekanntschaft von »leichten Mädchen«, zechte mit seinem Gefolge in anrüchigen Vorstadtlokalen und brach mit der Zeit alle gesellschaftlichen Konventionen, während er bei Tage als ehrgeiziger und disziplinierter Offizier auftrat.

1881 heiratete Rudolf die belgische Königstochter Stephanie, die ebenso bigott wie reizlos war. Dass dieses unscheinbare Mädchen bei dem im Umgang mit schönen Frauen bestens versierten Kronprinzen Anklang fand, ist nur schwer verständlich. Trotzdem entwickelte sich die junge Ehe zunächst positiv. Während Franz Joseph seiner langweiligen Schwiegertochter mit gleichgültiger Höflichkeit begegnete, hegte Kaiserin Elisabeth eine leidenschaftliche Abneigung gegenüber dem »belgischen Trampel«. 1883 wurde Stephanie von einem Mädchen entbunden, dem der Name Elisabeth Marie gegeben wurde. »Erzsi« blieb das einzige Kind des Kronprinzen-Paares, da Rudolf seine Frau mit einer Geschlechtskrankheit angesteckt hatte, die eine weitere Schwangerschaft unmöglich machte. Das Eheglück währte indes nicht lange, zu verschieden waren Interessen und Ansichten, Naturell und Gesinnung.

Der Erbe des Habsburger-Thrones war physisch und psychisch krank, Rudolf betäubte sich mit Morphium und Alkohol, der ihn in seinen hochfahrenden Plänen, die ihn z. B. vom Thron des virtuellen Kaiserreiches Byzanz träumen ließen, unterstützt haben mag, Nacht für Nacht zechte er mit revolutionär gesinnten Freidenkern und radikalen Journalisten, die allesamt gegen die Politik seines Vaters opponierten, um sich schließlich in den Armen eines kleinen Freudenmädchens zu verlieren. Eine Geschlechtskrankheit, die ihm seit 1886 zu schaffen machte, löste Depressionen aus. Die berühmte Fotografie Rudolfs, das Bild mit dem »irren Blick«, welches auf sein aus der Balance geratenes Gemütsleben schließen lässt, stammt wahrscheinlich aus diesem Jahr. Rudolf stand mit den reaktionären Kräften bei Hofe ebenso auf Kriegsfuß wie mit dem Hochadel, den Deutschnationalen, Klerikalen und Antisemiten. Von den politischen Entscheidungen und der Gedankenwelt seines Vaters, der ihn für einen »Plauscher« hielt, war der Thronfolger absolut isoliert. »Ich bin zum Müßiggang verdammt«, schrieb er einmal. Seine unglückliche Ehe, erotische Übersättigung und die sich verfestigende Überzeugung, dass er als künftiger Monarch bei der Bevölkerung des Vielvölkerreiches keinen Rückhalt finden würde, brachten ihn der Verzweiflung nahe. Franz Joseph fehlten Sensibilität, Zeit, Geduld und Wollen, um sich mit seinem einzigen Sohn ernsthaft zu beschäftigen. Er ging jedem Anflug von Vertraulichkeit aus dem Wege, welcher ihn der Gefahr ausgesetzt hätte, dass an der Aura seiner Majestät gekratzt wird. Der Kaiser »wahrte den Bezirk seiner Macht vor jedem Eingriff. Er ließ dem Sohn und Erben der Krone eine Freiheit in allen Dingen des Daseins, wie sie in so reichem Maße selten ein Vater gewähren wird; von den Geschäften der Regierung jedoch, ja selbst von seiner passiven Teilnahme an dem Metier des Regenten, hielt er ihn fern.«[59]

1881 klagte der 23-jährige Rudolf: »Ich sehe die schiefe Ebene, auf der wir abwärts gleiten, stehe den Dingen sehr nahe, kann aber in keiner Weise etwas thun, darf nicht einmal laut reden, das sagen, was ich fühle und glaube. Unser Kaiser hat keinen Freund, Sein Charakter, Sein Wesen lassen dies nicht zu. Er steht verlassen auf Seiner Höhe, mit Seinen Dienern spricht Er über die Berufsgeschäfte jedes Einzelnen, doch ein Gespräch vermeidet er ängstlich, darum weiß Er wenig über das Denken und Fühlen der Leute, über die Ansichten und Meinungen des Volkes ... Er glaubt, wir sind jetzt in einer der glücklichsten Epochen Österreichs, offiziell sagt man es Ihm, in den Zeitungen liest Er nur die roth bezeichneten Stellen, und so ist er getrennt von jedem rein menschlichen Verkehr, von jedem unpartheiischen, wirklich gesinnungstüchtigen Ratschlag.«[60] Er dürfe nicht einmal laut reden, nicht sagen, was er fühle und glaube, klagte der Kronprinz, dem der Vater nicht nur jedes Mitspracherecht an den Staatsgeschäften, sondern auch grundsätzliche Informationen verweigerte, er »gehöre zu den von offizieller Seite am wenigsten informierten Leuten in ganz Österreich« und »werde von zu Hause überhaupt nicht über aktuelle politische Angelegenheiten informiert«. Die Ursache dafür mag in der Ansicht Franz Josephs begründet gewesen sein, Rudolf sei persönlich und vor allem politisch unzuverlässig, er fürchtete, sein impulsiver, von wechselnden Stimmungen getriebener Sohn, der mit ihm weder innen- noch außenpolitisch übereinstimmte, könnte schmeichelnden Journalisten gegenüber Indiskretionen begehen.

»Mich, mit dem kein Wort über Politik gewechselt wird und dem niemals das Recht auf eine eigene Meinung gegeben wird«, entrüstete sich Rudolf 1881, »mich hält man für frech und einen ›Frondeur‹; mir gegenüber überwiegt das Misstrauen; ich habe das in den letzten paar Monaten bemerkt ... Wird der Kaiser diese kleine Arbeit ernst nehmen oder abends vor dem Schlafengehen durchblättern und ad acta legen, das Ganze für eine Exzentrität eines aus Art und Schablone geschlagenen Schwärmers halten, als was Er ... meine ganze Lebens-, Denkungs- und Schreibweise zu betrachten sich gern angewöhnt hat?«[61] Der Kronprinz durfte sich in offiziellen Angelegenheiten nicht persönlich an seinen Vater wenden, selbst Memoranden und Notizen Rudolfs wurden dem Kaiser, der seinen Sohn eigentlich gar nicht kannte und auch zum längst erwachsenen Thronfolger keinen Kontakt suchte, zumeist auf dem Dienstweg vorgelegt. Franz Josephs Desinteresse und Kenntnislosigkeit bezüglich der Begabungen des Sohnes machte er in kompromittierender Form deutlich, als er Rudolf vor Publikum mit erhobenem Zeigefinger ermahnte, das Interesse am 24-bändigen Werk *Die österreichisch-ungarische Monarchie in Wort und Bild* nicht zu verlieren, und schließlich noch die demütigende Frage stellte, ob der Kronprinz tatsächlich eigenhändig das Vorwort geschrieben habe.[62] Für den seinem Vater intellektuell turmhoch überlegenen Rudolf, der in dieses Projekt viel Zeit und Kraft investiert hatte, muss diese Erniedrigung ein prägendes Erlebnis gewesen sein.

Die prekäre politische und persönliche Lage, in der Rudolf sich befand, zwang ihn in die Rolle »des höchstrangigen Untergrundakteurs seines Reiches«.[63] Der Kronprinz hatte begriffen, dass er für seinen Vater ein Konkurrent war, »bis zum bitteren Ende hielt Franz Joseph daran fest, Rudolf nicht aus dem Schatten heraustreten zu lassen; der Kaiser wollte der einzige Stern an diesem Himmel sein, kein anderer durfte seinen Glanz beeinträchtigen«.[64]

Es ist nicht ganz klar, welchen Kenntnisstand Franz Joseph über die politischen Umtriebe seines depressiven Sohnes hatte. Bis heute fehlen Dokumente, die darüber Auskunft geben könnten, wie weit Rudolf, der wie seine Mutter eine Vorliebe für alles Magyarische hatte, in die Pläne der ungarischen Opposition eingeweiht war. Durch die Aufzeichnungen von Szeps aus 1883 ist bekannt, dass einflussreiche ungarische Politiker Rudolf schon vor Jahren zum König krönen wollten. Die Pläne einiger politischer Abenteurer sollen angeblich noch viel weiter gegangen sein. Franz Joseph sollte gestürzt und Rudolf zum König von Ungarn gekrönt werden, die Krone Österreichs soll für Erzherzog Johann Salvator bestimmt gewesen sein.[65] Die Gräfin Larisch berichtete von einer geheimnisvollen Kassette, die sie von Rudolf, der Angst gehabt hätte, der Kaiser würde »jeden Augenblick« eine Durchsuchung seines Eigentums anordnen, bekommen und an Johann weitergegeben hätte, der sich bitter über den Kronprinzen beklagt haben soll: »Es ist ein Jammer, dass er so schwach war. Er hat mir sein Wort gebrochen und ich habe ihm vertraut! – Hätte der Kaiser diese Papiere gefunden, so hätten die Dinge viel schlimmer für ihn gestanden. Der Kronprinz hat Selbstmord begangen; aber hätte der Kaiser alles gewusst, so hätte er ihn vor ein Kriegsgericht stellen und als Hochverräter erschießen lassen müssen.« Wir wollen diese und andere Passagen aus den Aufzeichnungen von Larisch nicht einfach verwerfen, auch die Kronprinzessin erzählte von der Verstrickung Rudolfs in eine Verschwörung: »Der Kronprinz hat gegen den Kaiser gehandelt. Die Verschwörung, in die er sich verstrickt, hat ihn zum Letzten getrieben. Mary Vetsera? Wer war die Vetsera? Eine von vielen. Die Nacht, bevor er nach Mayerling fuhr, hat er mit der Grande Cocotte von Wien, Mitzi Kaspar, zugebracht.«[66] Welcher Wahrheitsgehalt diesen Berichten zugemessen werden darf, ist unklar, dass Rudolf zumindest mit dem Gedanken an Auflehnung spielte, daran besteht hingegen kein Zweifel. Wie weit seine Auflehnung gegen den Vater ging, muss offen bleiben.

In der Literatur genießt eine heftige, lautstarke Auseinandersetzung zwischen Vater und Sohn, die am 26. oder am 28. Januar 1889 stattgefunden haben soll, große Aufmerksamkeit. Dabei kam es angeblich zu dem Satz Franz Josephs: »Du bist nicht würdig mein Nachfolger zu sein!« Es wurde behauptet, der Kronprinz hätte einen Brief an den Papst ge-

»Die allerhöchste Familie …«

schrieben, in welchem er diesen gebeten habe, seine Scheidungspläne zu unterstützen. Leo XIII. soll dieses Schreiben mit der Bemerkung an den Kaiser geschickt haben, dass an eine Scheidung nicht zu denken sei. Franz Joseph habe dieses Ansinnen als Anschlag auf das katholische Gefüge seines Reiches betrachtet und Rudolf zu einer Unterredung befohlen, wo es zu dem oben erwähnten Schreiduell gekommen sei. Bei einem Empfang soll der Kaiser Rudolf vor der versammelten Gesellschaft schwer brüskiert haben, selbst den Gruß habe er dem Sohn verweigert, welcher daraufhin aus dem Saal gestürmt sein soll. Am Abend soll er zu seinem Vertrauten Szeps gesagt haben: »Der Kaiser hat mich öffentlich beleidigt. Von jetzt an sind alle Bande zwischen uns zerrissen. Von jetzt an bin ich frei!«[67] Judtmann verwies diese Version jedoch »ins Reich der Fabel«. Eine andere Interpretation geht davon aus, dass der Kaiser Rudolf befohlen habe, das Verhältnis mit der 17-jährigen Mary

Vetsera, die der Kronprinz im November 1888 kennen gelernt hatte, zu beenden. Und schließlich wurde gemutmaßt, der Kaiser habe von Rudolfs Kontakten zur ungarischen Opposition erfahren und den Sohn deswegen zur Rede gestellt. Auch wenn der Grund dieser turbulenten Audienz nicht mehr zu rekonstruieren ist, so nimmt die Kronprinz-Rudolf-Forschung doch an, dass sie tatsächlich stattgefunden hat, wahrscheinlich bereits am 26. Januar. Deutsche und britische Diplomaten unterrichteten sogar ihre Regierungen über diese schwere Verstimmung zwischen Kaiser und Kronprinz.
Was sich nun tatsächlich in der Nacht vom 29. zum 30. Januar 1889 hinter den Mauern des Jagdschlosses Mayerling zugetragen hat, wurde von der Geschichtswissenschaft akribisch zu erforschen versucht, viele Details kamen ans Licht, andere werden vermutlich nie mehr in Erfahrung gebracht werden können. »Vor jedem Versuch, die letzten Stunden in Mayerling zu rekonstruieren«, erklärte Hamann, »muss das Eingeständnis des Historikers stehen, dass das ›Geheimnis von Mayerling‹ nach derzeitiger Quellenlage nicht zweifellos aufzuklären ist.«[68] Auf den näheren Tathergang und die verschiedenen Theorien brauche ich hier nicht einzugehen. Als überaus wahrscheinlich gilt, dass Rudolf in dieser Nacht zuerst seine Geliebte Mary Vetsera und dann sich selbst erschossen hat. Nach Mikoletzky handelte es sich um Mord und Selbstmord eines Mannes, der »aus Überdruss sein verpfuschtes Leben wegwarf«.[69]
Kaiserin Elisabeth war die erste Angehörige der kaiserlichen Familie, die vom Tode des Kronprinzen in Kenntnis gesetzt wurde. Sie war es auch, die Franz Joseph informierte, der in den Salon der Kaiserin trat: »Elastisch tritt er ein, gebrochen, gesenkten Hauptes verlässt er das Zimmer.« Marie Valerie konstatierte eine »fast überirdisch fromme, klaglose Ergebung«. Doktor Widerhofer teilte später Doktor Kerzl mit, der Kaiser habe nach dem Obduktionsbefund, der von den Anzeichen einer Paralyse wusste, »welche aller Wahrscheinlichkeit nach schon innerhalb Jahresfrist« den Tod Rudolfs herbeigeführt hätte, beinahe erleichtert reagiert: »Gottes Wege sind unerforschlich; vielleicht wollte Er mir mit dieser furchtbaren Prüfung eine noch bitterere ersparen!«[70] Diese Andeutung wird für gewöhnlich mit möglichen Verschwörungsplänen in Verbindung gebracht.
In der Nacht des 30. auf den 31. Januar wurde die Leiche des Kronprinzen nach Wien gebracht und in seinem Schlafzimmer in der Hofburg aufgebahrt. »Schweigend bleibt der Kaiser vor der Leiche seines Thron-

erben stehen und nur die Art, wie er sich nervös den Schnurrbart streicht, verrät seine innere Erregung ... Zum Essen ist die ganze kaiserliche Familie vereint. Als der Monarch die kleine Erzsi sieht, bricht er in Tränen aus.«[71]

Am späten Vormittag des 31. Januar übernahm es die Schratt, den Kaiser zu trösten. Rudolf hinterließ einige Abschiedsbriefe, er hielt darin etwa fest, dass er »nicht würdig« sei, seinem Vater zu schreiben. Und: »Ich weiß sehr gut, dass ich nicht würdig war, sein Sohn zu sein.« Für Franz Joseph muss es dennoch eine bittere Einsicht gewesen sein, dass sich sein einziger Sohn schriftlich zwar von seinem Kammerdiener, nicht aber von ihm verabschiedet hatte. Einer dieser Abschiedsbriefe war an Valerie gerichtet, in dem es hieß: »Wenn Papa einmal die Augen schließt, wird es in Österreich sehr ungemütlich. Ich kenne, was dann folgt, nur zu genau und gebe euch den Rat, dann auszuwandern.«[72] Franz Joseph klammerte sich an den Gedanken, Rudolf wäre geisteskrank gewesen, als er seine Bluttat beging, diese Variante ermöglichte eine kirchliche Beerdigung. Das tatsächlich Demütigendste für den Kaiser war die Tatsache, dass sein Sohn, dem er postum vorgeworfen haben soll, er wäre »wie ein Schneider«, also wie ein Feigling, gestorben, zuerst seine jugendliche Geliebte ermordet hatte, was für immer ein Schandfleck für die Dynastie bleiben würde. Die Kaiserin und Valerie nahmen am Begräbnis am 5. Februar nicht teil. Franz Josephs älteste Tochter Gisela hingegen war an seiner Seite, als es galt, »den besten Sohn, den treuesten Untertan in die letzte Ruhestätte zu geleiten«.

Diese Passage findet sich in einem Brief an die Schratt vom 5. Februar, der einen Einblick in die Gefühlslage des Kaisers erlaubt: »Theuerste Freundin, Heute nur wenige Zeilen, denn Sie dürfen und sollen nicht lesen, um Ihnen zu sagen, dass ich in meinem unsagbaren Schmerze viel und mit den Gefühlen innigsten Dankes an Sie denke. Ihre treue Freundschaft und Ihre wohltuende, ruhige Theilnahme waren uns ein großer Trost in diesen letzten Tagen. Die Einladung zum Besuche für gestern war von der Kaiserin ausgegangen, die Sie so gerne sieht; ich hätte mich kaum getraut, Sie wieder zu belästigen, aber unendlich dankbar war ich ihr für ihre Absicht. Nun kann ich aber nur die Bitte, eigentlich Befehl, wiederholen, mit welchem bereits Frau von Ferenczy (Vorleserin der Kaiserin, Anm. C.D.) beauftragt war, dass Sie sich vollkommen schonen, den Ärzten genauestens gehorchen und gewiss nicht früher ausgehen, als es diese gestatten. Hoffentlich werden Sie bald wieder ganz hergestellt sein und wir die ersehnte Freude haben, Sie bei uns zu sehen. Frau von Ferenczy hat uns ausführlich über den Besuch bei Ihnen berichtet und täglich hoffen wir durch die unvergleichliche Netti Nachricht von Ihnen zu bekommen. Heute wird mir noch eine schwere Aufgabe: den besten Sohn, den treuesten Unterthan in die letzte Ruhestätte zu geleiten. Der liebe Gott, vor dessen Wille und Gnade ich mich dankbar beuge, der mich bisher aufrecht erhalten hat, wird mir auch dazu die Kraft geben. Da ich weiß, dass es Sie freuen wird, kann ich Ihnen übrigens melden, dass es mir körperlich gut geht. Auch die drei Engel, die mich mit ihrer unendlichen Liebe, mit ihrer bewunderungswürdigen Kraft, mit ihrer innigen Sorgfalt umgeben, sind wohl. Wie kann ich der erhabenen Dulderin, der wahrhaft großen Frau (Elisabeth, Anm. C.D.) anders gedenken als mit einem Dankgebete zu Gott, der mir so viel Glück beschieden hat. Der Brief ist doch länger geworden, als ich wollte, allein es thut wohl, das Herz in ein treues Herz auszuschütten und ich hoffe nur Ihren Augen nicht zu schaden. Ich *verbiete* Ihnen, mir zu schreiben und *befehle* Ihnen nochmals, sich zu schonen. Das ist die größte Freude, die Sie mir jetzt machen können. Und nun leben Sie wohl, theuere, liebe Freundin und beten Sie für den armen Rudolph. Ihr dankbarer, treu ergebener Franz Joseph.«[73]

An diesem 5. Februar, an dem der Kronprinz als 113. Habsburger in der Kapuzinergruft beigesetzt wurde, schrieb die Londoner *Times*: »Während der Einsegnung stand der Kaiser ganz ruhig da und sah sich nur manchmal mit einer schnellen Bewegung des Kopfes um, wie es seine Art ist. Nachdem jedoch das Libera gesungen worden war, trat Seine Majestät vor, ging nach vorne zum Sarg ..., kniete neben ihm nieder und verharrte einige Sekunden mit gefalteten Händen im Gebet. Es war dies ein Moment, der alle Anwesenden tief berührte. Kein Laut war zu hören. Niemand hustete, kein Kleid raschelte, kein Säbel klirrte auf dem Steinboden. Es herrschte absolute Stille, bis der Kaiser sich von den Knien erhob und zu seinem Platz zurückging.«[74] Zu Elisabeth sagte er später: »Ich hab' mich gut gehalten. Nur in der Gruft, da ging's nicht mehr. Aber so wie heute ist es noch bei keinem Begräbnis zugegangen.«[75]

Über die Toten nur Gutes, sagten die alten Römer – *de mortuis nihil nisi bene.* »Er war mir stets ein lieber, guter Sohn und bereitete mir immer nur Freude«, beteuerte der Kaiser gegenüber dem Prinzen Reuß um dann noch mit Verbitterung hinzuzufügen: »Beim letzten Abschied

hatte er aber für mich kein Wort, keinen Händedruck ...«[76] Kein Vater würde Empfindungen wie Enttäuschung, tiefes Unverständnis und Groll über den tragischen Tod des Sohnes hinaus konservieren. Ungeachtet dessen, dass Franz Joseph seinen Sohn stets auf Distanz gehalten hat, ist nachvollziehbar, dass dessen Freitod, welche Ursachen dieser auch gehabt haben mag, für den Kaiser eine seelische Katastrophe war, zumal in ihm vielleicht zum ersten Mal die Erkenntnis gereift sein dürfte, dass er sich um seinen Sohn zu wenig gekümmert hatte. In jener Nacht, nachdem der Kaiser von den Ereignissen in Mayerling Kenntnis erhalten hatte, sollen – so will es die Fama – seine Haare weiß geworden sein. Emil Franzel war meines Wissens der Erste, welcher den Nachweis zu führen versuchte, dass die »Kronprinzen-Tragödie«, die er als archetypisch bezeichnete, in gleicher Weise die Tragödie des Kaisers war, eine »Kaiser-Tragödie«. Franzel schrieb: »Wahrscheinlich hat der Vater, der den Sohn um fast ein Menschenalter überlebte, mehr gelitten als der Kronprinz, der seine Wirrnis mit einem Schuss zu lösen versuchte ... Die Heroisierung Rudolfs erfolgt immer wieder auf Kosten des Kaisers. Diesem wird Mangel an Verständnis vorgeworfen, Härte; er wird dafür verantwortlich gemacht, dass Rudolf nach dem Revolver griff.«[77]
Über die »Tragödie von Mayerling« gibt es beinahe so viel Gerüchte wie es Menschen gibt, die sich mit dem Thema zu beschäftigen wussten bzw. irgendeinen persönlichen oder politischen Grund hatten, eine der zahlreichen Varianten zu forcieren. Der Hof in Wien tat alles um die Ereignisse zu verschleiern, es wurde dementiert, interveniert, manipuliert und gelogen. Dass trotz der akribisch erarbeiteten Erkenntnisse der Geschichtswissenschaft das »Rätsel von Mayerling«[78] bis heute in die Nebelschwaden von zum Teil irrwitzigen Spekulationen gehüllt ist, hat vor allem damit zu tun. Es existieren rund 30 Variationen über den Tod des Kronprinzen und seiner Geliebten.[79]

Familienoberhaupt

Ende und (Neu-)Anfang?

Als im Jahre 1740 mit Kaiser Karl VI. der letzte männliche Habsburger verstarb, schien es, als würde diese müde und kranke Familie, die Österreich 462 Jahre regiert hatte, ihrem Untergang entgegenwelken. Der spanische Zweig der Dynastie war bereits einige Jahrzehnte zuvor verloschen. Mit dem Tode Karls II., der all den Wahnsinn inzestuöser Heiratspolitik in sich ertragen musste, war die Sonne Spaniens, in deren die Kontinente verbindendem Glanz Karl V. mit ungeheurer Willenskraft das erste Weltreich der Neuzeit regiert hatte, für die Habsburger endgültig im Strudel der Geschichte versunken. Das Schicksal der österreichischen Linie ruhte 1740 auf den zarten Schultern einer 23-Jährigen. Mit Maria Theresia betrat eine junge Frau die politische Bühne Europas, von der gesagt wurde, ihr Vater Karl VI., der letzte männliche Habsburger, hätte alles unternommen, um sie zur Regierung der habsburgischen Länder unfähig zu machen: »Sie hatte nichts gelernt; und doch alles! Denn im Grunde war nur eines wichtig, nämlich die felsenfeste, absolut unerschütterliche, durch nichts beirrbare Überzeugung von ihrem geheiligten Recht und Habsburgs gottesgnädiger Sendung ... Sie fühlte sich derart ausschließlich als habsburgische Stammmutter, dass die doch wahrhaft substanzielle Mitwirkung ihres über alles geliebten Gemahls bei der 16-fachen Neubelebung des habsburgischen Stammes nie über die Würdigung eines auf fremdem Aste trefflich pfropfenden Gärtners hinauskam.«[80]

Maria Theresias Gatte Franz Stephan stammte aus Lothringen, ihre Mutter aus dem Hause Braunschweig-Lüneburg-Wolfenbüttel, doch der aus dieser Frau hervorbrechende Strom habsburgischen Sendungsbewusstseins ignorierte diese Blutsbande, die 16 Kinder waren für sie »Habsburger reinsten Wassers, Habsburgs Sendboten an die Welt«.[81] Die Nachkommen Maria Theresias nannten sich zwar Habsburg-Lothringer, doch nach altem Adelsrecht waren sie eigentlich Lothringer. Dass sie dennoch als »Habsburger« auftreten konnten, hatten sie wesentlich dem Mythos des »Hauses« zu verdanken, der sich den Launen biologischer Wechselfälle gegenüber als resistent erwies.

Maria Theresia und Franz Stephan, der 1745 zum römisch-deutschen Kaiser gewählt worden war, hatten also für reichlich Nachwuchs gesorgt. Ihr Sohn Leopold tat es den Eltern gleich, auch er zeugte 16 (eheliche) Kinder. Um die Mitte des 19. Jahrhunderts schließlich zählte die Familie Habsburg-Lothringen etwa 50 Mitglieder, welche allesamt von Maria Theresia und Franz Stephan abstammten und somit in einem engen Verwandtschaftsverhältnis standen. Um die Habsburgerin heiraten zu können hatte Franz Stephan 1736 schweren Herzens auf Lothringen verzichtet und als Ersatz – nach dem Aussterben der Medici – das Groß-

herzogtum Toskana erhalten. Nach seinem Tode 1765 wurde die Toskana nicht mit den österreichischen Ländern vereint, sondern als so genannte Sekundogenitur eingerichtet.[82] Die Herrschaft trat sein Sohn Leopold an, der spätere Kaiser Leopold II. Als dieser 1790 als Nachfolger seines Bruders Josef II. den Thron bestieg, überließ er seinem zweitgeborenen Sohn Ferdinand die Toskana als souveränes Fürstentum. Ein Bruder Leopolds hatte mit der Erbin von Modena ebenfalls ein souveränes Haus begründet, das nach des Kaisers Tod im Jahre 1792 gleich der Toskana eine vom Wiener Hof relativ unabhängige Politik zu betreiben verstand. Erst die Zäsur von 1859/60 beendete die Autonomie des »italienischen Zweiges« der Familie. Die ehemals reichen Familien des Großherzogs der Toskana sowie des Herzogs von Modena wurden von den revolutionären Kräften des Risorgimento, der nationalstaatlichen Einigungsbewegung Italiens, in den Schoß und damit in die völlige (finanzielle) Abhängigkeit vom Kaiser in Wien getrieben, der seit 1848 Franz Joseph hieß. Dieser verlieh Großherzog Leopold II., seinem »theuersten Oheim«, das Kommando eines Linien-Infanterie-Regimentes, dessen Sohn Ferdinand IV., zu dessen Gunsten Leopold 1859 abgedankt hatte, bekam eine Residenz in Salzburg zugewiesen. In seinem Potemkin'schen Dorf vermochte Ferdinand noch viele Jahre hindurch den Schein eines regierenden Fürsten aufrechtzuerhalten. Herzlich war das Verhältnis zwischen den vorwiegend italienisch sprechenden »Toskanern« und der Wiener Verwandtschaft nie. Erzherzog Albrecht beispielsweise, der älteste Sohn des legendären Karl, des »Siegers von Aspern«, verortete in der toskanischen Linie »wällische Verschlagenheit, bourbonische Miserabilität und antiösterreichische Gesinnung«.[83] Gemeint waren vor allem Johann Salvator (Johann Orth) und Leopold Ferdinand (Leopold Wölfling), zwei »Aussteiger« aus dem Kaiserhaus. Das Haus Habsburg-Modena starb 1875 aus, den Titel »Este« sowie ein großes Vermögen erbte Erzherzog Franz Ferdinand.[84]
Die »Wiedervereinigung« der Dynastie stärkte jedenfalls die Stellung des jungen Monarchen als Oberhaupt der Familie. Erzherzog Albrecht, dessen stockkonservative Ansichten so etwas wie einen Rückbruch in das althabsburgische Denken eines Karl V. oder Philipp II. darstellten bzw. mit diesem zumindest mehr gemeinsam hatten als mit dem Denken eines Josef II. oder Leopold II., brachte dies wie folgt zum Ausdruck: »Eine große Gefahr für jede Dynastie sind Sekundogenituren, sie haben stets und überall Unglücke zur Folge gehabt, Gott hat uns glück-

lich davon befreit, mögen sie nie wieder erstehen. Das Interesse der Sekundogenitur ist ein dem Mutterlande meist entgegengesetztes. Dem neuen Lande gegenüber will, muss man sich unabhängig, selbstständig zeigen – natürlich auf Kosten des Stammhauses wie des alten Mutterlandes. Als Leopold II. aus zärtlicher Zuneigung für die Toskana diesem lothringischen Erblande seinen zweiten Sohn als Souverän gab, statt ihn als Statthalter dort zu etablieren, beging er einen schweren politischen und dynastischen Fehler, dessen Folgen Österreich unausgesetzt bis 1860 schädigten.«[85] Dass Franz Joseph ganz ähnlich dachte, verrät uns eine Bemerkung des Kaisers aus 1856, mit welcher er den Plan ablehnte, in den Donaufürstentümern eine Sekundogenitur zu errichten: »Der erste Erzherzog, den ich mir dorthin denken könnte, wird immer ein guter Österreicher bleiben. Aber die Geschichte lehrt uns, dass weitere Generationen in ähnlichen Fällen bald das Stammland verleugnet haben, dem sie entsprossen sind.«[86]

Unter der Herrschaft Franz' II./I. und erst recht unter jener seines geistesschwachen Sohnes Ferdinand I. war die Selbstständigkeit der Familienzweige so auffällig, dass Herzog Ernst II. von Coburg noch im Rückblick notieren konnte: »Auffallend war die geringe Einheitlichkeit, welche das ganze Hofwesen zu haben schien. Die verschiedenen Linien des Hauses gaben sich fast wie verschiedene Dynastien.« Die Jahre, in welchen der an Epilepsie leidende Ferdinand I. »der Gütige« die Krone trug (1835–1848), als »Herrschaft« oder als »Regierungszeit« zu bezeichnen, ist eigentlich verfehlt. Dieser Habsburger, den Erzherzogin Sophie, die energische Mutter Franz Josephs, einmal einen »Trottel als Repräsentant der Krone« genannt hatte,[87] war – in mancherlei Hinsicht an Karl II. von Spanien erinnernd – ein lebendiges Memento dynastischer Inzucht, »eine vollkommene Null, beinahe ein Idiot«, wie Lord Palmerston meinte.[88] Seine Mutter Marie Therese von Neapel war zugleich die doppelte Cousine seines Vaters: eine irrwitzige Verbindung, die ein an Geist und Körper schwerst zurückgebliebenes Männlein hervorbrachte, dessen Anblick nicht nur die russische Zarin Charlotte entsetzte: »Großer Gott, ich hörte viel von ihm, von seiner kleinen, hässlichen, vermickerten Gestalt und seinem großen Kopf ohne Ausdruck als den der Dämlichkeit, aber die Wirklichkeit übersteigt doch alle Beschreibung.«[89] Gewiss genügen diese wenigen Sätze um ermessen zu können, wie es um die Autorität dieses Kaisers innerhalb der eigenen Familie bestellt war. Metternich erkannte die vielfältigen Gefahren, welche ein solcher

Autoritätsverlust nach sich ziehen konnte, weshalb er 1839 ein vor der Öffentlichkeit geheim gehaltenes »Familienstatut« ausarbeiten ließ, das dem Familienoberhaupt unerhört weit gehende Machtbefugnisse über alle Angehörigen des Hauses Habsburg-Lothringen zugestand. Ferdinand machte von diesen hausrechtlichen Möglichkeiten zwar keinen Gebrauch, sehr wohl aber dessen Neffe Franz Joseph, weshalb eine etwas eingehendere Beschäftigung mit den Eckpfeilern des habsburgischen »Hausgesetzes« notwendig ist.

Das »Hausgesetz« der Habsburger

Dem Kaiser stand »nicht bloß die Souveränität und Gerichtsbarkeit über sämtliche Familienmitglieder, sondern auch noch das Recht einer besonderen Aufsicht zu, das sich insbesondere auf Vormundschaften, Kurateln und Verehelichungen, überhaupt aber auf alle Handlungen und Verhältnisse der Allerhöchsten Familienglieder erstreckt, welche auf die Ehre, Würde, Ruhe, Ordnung und Wohlfahrt des durchlauchtigsten Erzhauses einen Einfluss haben können«. Hier ist vor allem die Frage der Verehelichung interessant, welche im Statut besonders rigoros geregelt ist und in der Ära Franz Josephs für zahlreiche Turbulenzen sorgte: »Kein Prinz und keine Prinzessin unseres Hauses darf eine eheliche Verbindung ohne Einwilligung des jeweiligen Familienoberhauptes eingehen. Ein ohne diese Bestätigung abgeschlossener Ehevertrag ist als null und nichtig anzusehen und begründet für die angetraute Person und deren Kinder weder Ansprüche auf Erbfolge, Apanage, Witthum, Aussteuer oder auf Stand, Titel und Wappen der Mitglieder unseres Hauses noch auf andere rechtliche Folgen einer ehelichen Verbindung.«
Die rigiden Ehegesetze, auf deren Einhaltung Franz Joseph mit eiserner Faust achtete, wurden also im Familienstatut bestätigt, eine Eheerlaubnis wurde nur dann erteilt, wenn der Partner oder die Partnerin eine makellose Ahnenreihe bis zur Generation der 16 Ahnen, d. s. die Ururgroßeltern, aufweisen konnte. Außerdem mussten die Vorfahren aus so genannten »regierenden (bzw. vormals regierenden) Häusern« stammen, die Zugehörigkeit zur katholischen Kirche war eine weitere Voraussetzung, wenngleich die Konversion zum Katholizismus möglich war bzw. praktiziert wurde. Die Zahl der »Ebenbürtigen«, die für wert befunden wurden, sich mit einem Habsburger oder einer Habsburgerin

fortzupflanzen, war demzufolge eng begrenzt. Jene Fürstenhäuser, deren Sprosse sich als »ebenbürtig« betrachten durften, waren im Familienstatut mit peinlicher Genauigkeit aufgezählt, zum Zuge kamen vor allem Bayern, Bourbon, Braganza, Coburg, Neapel-Sizilien und Sachsen.
Als ebenso brisant erwies sich in praxi die Rolle des Kaisers als oberster Richter über alle Angehörigen der Familie. Die Kenntnis dieses Abschnitts des Hausgesetzes ist unerlässlich um überhaupt ermessen zu können, welche Macht Franz Joseph als Familienoberhaupt über seine Verwandten hatte und – was m. E. noch schwerer wiegt – welche Ausnahmestellung ein Mitglied des »Erzhauses« innehatte: »Obwohl wir endlich in der beruhigenden Überzeugung stehen und es von Gott als eine Gnade des Himmels anflehen, dass der Fall nie eintreten möge, wo ein strafrechtliches Verfahren gegen ein Glied Unseres kaiserlichen Hauses einzutreten hätte«, so legte das Statut das Recht des Kaisers fest, »nach den jedesmaligen Umständen jene Verfügungen zu treffen, welche die Handhabung des Rechtes, das Wohl des Staates sowie die Ehre und das Beste Unseres Hauses erfordern werden«. Dies brachte die Konsequenz mit sich, dass »eine die persönliche Freiheit beschränkende Verfügung« gegen »ein Glied des Erzhauses nicht nachgesucht werden« konnte, was bedeutete, dass ein Habsburger, was immer er auch getan haben mochte, niemals und unter keinen Umständen vor ein staatliches Gericht oder gar hinter (staatliche) Gitter gebracht werden durfte. Verfehlungen von Mitgliedern des »Erzhauses« wurden ausschließlich vom Kaiser bzw. vom Obersthofmarschallamt als der zuständigen Instanz geahndet. Wenn Franz Joseph zu der Überzeugung gekommen war, dass ein Mitglied seiner Familie dem Ansehen der Dynastie geschadet habe, griff er unerbittlich durch. »Die Furcht der jüngeren Erzherzöge vor der unerbittlichen Richtergewalt Franz Josephs war vollauf berechtigt.«[90]
Der Kaiser hatte ferner das Recht – und damit die Macht –, für alle Mitglieder der Dynastie jährliche Apanagen oder sonstige Zuwendungen zu bestimmen (oder auch zu verweigern), wodurch er ein probates Mittel in der Hand hatte, sich vor allem jene zahlreichen Familienmitglieder, die weniger vermögend waren, gefügig zu machen. Die nahen Verwandten Franz Josephs waren gegenüber den anderen Mitgliedern der Familie begünstigt, Brüder und Söhne des Herrschers erhielten pro Jahr 75 000 Gulden, Töchter und Schwestern 42 000 Gulden. Die anderen Erzherzöge bekamen 45 000 Gulden, die Erzherzoginnen mussten

sich mit 24 000 Gulden begnügen. Da die meisten Familienmitglieder vom Kaiser völlig abhängig waren, beugten sie sich widerstandslos seiner Macht und fügten sich den Zwängen des Zeremoniells.

»... wagten sich ihm nur im Staub zu nähern«

Um die Mitte des 19. Jahrhunderts zählte die Familie Habsburg-Lothringen etwa fünfzig Mitglieder, welche alle von Maria Theresia und Franz Stephan abstammten und somit in einem engen Verwandtschaftsverhältnis standen. Bis ungefähr 1880 blieb diese Zahl konstant, gegen Ende der Monarchie wurden an die neunzig Familienmitglieder gezählt.[91] Die fünf Familienzweige stammten von Kaiser Franz II./I. und seinen Brüdern Ferdinand, Karl, Joseph und Rainer. Der Rang innerhalb der kaiserlichen Familie unterlag formal dem Prinzip der Deszendenz. Nach der kaiserlichen Familie, welcher auch die Brüder des Kaisers und deren Söhne angehörten, kam die Familie Toskana, also jene Ferdinands, dann die Familien aus der Linie Karls, Josephs und Rainers. Wozu diese Rangordnung in praxi führte, schilderte ein ehemaliges Mitglied des Kaiserhauses, Leopold Ferdinand: »Der greise Feldmarschall Erzherzog Albrecht ging hinter dem jüngsten, eben majorenn gewordenen Toscana und der Erzherzog Rainer, der Doyen des Hauses, war der Letzte, weil im Familienrang Jüngste. Ebenso regelte sich der Rang bei den Frauen. Es wurde diese Ordnung streng eingehalten, die Gruppierung ergab gleich ein genealogisches Bild der Abstammung.«[92] Anlässlich offizieller Feierlichkeiten diplomatischer, kirchlicher oder sonstiger Art war dieser Familienrang eine maßgebliche Größe, nur bei intimen Familiendiners spielte die Anciennität eine Rolle. »Der eigentümliche Zwang des Familienranges brachte es auch mit sich«, fuhr Leopold Ferdinand fort, »dass man innerhalb eines Zweiges des Hauses, ja innerhalb derselben Familie, streng auf Rangordnung hielt. Schon seit der frühesten Kindheit wurde dieser Brauch eingeprägt und immer wieder hervorgekehrt.«[93] Der Kaiser wurde nie anders als mit »Majestät« – »und in der dritten Person pluralis (angesprochen), selbst von seinen Töchtern in Gegenwart anderer Familienmitglieder. So zwanglos sich auch Kaiser und Kaiserin (bei Familiendiners, Anm. C.D.) gaben, die gewaltige Kluft zwischen ihnen und den anderen war immer da.«[94]

Über die Atmosphäre eines solchen Familiendiners schrieb die Hofdame Therese Fürstenberg ihrer Schwester: »Du hast übrigens keine Idee, wie langweilig und ungemütlich so ein allerhöchster Familienkreis ist; und doch sollte man glauben, es müsste ihnen wohl tun, unter sich zu sein; aber da sitzen sie nach dem Rang und reden nach dem Rang oder vielmehr reden nicht, langweilen sich gegenseitig und sind froh, wenn's Familienfest wieder aus ist. Es tut einem wirklich oft Leid, zu sehen, was für ein trauriges Leben sie führen und wie sie gar nicht verstehen sich's zu erleichtern; jedes lebt isoliert für sich, pflegt seine Langeweile oder lauft seinen ›Privatvergnügungen‹ nach.« Ganz ähnlich liest sich eine Passage aus den Erinnerungen des Grafen Kielmansegg: »Der familiäre oder gesellschaftliche Verkehr des Kaisers mit den Mitgliedern seines Hauses beschränkte sich auf die an gewissen Festtagen des Jahres stattfindenden so genannten Familiendiners, bei denen es herzlich steif zugegangen sein soll. Für die jüngeren Erzherzöge und Erzherzoginnen war der Kaiser doch stets nur das gestrenge Oberhaupt der Familie, welches nach dem Hausgesetz fast unumschränkte Gewalt über sie hatte und in ihre private Lebensführung durch Ordonnanzen des Ersten Obersthofmeisters eingriff, sobald ihm dies angezeigt schien.«[95] Leopold Ferdinand sah in seinen Familienmitgliedern Gefangene in einem goldenen Käfig, deren »Kerkermeister« das »spanische Zeremoniell« sei. Andererseits strich er aber auch deren außerordentliche Privilegiertheit hervor: »Nicht in allen Ländern ist die Stellung der regierenden Familie so exklusiv wie die der Habsburger in Österreich. Schon durch systematische Erziehung der Familienmitglieder ist der Abschluss vom Volke völlig hermetisch. Die Hofburg und die Paläste, darin Teile der großen Familie wohnen, scheinen Kerker zu sein, deren Zugbrücke immer aufgezogen ist. Es ist, als ob die Schlossbewohner den Weg von ihren Wohnungen in die Burg in geschlossenen Sänften zurücklegen: Sie sehen wohl Menschen um sich herum, aber wollen sie nicht als solche anerkennen. So wie Kaiser Franz Joseph gleichsam ein weites Glacis zwischen sich und die meisten seiner Familienmitglieder legt und es ihnen unmöglich macht, sich ihm anders als gewissermaßen im Staube zu nähern, so spannen sie wieder den Abstand zwischen sich und den ›anderen Menschen‹ in übermütigem Stolz bis zum Unerträglichen.«[96] Die Erfahrung der unüberbrückbaren Distanz zwischen dem Kaiser und den Erzherzögen brachte in der Familie ein geflügeltes Wort hervor: »Wo der Kaiser mit dabei ist, kann es nie gemütlich sein!«

In der populären Wahrnehmung des familiären Beziehungsgeflechts

Franz Josephs dominiert das Bild des leidgeprüften Patriarchen, der – an seinen Schreibtisch geklammert – schwersten privaten Schicksalsschlägen trotzte. Die Hinrichtung des Bruders in Mexiko, der Freitod des Sohnes sowie die Ermordung seiner Frau und jene des Neffen werden für gewöhnlich in einem Atemzug genannt. In dieser Aufzählung wird aber beinahe immer auf den tragischen Tod des ersten Kindes des Kaiserpaares vergessen, der erst zweijährigen Sophie Friederike, deren Tod im Jahre 1857 Franz Joseph aufs Tiefste getroffen hatte: »Unsere Kleine ist ein Engel im Himmel«, telegraphierte er seinen Eltern: »Wir sind vernichtet.«[97] In einem Brief an Albert von Sachsen ist vom »härtesten Schlag seines Lebens und tiefstem Schmerz seiner Seele« die Rede.[98] Dies sind nur zwei von vielen Beispielen, die belegen, dass Franz Joseph, dem gelegentlich jede Empfindsamkeit abgesprochen wurde, seine Gefühle, welche kraft seiner Erziehung, seines Wesens gegen das allerhöchste Amt nicht aufzukommen vermochten, durchaus zum Ausdruck bringen konnte. Als wichtigste Quellen dienen hier die Briefe an seine Mutter, an seine Frau und an Katharina Schratt.

Auch hinsichtlich der familiären Bezüge und Interaktionen haben wir uns die lange Lebensspanne und die überlange Regierungszeit Franz Josephs ins Bewusstsein zu rufen. Im Jahre 1830 wurde er geboren, er saß auf dem Schoß seines Großvaters Franz I. und auf den Knien des Herzogs von Reichstadt. Unter der liebevollen, aber strengen Obhut seiner dominierenden Mutter wuchs er zusammen mit den drei Brüdern Ferdinand Maximilian, Karl Ludwig und Ludwig Viktor auf. Als 18-jähriger Jüngling bestieg er 1848 den Thron, seine Brüder waren damals 16, 15 und sechs Jahre alt, eine Schwester war 1835 im Alter von vier Jahren verstorben. Seine Mutter Sophie zählte 43, sein geistig zurückgebliebener Vater Franz Karl 46 Jahre. 1854, mit 24, heiratete Franz Joseph die noch völlig unreife Elisabeth, die ersten drei Kinder wurden 1855 (Sophie), 1856 (Gisela) und 1858 (Rudolf) geboren. Marie Valerie, deren Geburt als Resultat der Versöhnung zwischen Franz Joseph und Elisabeth, deren Ehe nach nur wenigen Jahren zerrüttet war, betrachtet wurde, folgte 1868. Die Ehe seines wesentlich begabteren Bruders Maximilian blieb kinderlos, der homo- oder bisexuelle Ludwig Viktor zeugte ebenfalls keine Nachkommen. Karl Ludwig war dreimal verheiratet, aus seiner zweiten Ehe entstammten vier Kinder, darunter drei Söhne: Franz Ferdinand, Otto und Ferdinand Karl. Karl Ludwig, der nach dem Tode des Kronprinzen an die erste Stelle der Thronfolge rückte, setzte somit als Einziger der vier Brüder den Stammbaum des habsburgischen Hauptzweiges fort. Aus seiner dritten Ehe stammten noch zwei Töchter. Kronprinz Rudolf hatte mit seiner Gattin nur ein Kind gezeugt, die 1883 geborene Elisabeth Marie (»Erzsi«).

Franz Josephs Tochter Gisela heiratete 1873 mit erst 16 Jahren den zehn Jahre älteren Prinzen Leopold von Bayern, der Franz Josephs bevorzugter Jagdgefährte wurde. Dieser Ehe entstammten vier Kinder, von welchen zwei wieder Habsburger heirateten. Seine zweite Tochter Marie Valerie war seit 1890 mit Erzherzog Franz Salvator aus der toskanischen Linie des Kaiserhauses verehelicht, der sich nicht eben der Sympathie des Kaisers erfreute.[99] Während Gisela »anregend und witzig zu plaudern« verstand, notierte Ketterl, konnte man dies von Valerie nicht behaupten. »Stundenlang saß diese strickend, gähnend oder seufzend und ohne ein Wort zu reden beim Kaiser, und wenn es dieser schließlich nicht mehr aushalten konnte, winkte er ihr mit dem Zaunpfahl, indem er sagte: ›So, jetzt muss ich aber wirklich arbeiten!‹«[100] Margutti zeichnete folgendes Bild: »Im verödeten eigenen Heime, dessen Hüterin und Erbe nicht mehr da waren, fand Franz Joseph allerdings durch die innige Zuneigung der ihm noch verbliebenen zwei Töchter freundlichen Zuspruch und Trost ... (Sie) hatten sich ein schönes Familienleben zu schaffen gewusst, in welchem der Kaiser gerne Einkehr zu halten pflegte; insbesondere fühlte er sich glücklich im Kreise der zahlreichen Söhne und Töchter der Erzherzogin Marie Valerie ..., welche er öfters bei sich sah, vornehmlich im Sommer, und die ihn seines Daseins Misshelligkeiten zumindest für einige Stunden vergessen ließen.«[101] Die Besuche des Kaisers im Schloss seiner Tochter in Wallsee gestalteten sich aber keineswegs so entspannt, wie diese Zeilen nahe legen. Graf Paar erinnerte sich, dass »die Langeweile dort kaum auszuhalten (sei), denn niemand getraue sich ein Wort zu sagen, und so stocke die Konversation bei Tisch und abends fast gänzlich«.[102] Zuletzt habe, so die Larisch, nur mehr ihre Cousine Valerie »das Menschlichste« am alten Kaiser gesehen.[103]

Als der Kronprinz aus dem Leben schied, war dessen Tochter »Erzsi« fünf Jahre alt. Es war Rudolfs Wunsch, dass sein Vater die Vormundschaft übernehmen sollte. Franz Joseph wurde dieser Aufgabe mit einer für diesen Mann nicht zu erwartenden Herzlichkeit gerecht, er verwöhnte seine Enkelin und sah selbst über solche Fehler hinweg, die er mit Ausnahme seiner beiden Töchter keinem anderen Mitglied der Dynastie verziehen hätte. Er war in rührender Weise bemüht, dem Kind den Vater zu ersetzen, wobei massive Schuldgefühle gegenüber seinem Sohn eine Rolle gespielt haben dürften. Zahlreiche Briefe an die Schratt dokumentieren, welch großen Anteil er an der Entwicklung seiner Enkelin nahm. In späteren Jahren - Elisabeth führte ein extravagantes, exzessives Leben - sahen sich der Kaiser und »Erzsi« nur noch einige Male im Jahr. Franz Joseph wusste »um das Treiben seiner schönen und lebenslustigen Enkelin«, weshalb er sie nicht allzu oft eingeladen habe. Er wäre »stets froh« gewesen, »wenn sich die Tür wieder hinter ihr geschlossen hatte«.[104] 1902 setzte die Kronprinzentochter eine »unstandesgemäße Ehe« mit Prinz Otto Windischgraetz durch, die von Affären beider Ehepartner begleitet wurde und erst nach Franz Josephs Tod geschieden werden konnte. Großes Aufsehen erregte ihre Verbindung mit dem sozialdemokratischen Politiker Leopold Petznek, den sie später auch heiratete. Franz Josephs Enkelin ging als »rote Erzherzogin« in die Geschichte ein.[105]

Jeder Versuch, das familiäre Umfeld Franz Josephs auszuleuchten, führt uns auf das Wasserscheidenjahr 1848 zurück. In diesem Jahr verzichtete Kaiser Ferdinand auf die Krone. Worauf er aber nicht verzichtete, war das gewaltige kaiserliche Vermögen. Da Franz Joseph nur über ein bescheidenes Privatvermögen verfügte, ist seine Hoffnung verständlich, eines Tages in den Genuss dieses Erbes zu kommen. Dem Tagebuch Sophies ist zu entnehmen, »wie sehr die kaiserliche Familie um dieses Erbe ... zittern musste. Denn die persönlich Beziehung der beiden Kaiser war doch eher förmlich als herzlich ... So besuchte Kaiser Franz Joseph einige Male pro Jahr seinen Vorgänger in Böhmen, war von großer Artigkeit und Höflichkeit - nicht entscheidend anders, als es Angehörige anderer gesellschaftlicher Schichten machen, die ihren reichen Erbonkel besuchen.«[106] Kaiser Ferdinand starb erst 1875. Er hatte Franz Joseph zu seinem Erben eingesetzt, der nun endlich über ein großes Vermögen verfügen konnte. Ferdinands Gattin, Kaiserin Maria Anna, starb 1884. Sie war über Jahrzehnte eine von drei Kaiserinnen, denn auch Kaiserin Karoline Auguste, die vierte Gemahlin von Kaiser Franz, lebte noch lange. Franz Joseph musste dankbar dafür sein, dass Ferdinand nach seiner Abdankung nie mehr wieder einen Fuß in die Hauptstadt Wien gesetzt hat, denn er vermied dadurch nicht nur jene Schwierigkeiten, die das Protokoll nach sich gezogen hätte, auch Sympathiekundgebungen zu Gunsten Ferdinands waren ausgeschlossen.

Zur Zeit Franz Josephs lebten noch drei Söhne Kaiser Leopolds II., die Erzherzöge Rainer (der Ältere, gest. 1853), Johann (gest. 1859) und Ludwig (gest. 1864). Rainers gleichnamiger Sohn, drei Jahre älter als Franz Joseph, ein eher liberaler, kunstsinniger Habsburger, war zwischen 1861 und 1865 der erste konstitutionelle Ministerpräsident Österreichs, der auf die Politik Franz Josephs ebenso wenig Einfluss auszuüben vermochte wie Johann, der populäre »steirische Prinz«, der eine Postmeisterstochter geheiratet hatte und sich von Wien fern hielt. Der in der Bevölkerung überaus beliebte Rainer interessierte sich - untypisch für einen Habsburger - für Wissenschaft und Kunst, er sammelte Bücher und Handschriften. »In den letzten Jahren seines Lebens erschien er nicht mehr in der Hofburg und sagte ganz offen, dass er in der Hofburg nicht mehr atmen könne«, erinnerte sich Wölfling, der Kaiser habe aber seine Autorität anerkannt und ihm »so viel Ehrerbietung und Sympathie« entgegengebracht wie sonst keinem der Erzherzöge.[107] Ludwig, während der Regierungszeit Kaiser Ferdinands Vorsitzender der Geheimen Staatskonferenz, hatte zwar keine politische Aufgabe mehr, doch hielt er engen Kontakt mit Franz Josephs Mutter. Bereits 1850, zwei Jahre nach seiner Thronbesteigung, schrieb Baron Meyendorff über Franz Joseph: »Er ließ sich nie zu einer gefährlichen Vertrautheit weder mit seiner Umgebung noch mit den Erzherzögen hinreißen.«[108] Nach der Wahrnehmung von Kielmansegg stand nur Erzherzog Wilhelm, der 1894 verstorbene Hoch- und Deutschmeister, »mit dem Kaiser auf einem intimeren Fuß. Der aber war sein Altersgenosse und Jugendgespiele, ... fern jeder politischen Ambition, die den Kaiser hätte stören können.« Von festlichen Anlässen einmal abgesehen hatte aber auch Wilhelm »keinen näheren Hausverkehr« mit dem Kaiser.[109]
Wenn es innerhalb der Familie irgendeinen Mann gab, dem ein gewisser Einfluss auf den Kaiser zugeschrieben werden kann, namentlich in militärischen Belangen, so war dies »die graue Eminenz« Erzherzog Albrecht.[110] Er war neben dem Kaiser der wichtigste Militär, durch seinen Sieg bei Custozza 1866 trat er in die Fußstapfen seines legendären Vaters Karl. Vor allem sein Einfluss auf den jungen Kaiser darf nicht unterschätzt werden. Albrecht, 13 Jahre älter als Franz Joseph, starb, zu diesem Zeitpunkt beinahe erblindet, 1895. »Durch seinen Tod erst, so empfanden es wir Erzherzöge«, schrieb Wölfling, »war Franz Joseph der Erste unter den lebenden Habsburgern geworden.« Die jungen Erzherzöge fürchteten den gestrengen, stockkonservativen Doyen der Familie

oft mehr als den Kaiser, der Albrecht vor allem in Familienangelegenheit einen großen Spielraum gewährte. Er war es, der den Kronprinzen und Franz Ferdinand in die ehernen Grundsätze der Dynastie einführte. 1884 schrieb Rudolf an seinen Cousin: »Was den Onkel Albrecht betrifft ... er hat Freude am Schimpfen ... am Intriguieren und Schaden; denn er ist bös. Wenn er einen Fehler oder ein Blöße an einem anderen entdeckt, ist das für ihn eine Wonne ... Wenn man die Ehre hat in seiner Nähe weilen zu dürfen, muss man an nichts anderes denken und nur dasitzen in bewundernder Erstarrung wie die Erzengel um den lieben Gott ...«[111] Bis 1875, als Franz Joseph das Erbe Ferdinands antrat, war Albrecht auch wesentlich vermögender als der Kaiser.

Kommen wir nochmals auf Ferdinand Maximilian (»Max«), Franz Josephs nächstältesten Bruder, zurück, der in der Thronfolge bis zur Geburt des Kronprinzen 1858 an erster und anschließend bis zu seiner verhängnisvollen Entscheidung, die Krone Mexikos anzunehmen, an zweiter Stelle der Thronfolge stand.[112] Ungleiche Brüder begegnen uns in der habsburgischen Familiengeschichte relativ oft: Friedrich »der Schöne« und seine Brüder, Rudolf »der Stifter« und seine Brüder, die Söhne Ernsts »des Eisernen« Friedrich III. und Albrecht IV., Karl V. und Ferdinand I., Rudolf II. und Matthias, deren Zerwürfnis der Stoff für Grillparzers *Ein Bruderzwist in Habsburg* war, Josef I. und Karl VI., Josef II. und Leopold II. sowie Franz I. und seine wesentlich begabteren Brüder. Auch Erzherzog Ferdinand Maximilian, genannt Max, war seinem um zwei Jahre älteren Bruder Franz Joseph geistig weit überlegen. »Meine Individualität«, schrieb Max einmal, »entspricht nun nicht den Ansichten meines älteren Bruders, dies hat er mich bei jeder Gelegenheit auf die ... schonungsloseste, ja kränkendste Weise fühlen lassen. Mein Freimut ... meine liberalen Ansichten schockieren ihn, meine auf Reisen gesammelten Weltanschauungen erregen seine Eifersucht ... was bleibt mir also unter solchen Verhältnissen vom Standpunkt der Klugheit ... übrig, als auszuweichen, ohne Kränkung und Opposition mich zurückzuziehen.«[113] Franz Joseph verspürte den Unterschied im Wesen Maximilians. Kurz nach seiner Thronbesteigung schrieb er seiner Mutter: »Maxis Briefe sind vor lauter Poesie fast unverständlich.« Dem guten, ja liebevollen Einvernehmen zwischen den ungleichen Brüdern tat diese Einsicht zunächst keinen Abbruch. Differenzen taten sich erst später auf, als Franz Joseph den charismatischen Bruder als Konkurrenten betrachtete, dessen Beliebtheit die seine überragte. Für den Kaiser war

Max schon allein deswegen ein gefährlicher Rivale, weil die Gegner des Absolutismus auf ihn ihre Hoffnungen setzten.
Um Kontroversen aus dem Wege zu gehen, ging der Jüngere auf Reisen, wobei er das Schiff bevorzugte. 1854, erst 22-jährig, wurde er zum Oberbefehlshaber der Marine ernannt, drei Jahre später, nach seiner Eheschließung mit der ehrgeizigen belgischen Königstochter Charlotte, als Nachfolger Radetzkys zum Gouverneur des lombardo-venetianischen Königreiches. Die Lombardei ging 1859 verloren. In der Bevölkerung wurde der Ruf lauter, anstelle Franz Josephs Max auf den Thron zu heben, was die Spannungen zwischen den Brüdern verstärkte. Dem tatenhungrigen Erzherzog war jetzt jede Möglichkeit genommen politische Wirksamkeit zu entfalten. Ein zunächst vages, später konkretes Angebot, den Thron Mexikos zu besteigen, beflügelte erneut seine Fantasie. 1864 nahm er die Einladung der klerikalen Partei der Großgrundbesitzer – die vom französischen Kaiser Napoleon III. dazu gedrängt worden war – an, den Thron dieses »Reiches« zu besteigen, in dem zwischen der liberalen und der klerikalen Partei ein heftiger Bürgerkrieg tobte.
Da die USA durch den Bürgerkrieg nicht handlungsfähig waren, schien der Zeitpunkt günstig. Maximilian war ein Fantast, der die Dinge so sah, wie er sie sehen wollte oder von seiner Frau eingeredet bekam. Er stürzte sich aber nicht kopfüber in das mexikanische Abenteuer, das ihm Napoleon schmackhaft gemacht hatte, der wiederum von seiner Frau Eugenie präpariert worden war, in seinem Schloss Miramare wurde er sehr wohl von Skepsis und Ängsten geplagt. Im Gegensatz zu Erzherzogin Sophie und sogar Kaiser Ferdinand in Prag hatte ihm Franz Joseph nicht explizit von dem Abenteuer abgeraten. Zwar riet er ihm dringend von den Großmächten Garantien einzufordern,[114] er gestattete ihm schließlich aber sogar die Aufstellung eines Freiwilligenkorps. Die Vermutung, dass er den Konkurrenten nicht ungern auf einem fernen Kontinent gewusst hätte, ist zumindest nicht von der Hand zu weisen. Andererseits setzte er einen Akt, der es Maximilian unendlich schwer machte, tatsächlich nach der Krone Mexikos zu greifen. Franz Joseph verlangte von ihm seine Unterschrift unter eine Verzichtserklärung, die ihn und seine Nachkommen von der Nachfolge in Österreich ausschloss, solange noch irgendein männliches Mitglied der kaiserlichen Familie leben würde. Maximilian musste auf alle Rechte eines Erzherzogs verzichten. Erst nach einem mehrere Tage währenden Tau-

ziehen willigte er zähneknirschend ein. Am 9. April 1864 waren die Brüder zu einem langen Vier-Augen-Gespräch zusammengetroffen, bei dem es zu Schreiduellen und Tränen auf beiden Seiten gekommen sein soll. Doch beim Abschied, Franz Joseph wollte bereits den Hofzug besteigen, drehte er sich spontan noch einmal um und schloss den Bruder unter Tränen in die Arme. Der Kaiser dokumentierte anlässlich dieses ersten großen Konfliktes innerhalb der Familie, wie hart und unerbittlich er vorzugehen bereit war, wenn er eine Gefährdung der Dynastie befürchtete. Seine Unnachgiebigkeit hatte freilich gute Gründe, denn die Möglichkeit, dass der Kaiser von Mexiko dereinst auch gleichzeitig Kaiser von Österreich hätte sein können, war durchaus gegeben.[115]
Maximilians dynastisches Denken war genauso krankhaft überhöht wie jenes Franz Josephs, er träumte von einem Reich, in dem die Sonne nicht unterging, mit ihm an der Spitze. Vor der Überfahrt nach Mexiko reiste er noch nach Rom um sich den Segen des Papstes zu holen, womit sein Abenteuer eine Art Kreuzzugscharakter zum Schutz der kirchlichen Rechte erhielt. In Mexiko angekommen stellte sich rasch heraus, dass der Habsburger einer schier unlösbaren Problemlage gegenüberstand. Nach dem militärischen Rückzug Frankreichs infolge der Gefahr einer Intervention durch die USA war das Schicksal des mexikanischen Kaiserreiches besiegelt. Voll Anmaßung hatte Maximilian Napoleon noch geschrieben: »Ziehen Sie Ihre Truppen augenblicklich zurück! Ein Habsburger wie ich wird mit Würde mit seinen mexikanischen Untertanen auszukommen versuchen ...«[116] Obwohl Wien über die Aussichtslosigkeit des Unternehmens informiert war, schrieb Sophie noch im Februar 1867 einen Brief an ihren Lieblingssohn, in dem sie ihn aufforderte »in Ehren auszuharren«. Glaubte sie tatsächlich, die Republikaner würden ihn verschonen, weil sein Bruder in einem fernen Land »von Gottes Gnaden« regiert? Das Drama nahm seinen Lauf. Max, der sich zu fliehen geweigert hatte, wurde zum Tode verurteilt und am 19. Juni 1867 erschossen. Franz Joseph hatte ihn zuvor wieder in alle seine Rechte eingesetzt, wohl weil er gemeint hatte, einen österreichischen Erzherzog würde man nicht so einfach hinrichten.
Für die 62-jährige Sophie war der Tod Maximilians *die* Katastrophe ihres Lebens, sie resignierte, auch im Kampf gegen ihre Schwiegertochter. Franz Joseph, der gehemmte Sohn, dessen Trauer über den Tod des Bruders nicht überwältigend gewesen sein soll, war ihr vermutlich keine große Stütze. 1872 starb Sophie, von Franz Joseph aufrichtig betrau-

ert. Im Jahr darauf folgte ihr Kaiserin Karoline Auguste, Kaiser Ferdinand starb, wie gesagt, 1875, Franz Karl, Franz Josephs Vater, 1878. Innerhalb weniger Jahre hatte sich in der kaiserlichen Familie eine Generationenablöse vollzogen.

Im Todesjahr seines Vaters war Franz Joseph 48 Jahre alt. Zwar war er zu diesem Zeitpunkt »unangefochtener Herrscher und Familienchef, aber auch einsamer denn je. Und er verstand es nicht, Kontakte zu knüpfen, selbst nicht im allerengsten Familienkreis.«[117] Kaiserin Elisabeth zog es mehr denn je aus Wien fort, sie wäre der einzige Mensch gewesen, welcher es in der Hand gehabt hätte, »in die sich immer mehr zur Unpersönlichkeit versteinernde Majestät ihres Gatten etwas Wärme und Menschlichkeit zu bringen. Für alle anderen Familienmitglieder, vor allem auch für seinen Sohn Rudolf, blieb Franz Joseph das unerbittlich herrschende Familienoberhaupt, das ›Schicksal‹ schlechthin ...«[118] Die an einen unerbittlichen Richter erinnernden Verhaltensmuster des Kaisers, die aus seiner diktatorischen Stellung erwuchsen, stehen in einem merkwürdigen Gegensatz zu seiner vielfach dokumentierten Sehnsucht nach familiärer Geborgenheit, nach Ruhe und Gemütlichkeit: »Ich gehe heute Abend nach Gödöllö zu meiner lieben Sisi und zu unserer herzigen Kleinen, die uns immer mehr Freude macht. Die beiden großen Kinder folgen mir übermorgen, und so wird die ganze Familie zu einem stillen, gemütlichen Familien- und Landleben wieder vereinigt sein, auf das ich mich unendlich freue.« Der hohe Preis für das Verschmelzen des Menschen mit dem Herrscher war eine abgrundtiefe menschliche Einsamkeit.

Mit dem Tode des Kronprinzen fiel die Anwartschaft auf den Thron auf den 56-jährigen Karl Ludwig, den nächstältesten Bruder des Kaisers, wenngleich die offizielle Ernennung zum Thronfolger unterblieb.[119] »Er war bedeutungslos und unbeliebt; er nahm dem Kaiser zahllose zweitrangige offizielle Verpflichtungen ab, erledigte mit Bienenfleiß unbedeutende Akten, kümmerte sich um Begnadigungsgesuche und Wohltätigkeitsorganisationen und blieb bis an sein Ende erzkonservativ und ekelhaft.«[120] Sophie, die auf ihren willensschwachen Sohn einen enormen Einfluss hatte, gestand einmal ihrem Beichtvater, Karl Ludwig sei »schwach im Talente«, und da der Kirchenmann den Einwand vorbrachte, er könne sich ja noch bessern, fügte sie hinzu: »Interessant wird er niemals werden!« Mit dieser Einschätzung sollte sie Recht behalten. Die Gräfin Larisch beschrieb ihn als »dicken alten Mann mit brutalen Instinkten«.[121] Wenngleich er Anfang der 1860er-Jahre als Kandidat für den Thron eines neu zu errichtenden Königreiches Polen im Gespräch war, taugte er als Politiker ebenso wenig wie als Militär, Karl Ludwig interessierte sich auch für keines der beiden Betätigungsfelder. Er war – so wie viele andere Habsburger auch – ein »Mann ohne Eigenschaften«, indolent, unbegabt und stumpfsinnig, ein dem Antiliberalismus auf das Innigste verpflichteter Klerikaler, dessen primitiv verinnerlichte Katholizität in reifen Jahren die seltsamsten Blüten trieb. Anlässlich einer Reise ins »Heilige Land« trank Karl Ludwig verseuchtes Wasser aus dem Jordan und zog sich auf diese Weise eine Infektion zu, an welcher er im Mai 1896 starb.

Seiner zweiten Ehe mit einer bourbonischen Prinzessin aus dem Hause Neapel-Sizilien entstammten drei Söhne: Franz Ferdinand, der spätere Thronfolger, Otto Franz Joseph, der skandalumwitterte Vater des letzten österreichischen Kaisers Karl I., und Ferdinand Karl. Als auch bei Franz Ferdinand die Lungenkrankheit ausbrach, die seiner Mutter in jungen Jahren das Leben gekostet hatte, musste sich der als mürrisch, misstrauisch und verschlossen geltende Erzherzog vom gesellschaftlichen Leben weitgehend zurückziehen. Im Herbst 1894 lernte er die 26-jährige Gräfin Sophie Chotek kennen. Damit nahm eine »Bekanntschaft, eine Liebe ihren Anfang, die einige Jahre später zu staatsrechtlichen Komplikationen, zu einer dauernden Verstimmung zwischen dem alten Kaiser und seinem Thronfolger und letztlich durch ihr tragisches Ende zum Anlass für ein weltpolitisches Inferno werden sollte«. Dass Sophie Chotek von Chotovka, wenngleich aus dem böhmischen Uradel stammend, nach den Regeln des habsburgischen Hausgesetzes keine ebenbürtige Partnerin war, störte Franz Ferdinand, dessen Standesdünkel dem seines Onkels ansonsten um nichts nachstand, keineswegs. Es gebe »gar keine Auswahl unter den heiratsfähigen Prinzessinnen, lauter siebzehn- oder achtzehnjährige Piperln, eine schiacher als die andere«, klagte der Erzherzog einmal. Franz Ferdinand verstand es meisterhaft, seine Liebe zur Gräfin auch vor seiner engsten Umgebung geheim zu halten, nur ganz wenige wussten oder ahnten zumindest etwas. In den Monaten der Trennung wurde zwar eifrig korrespondiert, doch sehen konnte sich das Liebespaar, das in allen seinen Kontakten so vorsichtig war, dass nicht einmal die Spitzel des Kaisers informiert waren, nur selten. »Wenn unsereiner jemanden gern hat«, klagte Franz Ferdinand in Gegenwart seines Arztes, »findet sich immer im Stammbaum irgendeine Kleinigkeit, die die Ehe verbietet, und so kommt es, dass bei uns immer Mann und Frau zwanzigmal miteinander verwandt sind. Das Resultat ist, dass von den Kindern die Hälfte Trottel und Epileptiker sind.«[122]

1899, nicht lange nach der vollständigen Genesung des Erzherzogs, wurde die Beziehung zwischen Franz Ferdinand und der Chotek durch einen Zufall bekannt.[123] Dem Erzherzog war es nur durch den Einsatz seiner ganzen Willensstärke gelungen, seine schwere Krankheit zu besiegen und alle Gerüchte bezüglich einer Neuregelung der Thronfolge aus der Welt zu schaffen. Einflussreiche Hofkreise hätten nach dem Tode des Kaisers lieber Erzherzog Otto auf dem Thron gesehen, vermutlich auch Franz Joseph selbst, zumindest so lange, bis Ottos skandalöser Lebenswandel diese dynastische Variante zwingend auslöschte.

Seit 1898 war Franz Ferdinand, als Erbe der Herzöge von Modena auch überaus vermögend, der unumstrittene Thronerbe der Donaumonarchie. Als Franz Ferdinand wegen seiner Liebschaft zur Audienz befohlen wurde, teilte ihm der Kaiser in wenigen Worten mit, dass er diese Verbindung zu lösen habe. Dann bedeutete er dem Neffen, dass die Audienz beendet sei. Franz Ferdinand verließ den Raum jedoch nicht und ersuchte um die Erlaubnis, die Gräfin heiraten zu dürfen. Der Kaiser, über dessen Reaktion keine Berichte vorliegen, muss außer sich gewesen sein. Die Vorstellung, dass eine böhmische Gräfin dereinst Kaiserin von Österreich werden sollte, war für ihn jenseits der Grenzen des Vorstellbaren. Theoretisch hätte Franz Joseph seinem Neffen damit drohen können, dass er die Macht habe, ihn aus dem Kaiserhaus auszustoßen, doch diese Variante, die zu spielen Franz Joseph unter anderen Voraussetzungen keine Skrupel gehabt hätte, war im vorliegenden Fall de facto ebenso unmöglich wie der Ausschluss des Erzherzogs von der Thronfolge. Franz Josephs Brüder Maximilian und Karl Ludwig waren tot, Otto und Ferdinand Karl, die Brüder Franz Ferdinands, kamen nicht in Frage und andere personale Alternativen existierten nicht. Der Kaiser sah deshalb keine andere Möglichkeit, als das Problem zu vertagen und Franz Ferdinand ein Jahr Bedenkzeit einzuräumen.

Franz Ferdinand war nicht umzustimmen. Freimütig erklärte er, mit der Heirat nötigenfalls auch bis zum Tod des 70-jährigen Kaisers warten zu wollen. Diese Drohung war eindeutig. Gegenüber dem Ministerpräsidenten Koerber, der sich gegen die Verbindung ausgesprochen hatte, weil diese ein Verhängnis für das Kaiserhaus sei, drohte Franz Ferdinand sogar damit, sich umzubringen. Wenn die Heirat nicht zu Stande komme, werde er ein Narr oder müsse sich erschießen. Außerdem werde seine Heirat dem Reiche gewiss nicht so viel schaden wie Kaiser Franz Joseph, der es einige Male an den Rand des Abgrunds gebracht habe.[124]

Im April 1900 gab Franz Joseph widerwillig nach und gewährte seinem Neffe eine »Ehe zur linken Hand«. Die Bedingungen waren hart: Sophie Chotek dürfe niemals Kaiserin werden, auch nicht Erzherzogin, der Thronfolger müsse für sie und mögliche Kinder auf die Erbfolge und die Thronrechte verzichten. Als Datum für die Verzichtserklärung wurde der 28. Juni festgesetzt. Die Zeremonie fand in der Geheimen Ratsstube statt, in welcher alle großjährigen Erzherzöge, die wichtigsten Minister und Hofbeamten, der Kardinalerzbischof von Wien sowie der Kardinalfürstprimas von Ungarn versammelt waren. Franz Joseph erklärte kühl, dass die Erklärung, die zu hören die Herren herbefohlen seien, notwendig sei um eine geordnete Thronfolge zu sichern.[125] Auf den Tag genau vierzehn Jahre später wurden Franz Ferdinand und seine Gattin von einem jungen Serben erschossen. Manche Zeitgenossen mögen der Vermutung erlegen sein, dass nicht Gavrilo Princip, sondern eine der Symbolik verfallene alte Dame namens Weltgeschichte den Finger am Abzug gehabt habe. Der 84-jährige Monarch mag in ähnlichen Schablonen gedacht haben, wenngleich bei ihm gewiss keine Dame, sondern vielmehr ein Herr, der »Allmächtige«, seine Finger im Spiel gehabt haben mag.

Seit dem »Renunziationseid« hatten sich der Kaiser und sein Nachfolger nichts mehr zu sagen. Doch anders als Kronprinz Rudolf, der vor der übermächtigen Figur des Kaisers kapituliert hatte, war Franz Ferdinand zur Aufnahme des Kampfes bereit. Am 1. Juli fand die lang ersehnte Hochzeit statt. Nur Franz Ferdinands Schwiegermutter Maria Theresia und ihre Töchter waren erschienen, auf Wunsch Franz Josephs sollte kein Mitglied des Kaiserhauses der Trauung beiwohnen, selbst Franz Ferdinands Brüder waren den Feierlichkeiten ferngeblieben. Vom Flügeladjutanten Franz Josephs traf ein Telegramm mit der Mitteilung ein, dass »Seine Kaiserliche und Königliche Apostolische Majestät« sich »bewogen gefunden« hätte, die Gräfin Chotek ... »taxfrei in den erblichen Fürstenstand mit dem Namen ›Hohenberg‹ zu erheben«. Der unerbittliche, intrigante Obersthofmeister Fürst Alfred Montenuovo unternahm mit Zustimmung des Kaisers alles in seiner Macht Stehende, um Franz Ferdinand und die Fürstin in einen undurchdringbaren Kokon zeremonieller Erniedrigung einzuspinnen. Bei militärischen Anlässen durfte Sophie nicht neben ihrem Gatten stehen. In der Hierarchie des Kaiserhofes rangierte sie hinter der jüngsten unverheirateten Erzherzogin. Man kann sich vorstellen, welches Maß an Selbstüberwindung es den herrischen, egozentrischen Thronfolger gekostet haben mag, diese Nadelstiche gegen seine geliebte Frau zu ertragen.

Franz Ferdinand war zwar dazu erzogen worden, den Kaiser zu verehren, doch ebenso wie alle anderen Familienmitglieder fühlte er sich in der Nähe Franz Josephs unwohl. Kontakte mit dem Kaiser waren selten, da dieser sich für die Mitglieder seiner Familie nur mäßig interessierte. Anders Erzherzog Albrecht, er schrieb Franz Ferdinand 1887 die prophetischen Sätze: »Wir sprachen ... von den Pflichten, die dir schon deine heutige Stellung auferlegt, von den viel schwereren, die möglicherweise Gott dir einst auferlegen wird. Mit dieser entfernten Möglichkeit rechnen schon heute die Menschen und beurteilen dich nur umso schärfer ...«[126]

Auch nach dem Tod des Kronprinzen schenkte der Kaiser seinem Neffen keine besondere Aufmerksamkeit. Franz Joseph hatte nicht die geringste Absicht, ihn in die Staatsgeschäfte Einblick nehmen zu lassen. »In deiner Jugend nicht zum Thronfolger bestimmt, war es natürlich, dass du nicht jene eindringlichen Studien, insbesondere im Staatsrecht, Staatengeschichte usw. gemacht hast ... Du wirst viel Zeit bedürfen um dich gewissenhaft vorzubereiten.«[127] Wieder war es Albrecht, von dem diese Ermahnung kam, vom Kaiser, der Franz Ferdinand überaus kühl behandelte, war nichts dergleichen zu hören. »Ich werde nie offiziell erfahren, ob ich der Thronfolger bin oder nicht«, klagte der Erzherzog in jungen Jahren, »es ist geradeso, als ob ich schuld wäre an der Dummheit von Mayerling. So kühl bin ich früher nicht behandelt worden. Mein Anblick erweckt unliebsame Erinnerungen, wie es scheint.«[128]

Zu Beginn des Jahrhunderts bezeichnete sich Franz Ferdinand zwar noch zähneknirschend als »eine Null in der Politik«, doch diese Selbsteinschätzung änderte sich rasch. Er wurde fordernder, drängender, er begehrte gegen die vom Kaiser bevorzugte und praktizierte Politik des Bewahrens und »Fortwurstelns« auf. Franz Ferdinand war, wie einmal gesagt wurde, »Seiner Majestät getreueste Opposition«. In den Persönlichkeiten des Kaisers und des Erzherzogs prallten zwei Temperamente und zwei Generationen aufeinander, die Spannungen, die dabei entstanden, entluden sich im Laufe der Jahre immer häufiger.[129] »Ich würde gerne abdanken, wenn ich einen Sohn hätte, der mir Vertrauen einflöß-

te«, soll Franz Joseph über den Neffen bemerkt haben, »aber zu Gunsten dieses gefährlichen Narren niemals!«[130]
Ab 1906 intensivierte Franz Ferdinand seine Politik gegen die separatistischen Intentionen der ungarischen Reichshälfte und entfaltete auch sonst verschiedene Aktivitäten. Die »Nebenregierung« im Schloss Belvedere, wo der Thronfolger residierte, wuchs in die Rolle eines zweiten machtpolitischen Zentrums hinein. »Wir haben nicht nur zwei Parlamente«, stellte Koerber betrübt fest, »sondern auch zwei Kaiser.« Im Umfeld Franz Ferdinands wurde eifrig über Pläne zur Umgestaltung der Donaumonarchie disputiert, Varianten wurden durchdacht, Möglichkeiten erwogen, Kontakte geknüpft.[131] Während der Balkankrisen 1912/13, als der Erzherzog für die Erhaltung des Friedens eintrat, bewährte sich auch seine viel kritisierte Freundschaft mit dem deutschen Kaiser. Franz Ferdinand sprach sich auch gegen die von Generalstabschef Conrad von Hötzendorf forcierten Pläne aus, Italien und Serbien durch Präventivschläge in die Knie zu zwingen. Da er aber Conrad protegierte und außerdem eng mit ihm zusammenarbeitete, galt der Thronfolger in der breiten Öffentlichkeit als Serbenfeind und führender Vertreter der »Wiener Kriegspartei«. Eine der wichtigsten außenpolitischen Visionen Franz Ferdinands war eine erneute Annäherung der Monarchie an Russland, mit der Neubelebung des konservativen Dreikaiserbundes als Ziel. Innenpolitisch war er entschiedener Befürworter einer trialistischen Neuordnung der Monarchie, die Südslawen sollten neben Österreich und Ungarn einen eigenen Staat bekommen.
Im August 1913 wurde der Erzherzog-Thronfolger zum »Generalinspektor der gesamten bewaffneten Macht« ernannt. Diese Funktion brachte es mit sich, dass Franz Ferdinand die für Juni 1914 angesetzten Sommermanöver in Bosnien und der Herzegowina leiten musste. Der Balkan war das Pulverfass Europas, ein gefährlicher Boden für den Thronfolger, der zudem an Asthmaanfällen litt. Am 4. Juni war Franz Ferdinand, der zwar von Vorahnungen gequält war, aber nicht als feige gelten wollte, auf eigenen Wunsch vom Kaiser empfangen worden. Er wisse nicht, so der Erzherzog, ob er die brütende Hitze werde ertragen können. Vielleicht würde ihn der Kaiser von dieser Verpflichtung entheben? »Mache es, wie du willst«, antwortete der 84-jährige Kaiser. Die Würfel waren gefallen. Am 28. Juni fielen Franz Ferdinand und seine Gattin den Schüssen eines Attentäters zum Opfer.[132]
Franz Ferdinand war ungeachtet seines schwierigen Naturells einer der

fähigsten und energischsten Erzherzöge. Die überwiegende Mehrzahl der Mitglieder der kaiserlichen Familie genossen weder beim Kaiser noch beim Volk Ansehen. »Was diese Erzherzöge und Erzherzoginnen treiben«, empörte sich Koerber, »ist geradezu unerhört! Sie wollen auf jeden Fall der Öffentlichkeit beweisen, dass die Dynastie dekadent, degeneriert ist. Sie brauchen sich nicht so anstrengen, wir wissen alle schon längst, dass mit den Habsburgern nicht mehr viel anzufangen ist!«[133]

Im Oktober 1889, nur wenige Monate nach dem Tod des Kronprinzen, setzte Erzherzog Johann Salvator (Johann Orth)[134] einen in der Geschichte der Habsburger einmaligen Akt. Er schrieb dem Kaiser einen Brief, in welchem er darum bat, aus dem Erzhaus ausscheiden zu dürfen, er wäre zu stolz »um als bezahlter Nichtstuer« und »fürstlicher Müßiggänger« zu leben. Diesen folgenschweren Schritt hatte vor ihm noch kein Habsburger gesetzt. Schon als 20-Jähriger hatte Johann darüber geklagt, »zusammen mit 70 Verwandten auf einer einsamen Bergspitze eingepfercht zu sein«, er hasse seinen Rang und sei entschlossen, »wie ein Mensch zu leben, nicht wie eine arme Kreatur, die von der Wiege bis zum Grabe verhätschelt werden muss«. Franz Joseph reagierte kühl und prompt, seine Verfügungen »waren von schneidender Schärfe und ließen nichts an Bestimmtheit zu wünschen übrig«.[135] Noch dramatischer ging der Austritt von Johanns Neffen, des Erzherzogs Leopold Ferdinand Salvator (Leopold Wölfling), der später u. a. als Gemischtwarenhändler, Inserateneintreiber und Würstelverkaufer arbeitete, vonstatten. Als der junge Habsburger dem Kaiser eröffnete, dass er eine ehemalige Prostituierte zu heiraten beabsichtige, ließ ihn dieser in eine geschlossene Anstalt sperren. Leopold folgte 1902 dem Beispiel seines Onkels, er trat aus dem »Erzhaus« aus, worauf er vom Familienoberhaupt »aus der Liste der Lebenden« gestrichen wurde. Seine Schwester, die den Kronprinzen von Sachsen geheiratet hatte, brannte ungefähr zur selben Zeit mit dem Sprachlehrer ihrer fünf Kinder durch. 1907, in jenem Jahr, in dem ihr Bruder sich scheiden ließ, um wenig später erneut eine ehemalige Prostituierte zu heiraten, ehelichte sie einen jungen Musiker. Als die Mutter Leopolds nach dem Ausbruch des Weltkrieges Franz Joseph die Bitte ihres Sohnes vortrug, in der Armee dienen zu dürfen, soll der Kaiser geantwortet haben: »Erwähne den Namen Leopold nicht mehr. Er ist, seit ich ihn verbannt habe, tot für mich und er wird es immer bleiben.«[136] 1911 wiederholte sich das Austritts-Szenario. Mit Ferdinand Carl, einem Neffen Franz Josephs, trat innerhalb weniger Jahrzehnte bereits der dritte Habsburger aus dem Kaiserhaus aus, ein Vorgang, der immer auch als Hinauswurf interpretiert werden muss. Nachdem ihm der kaiserliche Onkel die Heirat mit einer Bürgerlichen namens Berta Czuber, auf die übrigens auch Robert Musil ein Auge geworfen hatte, mehrmals verboten hatte, zog sich der Erzherzog als Ferdinand Burg ins Privatleben zurück. Alle drei Habsburger, die die »Flucht aus dem Purpur« angetreten hatten, wurden zudem des Landes verwiesen. Burg durfte nur noch ein einziges Mal in seine Heimat zurückkehren: 1914 gestattete ihm der greise Monarch an der Beerdigung Franz Ferdinands, Ferdinands ältestem Bruder, teilzunehmen. 14 Jahre zuvor hatte Ferdinand Carl noch persönlich beim Kaiser gegen die unstandesgemäße Ehe des Bruders mit Sophie Chotek protestiert, da er eine solche Verbindung für inakzeptabel hielt.

Auch Otto Franz Joseph, der zweite Bruder Franz Ferdinands, hatte gegen dessen Hochzeit opponiert, obwohl gerade dieser Prinz, der Vater des späteren Kaisers Karl, bis heute als Personifizierung dynastischer Degeneration gilt. Ottos Exzesse sind legendär, in »unerhört ungezwungener Weise« habe er sich »lasterhafte Mädchen bestellt«, klagte ein Berater des Kaisers.[137] Aus ungezählten Affären gingen mehrere Kinder hervor. Am Ende raffte ihn die Syphilis hinweg. Zuletzt konnte Otto, dem man eine Kanüle in den Kehlkopf eingesetzt hatte, nicht einmal mehr sprechen. Sein vielleicht bekanntester Skandal spielte sich im Hotel »Sacher« ab. Ottos Zechkumpane hatten den Erzherzog während eines Trinkgelages aus einem Salon ausgesperrt und der Habsburger stand nun, ganz nackt, nur einen Säbel um die Hüften und schwer betrunken, vor der Tür, gegen die er mit der lautstarken Bitte um Einlass hämmerte. Ausgerechnet in diesem Augenblick erschien in Damenbegleitung der britische Botschafter, der Franz Joseph über diesen Vorfall unterrichtete. Otto wurde für zwei Monate in einem Kloster unter Arrest gestellt.[138]

Härte zeigte der Kaiser auch gegenüber seinem seltsamen Bruder Ludwig Viktor, genannt »Luzivuzi« oder »Bubi«, einem Liebhaber von Frauenkleidern, der nach einem einschlägigen Zwischenfall in einer öffentlichen Badeanstalt, wo er sich an einen jungen Burschen herangemacht hatte, der ihn daraufhin ohrfeigte, auf Schloss Klessheim bei Salzburg interniert wurde. »Man müsst' ihm als Adjutanten eine Ballerina geben, dann könnt' nix passieren«, soll Franz Joseph angemerkt haben. »Er war grundverschieden von seinen Brüdern«, urteilte die Fürstin Fugger, »war weder militärisch noch kunstverständig, schwächlich, unmännlich, geziert und von garstigem Äußeren ... Er führte ein sehr weltliches Leben, war über alles - nicht immer richtig - unterrichtet, seine Zunge war scharf wie die einer Giftschlange. In alles mischte er sich ein, spann darauf Intrigen und freute sich, wenn kleine Skandälchen daraus wurden. Man hatte allen Grund, seine Indiskretionen und Tratschereien zu fürchten; doch er war ein Bruder des Kaisers.«[139]

Krieg und Diplomatie

Franz Joseph und das Militär[140]

Die erste Eintragung in Franz Josephs Tagebuch, in welchem sich dem Leser in erster Linie eine auf Uniformen und das Militär fixierte Gedankenwelt enthüllt, fällt auf den 18. August 1843. Der junge Erzherzog war zu seinem 13. Geburtstag auf Anregung seines Onkels Ludwig von Kaiser Ferdinand »in Anbetracht seiner guten Gesinnung für Unser durchlauchtigstes Kaiserhaus und bewährten Anhänglichkeit an dasselbe« zum Oberstinhaber des Dragoner-Regiments No. 3 (mit gleichzeitiger Beförderung zum Oberst) ernannt worden. Franz Joseph versicherte dem Kaiser, dass dieser »Augenblick ... einer der glücklichsten meines Lebens ist und wird mir somit gewiss unvergesslich bleiben ...«[141] Seit diesem Zeitpunkt zeichnete der junge Erzherzog seine Briefe mit »Franz, Oberst«. Am aufschlussreichsten ist hier ein Brief von Erzherzogin Sophie, die ihrem Schwager Ludwig über die Freude des Sohnes schrieb: »Franzi ist ein sehr glücklicher Oberst ... als er seine Uniform gewahrte ... Nie werde ich den Ausdruck unaussprechlichen Glücks vergessen, mit welchem er später in seiner Uniform zu mir hereintrat ... Als er das erste Mal in seiner Uniform die Treppe herunterging, lief das ganze Haus zusammen um ihn zu sehen, selbst die Köchin der Kinder im tiefen Négligé ... Maxi erlaubte nicht, dass man Franzi anders als mit Herr Oberst ansprach ...«[142] Bereits im nächsten Jahr wurde »Franz, Oberst« auf Anordnung seines Vaters erstmals zu Manövern seines Regiments einberufen. Hellauf begeistert schrieb er der Mutter: »Ich unterhalte mich hier vortrefflich; ich reite ... und was die Hauptsache ist, bin den ganzen Tag in Uniform ...«[143]

Der »Maxi« gerufene Ferdinand Maximilian unterschied sich seit frühester Kindheit in vielfacher Hinsicht von seinem um zwei Jahre älteren Bruder, u. a. aufgrund seines geringeren Interesses für »militärische Dinge«. 1836 schrieb die Mutter der Prinzen: »Ich führte Franzi zur Truppenschau und kam aus dem Entzücken nicht heraus; er war genauso begeistert von den Kanonenschüssen, die ganz knapp in seiner Nähe abgegeben wurden, wie von dem Gewehrfeuer ... Alle Militärs hatten, wie ich, großes Vergnügen an seinem Mut. Bei der Defilierung war auch Maxi an seiner Seite, aber er schien sich eher zu langweilen, weil er sich aus militärischen Dingen so wenig macht, dass ich ihn zu den Manövern des nächsten Tages gar nicht mehr mitnahm. Franzi dagegen sagte nachher, er hätte in seinem ganzen Leben nichts Schöneres gesehen ...«[144]

Diese geradezu magische Faszination, die Franz Joseph für alles Militärische empfand, begleitete ihn sein ganzes Leben. Seine Mutter hatte bereits für den Einjährigen (!) eine Uniform und ein kleines Gewehr aus Holz anfertigen lassen, mit dem er militärische Übungen, wie er sie bei der Wachablöse beobachten konnte, improvisierte. Sophie berichtete ihrer Mutter darüber: »Du würdest nicht glauben, wie hübsch er das zu machen versteht. Er ist zum Fressen mit seinem kleinen Gewehr, seiner Grenadiermütze auf dem Kopf, seinem Säbel an der Seite und dem kleinen Tornister auf dem Rücken. Als ich letzthin nach Hause kam, stand er vor meiner Türe um mir beim Eintreten das Gewehr zu präsentieren ...«[145] Franz Joseph war noch keine 18 Monate alt, als er bereits eine Unterscheidung zwischen Offizieren (»Azizis«) und Soldaten (»Dada«) treffen konnte, im Alter von 20 Monaten übte er im Zimmer des kaiserlichen Großvaters den militärischen Gleichschritt, mit drei Jahren kannte er alle Distinktionen der Armee sowie die Farben der zahlreichen Regimenter.

»Das was Militär ist, ist mir das Liebste«, sagte Franz Joseph früh.[146] Dieses Bekenntnis behielt seine Gültigkeit bis zuletzt. Augenblicke der Rührung, der Ergriffenheit, sind aus dem Leben dieses Mannes nur ganz wenige dokumentiert, zumeist war die Armee im Spiel. Als anlässlich der Inspektion einer Militärakademie, an welcher der damals erst vierjährige Kronprinz auf Wunsch des Vaters teilzunehmen hatte, die Kadetten ihre Kappen abnahmen und ihrem Oberbefehlshaber mit lauten Hurra-Rufen zujubelten, tat Rudolf es ihnen gleich. Franz Joseph war daraufhin so gerührt, dass ihm »Tränen in die Augen traten und ihm einige Minuten lang die Stimme versagte«.[147] Ganz ähnlich erging es ihm, als er am 25. Jahrestag seiner Thronbesteigung die Generalität empfing und seinen Sohn ihrer Treue empfahl, es liefen ihm die Tränen über die Wangen.[148] Als ihm anlässlich des 25. Jahrestages seiner Thronbesteigung Erzherzog Albrecht die Glückwünsche seiner Armee überbrachte und bei dieser Gelegenheit der Gefallenen der letzten Feldzüge gedachte, weinte der Kaiser ebenfalls.[149] Das in einer gewiss schon als schädlich wahrzunehmenden Permanenz unterdrückte kaiserliche Gefühlsleben konnte im Zusammenhang mit dem geliebten Militär aber nicht nur positive Eruptionen entfesseln, wie ein Vorfall belegt, den Kielmansegg überlieferte. Der Graf war während eines Manövers Zeuge, »wie der Monarch einen Artilleriehauptmann, in dessen Batterie er irgendeinen geringfügigen Fehler entdeckt hatte, vor der versammelten Generalität und dem gesamten Gefolge derart anfuhr und herunterputzte, dass es kein Wunder gewesen wäre, wenn man bald vom Selbstmord dieses Offiziers gehört hätte.«[150]

Glaubt man Margutti, trieb am Lebensabend Franz Josephs der Einfluss des überaus selbstbewussten Generalstabschefs Conrad von Hötzendorf einen Keil zwischen den Kaiser und die Armee. »Seitdem Conrad unser Heer so durcheinander gebracht hat«, zitierte er Graf Paar, »findet sich der Kaiser darin nicht mehr zurecht. Das feste Band, welches ihn seit altersher mit der Armee verknüpfte, wurde durch Conrad entzweigeschnitten.«[151] Diese Feststellung mag in Kenntnis der Antipathie, welche Paar und viele andere in der Umgebung des Kaisers gegenüber Conrad empfanden, vielleicht etwas übertrieben sein, überaus glaubhaft hingegen liest sich Marguttis Bericht über die Verfassung des Kaisers, nachdem ihm im Frühjahr 1913 über die Spionageaffäre Redl berichtet worden war.[152]

Alfred Redl, der Oberst im Generalstab und Leiter des k. u. k. Kundschaftsdienstes, wurde überführt, ganze 12 Jahre hindurch militärische Geheimdokumente, darunter die Aufmarschpläne der Armee – u. a. an Russland – verkauft zu haben. Im Zuge der Ermittlungen hatte sich herausgestellt, dass Redl homosexuell veranlagt war und Kontakte zu mehreren Geliebten unterhalten hatte, die der Offizier aus so genannten einfachen Verhältnissen großzügig zu bezahlen pflegte. Redl wurde unmittelbar nach seiner Enttarnung auf Drängen Conrads zum Selbstmord gezwungen. Lassen wir erneut Margutti zu Wort kommen: »Die Kunde von dem unerhörten Geschehnis traf den alten Kaiser wie ein Blitz aus heiterem Himmel. Er wusste sich kaum zu fassen und es bedurfte lange, bevor er Redls Handlung überhaupt für möglich hielt. Als er jedoch vollen Einblick gewann, da tat sich vor dem greisen Monarchen ein Abgrund auf, über den keine Brücke mehr zu seinem Heere führte. Ganz verzweifelt rief er in meiner Gegenwart zum Grafen Paar: ›Das also ist die neue Zeit? Und das die Kreaturen, die sie hervorbringt?‹«[153]

Franz Joseph gab sich stets so sehr als Militär, dass er die Uniform, außer bei der Jagd, so gut wie nie ablegte. In Zivil zeigte er sich nur, wenn er dazu gezwungen war, was bei Auslandsreisen, die keinen offiziellen Charakter trugen, der Fall war. Als ihn die Wiener Gemeindevertretung einmal bat, in demselben Zivilanzug, in dem er mit Kaiserin Elisabeth in Cap Martin an der Riviera geweilt hatte und in welchem ihn eine Fotografie sympathisch dargestellt hatte, nach Wien heimzukehren und sich von der Bevölkerung bejubeln zu lassen, lehnte Franz Joseph ab. In Zivilkleidung fühlte er sich ganz offensichtlich nicht wohl, was auch ein Brief an die Kaiserin aus dem Jahre 1894 nahe legt: »Vorgestern war um 9 Uhr der berühmte Schneider Frank bei mir um meine Civil Garderobe zu revidieren und zu ergänzen, damit ich an der Riviera als angehender Gigerl auftreten könnte.«[154] Elisabeth soll ihn immer wieder mit der Bemerkung geärgert haben, er würde in Zivilkleidung »wie ein Schuhmacher im Sonntagsstaat« aussehen.[155]

Im Mai 1848, noch vor der Thronbesteigung Franz Josephs, wurde der fast 300 Jahre zuvor gegründete Hofkriegsrat abgeschafft, eine Institution, die sich aus der operativen, administrativen und judiziellen Spitze der Armee zusammensetzte. An die Stelle des schwerfälligen Hofkriegsrates, der – so die Kritik – vor allem Traditionen verwaltet und den notwendigen Fortschritt verhindert hatte, trat das Kriegsministerium. Im Ernennungsschreiben des ersten Kriegsministers fand sich der Passus, dass für »die eigentliche militärische Führung des Heeres ein Vereinigungspunkt in Centro zu bilden und festzuhalten« sei. Ganz im Gegensatz zu seinem Onkel Ferdinand, der dieser Absicht nicht näher trat, ließ der junge Franz Joseph keinen Zweifel daran, dass er alle Fäden der Armee in seinen Händen zu halten wünsche. Am 20. Januar 1849 schrieb er an die Erzherzöge Johann und Ludwig: »Ich muss mich – ohne die Hauptsache je in fremde Hände zu geben – auf ganz verantwortliche Männer stützen können; diese müssen daher jeder auch den einzigen und unwandelbaren Mittelpunkt ihrer Wirkungskreise bilden, durch welche ich das Ganze in kurzen Radien zu übersehen und selbst zu leiten die Macht, Zeit und Möglichkeit gewinne und behalte.«[156] Einige Monate später, am 30. April, erklärte Franz Joseph, er würde den Oberbefehl über die Truppen verfassungsgemäß (§ 15 der Verfassung vom 4. März 1849, Anm. C.D.) selbst übernehmen, seine Geschäfte würde eine zu bildende Militärzentralkanzlei besorgen, zu deren Vorstand der Kaiser seinen Ersten Generaladjutanten bestimmen würde.

Dieser Generaladjutant war seit 2. Dezember 1848 Generalmajor Karl Ludwig Graf von Grünne, Franz Josephs vormaliger Kammervorsteher. Grünnes Verantwortungsbereich lag im rein Militärischen und Personellen, dem Chef des Generalquartiermeisterstabes fiel das operative Geschäft zu, dem Kriegsminister das administrative. Schmidt-Brentano analysierte die vom Kaiser gewünschte Dreiteilung der militärischen Verantwortung wie folgt: »Generalstabschef und Generaladjutant waren in der Militärzentralkanzlei unter Grünne zusammengefasst, an die alle operativen und höheren personellen Gegenstände unter dem Titel ›An das Allerhöchste Armeeoberkommando‹ und damit an den Kaiser selbst zu richten waren. Mit dem Kriegsminister waren regelmäßige Militärkonferenzen unter Vorsitz des Monarchen abzuhalten. Grünne stellte sich den Geschäftsgang so vor, dass Generalstabschef und Minister dem Kaiser Anträge für ihre Ressorts stellen und die Ausfertigung der Allerhöchsten Entschließungen in der Militärzentralkanzlei erfolgen solle, da nur deren Chef für die Echtheit der kaiserlichen Unterschrift bürgen könne.«[157]

Obwohl die drei genannten obersten Funktionsträger formal gleichgestellt und direkt dem Kaiser untergeordnet waren, gelang es Grünne, dessen Vater bereits Generaladjutant und Obersthofmeister bei Erzherzog Karl gewesen war, in die mit Abstand einflussreichste Position aufzurücken. Gegen ihn kam weder Generalstabschef Hess noch irgendeiner der nie lange amtierenden Kriegsminister auf. Joseph Redlich war der Auffassung, Grünne wäre »der Träger stärksten Einflusses auf den jungen Monarchen gewesen. Wenn irgendjemand auf den persönlichen Charakter des kaiserlichen Jünglings dauernd eingewirkt hat«, so sei es dieser Mann gewesen, der »in der zeitgenössischen Volksmeinung Wiens und lange Jahre später als die Verkörperung des bösen Prinzips am Hofe« angesehen worden sei. Redlich hielt weiters fest, dass Grünne dem Kaiser »alsbald vollkommen unentbehrlich« geworden war. »Dennoch kann man nicht behaupten, dass Graf Grünne ein Favorit im eigentlichen Sinne des Wortes gewesen ist. Einen solchen hat Franz Joseph nie gehabt. Grünne war nur der nützlichste, gewandteste, vertrauenswürdigste militärische und persönliche Diener des Kaisers.«[158] Grünnes Einfluss verstärkte die ohnehin ausgeprägte soldatische Affinität Franz Josephs noch zusätzlich. Dass der Kaiser über eine Zeitspanne von beinahe sieben Jahrzehnten den Stellenwert des Militärs nur primitiv und einseitig wahrzunehmen vermochte, ist ebenfalls Grüne anzulasten. Später gewann beim Kaiser in militärischen (und anderen) Dingen der Vorstand seiner Militärkanzlei und spätere Generalstabschef Baron Beck einen »beinahe verhängnisvollen Einfluss«.[159]

Franz Joseph vergaß nie, dass es die Armee war, die 1848 seinen Thron gerettet hatte. »Ein einz'ger Stand fiel nicht vom Rechten ab/Ward nicht an sich und anderen zum Verräter/Es war der Stand, der euch das Leben gab/Der Stand, Soldatenkinder! Eurer Väter/Es war das Heer. Die Einzigen, die fest/Als Volk und Staat im Taumel fast vernichtet/Weil sie verließen nicht, was nicht verlässt/Die Gottesstimme, die im Herzen richtet ...« Grillparzer trug diese Zeilen am 24. Dezember 1849 im k.k. Invalidenhaus vor. »Es war das Heer ...« Diese Wendung fand sich bereits in seinem Gedicht *Einem Soldaten*, das er zum Regierungsantritt Franz Josephs am 2. Dezember 1848 geschrieben hatte. Dieser Soldat war niemand anderes als der junge Kaiser selbst. Die Armee »war der Mörtel, der die Fugen des ... Gesamtbauwerks verkittete«[160], ein Band zwischen ihm selbst und dem Volk, das nach Ansicht des Kaisers nicht zerreißen konnte. Von der Mannschaft freilich hielt sich der Kaiser, auch während des Krieges, »in ziemlicher Entfernung, was auf seine, in einer älteren Zeit wurzelnde Anschauungen zurückzuführen ist. Ich habe niemals wahrzunehmen vermocht, dass der Monarch einen Unteroffizier oder Soldaten angesprochen hätte; er vermied es peinlichst, nicht ohne Absicht, mit Mannschaftspersonen in Berührung zu treten, weil der Kaiser der Meinung huldigte, durch direkten Kontakt mit den Soldaten der von ihm vielleicht überschätzten Herrscherwürde Abbruch zu tun.«[161]

Der Krimkrieg

Am 5. April 1852 starb Ministerpräsident Schwarzenberg. Er war so alt geworden wie das Jahrhundert, in dem er lebte. Der 22-jährige Franz Joseph ernannte keinen Nachfolger für den Verstorbenen, der großen Einfluss auf ihn ausgeübt hatte,[162] und verkündete am 14. April 1852, dass er ab sofort selbst den Vorsitz im Ministerrat zu übernehmen gedenke. Er war nun Regierungschef und Souverän in Personalunion, was ungeachtet der diesem Entschluss zu Grunde liegenden Hybris politisch höchst unklug war, da nun nicht nur die Erfolge, sondern auch die Misserfolge und Fehlentscheidungen, die nicht lange auf sich warten ließen, direkt und unmittelbar auf den Thron und dessen Nimbus zurückfallen mussten. »Nun, wo mein Name allein unter allen Verordnungen steht«, ließ er Windischgraetz wissen, »ist jeder Tadel von derlei Maßregeln Hochverrat!« Die Volksweisheit, wonach dem Hochmut ein mehr oder weniger tiefer Fall folgen würde, verifizierte Franz Joseph bereits kurze Zeit später, indem er seiner ersten außenpolitischen Bewährungsprobe, als welche sich der Krimkrieg erweisen sollte, den Stempel des Versagens aufdrückte. In diesem Zusammenhang ist festzuhalten, dass der in außenpolitischen Fragen unerfahrene Habsburger den überaus komplexen Bereich der Außenpolitik als monarchische Prärogative ansah, als sein ureigenstes Aufgabengebiet, das dadurch den Rang eines Experimentierfeldes erhielt. Mit dem Grafen Buol-Schauenstein, der aus der Schule Metternichs kam, ernannte er einen Minister, welcher in der gefährlichen und ebenfalls von Selbstüberschätzung nicht freien Naivität gefangen war, das »System Metternich« durch ein »System Buol« ersetzen zu können, welches den Frieden in Europa »anstatt auf der Solidarität der konservativen Ostmächte im Bündnis mit den liberalen Westmächten« begründet sah.[163] Der Fiaker Buol drängte auf den verwaisten Platz auf dem Kutschbock Europas und sein Kaiser ließ ihn gewähren. Karl VI. hatte in einer ähnlichen Situation, anlässlich des Ablebens des Prinzen Eugen, nicht frei von Ratlosigkeit gefragt: »Ist denn mit Eugens Tod der Glücksstern völlig von uns gewichen?«[164] Franz Joseph stellte diese Frage nicht.

Im Juli 1853 überschritten die Truppen von Zar Nikolaus I. den Pruth und marschierten unter dem Vorwand des Schutzes der orthodoxen Christen vor dem Islam in die unter der Oberhoheit des Osmanischen Reiches stehenden Donaufürstentümer Moldawien und Walachei ein. Die Türkei erklärte daraufhin Russland den Krieg, England und Frankreich, die Schutzmächte der Hohen Pforte, folgten diesem Beispiel einige Monate später. Der Krimkrieg zerrte die Pentarchie von 1815, das Gleichgewicht der Großmächte England, Frankreich, Österreich, Preußen und Russland, in den Abgrund neuer Herausforderungen, denen Franz Joseph nicht gewachsen war. Am 30. Mai hatte Nikolaus seinem

jungen Freund und Protegé in Wien einen Brief geschrieben, in welchem er die Besetzung Moldawiens und der Walachei ankündigte und zudem die Hoffnung zum Ausdruck brachte, »dass du dasselbe mit der Herzegowina und Serbien tust«. Wäre Franz Joseph auf diesen Teilungsplan für den Balkan eingegangen, der das Prolongement der »Heiligen Allianz« bedeuten hätte können, hätten sich Frankreich und England womöglich nicht für ein Eingreifen entschieden. Die so genannte »Russen-Partei« in Wien, welche von Karl von Kübeck und Windischgraetz angeführt und von Nestor Radetzky unterstützt wurde, konnte sich jedoch nicht durchsetzen. Buol-Schauenstein, der vor seiner Ernennung u. a. Gesandter in St. Petersburg gewesen war, überzeugte Franz Joseph, das Angebot des Zaren zurückzuweisen, wobei er sich gegen mächtige Widersacher zu behaupten verstand: »Russland wäre ... ein Partner ganz nach dem Geschmack der Fürsten und Grafen bei Hofe gewesen. Der Zar war ein Selbstherrscher, wie Franz Joseph einer sein wollte, und Russland war noch nicht von dieser so genannten Demokratie des Westens angekränkelt. Er war auch kein Emporkömmling wie jener Louis Napoléon Bonaparte, der sich neuerdings Kaiser der Franzosen nannte.«[165]
Franz Joseph entschied sich gegen Russland. Am 3. Juni 1854 verlangte er die sofortige Räumung der Donaufürstentümer. Norman Rich bezeichnete dieses Ultimatum als »eine Tat von fast unvorstellbarer Dummheit«.[166] Weiters hielt er fest: »Im Rückblick kann das Ultimatum als ein Wendepunkt der europäischen Geschichte betrachtet werden, denn es bedeutete das Ende der Freundschaft und Zusammenarbeit der beiden osteuropäischen konservativen Mächte und den Anfang einer erbitterten Feindschaft, die im Krieg von 1914 gipfeln sollte, in der Zerstörung beider Kaiserhäuser und in der Liquidierung des Habsburger-Reiches.«[167] Seiner Mutter Sophie schrieb Franz Joseph am 8. Oktober 1854: »... und überdies bin ich trotz aller politischen Verirrungen guten Mutes, da nach meiner Ansicht aus dieser orientalischen Geschichte, wenn wir kräftig und energisch auftreten, für uns nur Vorteile entspringen können. Denn im Orient liegt unsere Zukunft und wir werden Russlands Recht und Einfluss in jene Grenzen zurückdrängen, aus welchen es nur durch die Schwäche und Uneinigkeit der früheren Zeiten nach und nach vordringen konnte, um langsam – und dem Kaiser Nikolaus vielleicht unbewusst –, aber doch sicher unseren Ruin herbeizuführen. Es ist hart, gegen frühere Freunde auftreten zu müssen, allein in der Politik ist dies nicht anders möglich und im Orient ist Russland je-

derzeit unser natürlicher Feind ... Vor allem muss man Österreicher sein und daher freue ich mich ... über die Schwäche, die Russland jetzt beweist ...«[168] Mit diesen Sätzen stellt sich uns der junge Franz Joseph als Realpolitiker vor, der geopolitische Realitäten höher einzuschätzen vermochte als den Gleichklang zweier politischer Systeme. Am 20. August hatte er vom Zaren mit Erfolg die Räumung der Donaufürstentümer verlangt, die im Anschluss von einem österreichischen Expeditionskorps besetzt wurden. Zu weiteren Aktivitäten ließ er sich zunächst nicht hinreißen. Der Romanow war - wie hätte es anders sein können - dennoch erzürnt: »Seit dem unwürdigen Benehmen des Kaisers von Österreich gegen Russland, das ihn gerettet hat«, schrieb er an Friedrich Wilhelm IV. von Preußen, »hat er jegliches Recht darauf verloren, dass ich seinen Versicherungen Glauben schenke ... Nichts berechtigt mich bisher anzunehmen, dass er den unedlen Weg verlassen möchte, den er betreten hat. Demütiger Vollstrecker der englisch-französischen Launen, eifriger Freund der Türkei; der Apostolische Kaiser ist der Diener des Halbmondes geworden.«[169]

Österreich, für das die Erhaltung des Status quo auf dem Balkan im Vordergrund stand, lavierte also, wollte besonders schlau sein und sich aus allem irgendwie heraushalten und - verlor. Diese »Halbheit«, die Friedrich Heer einmal als das Wesen des Österreichers überhaupt bezeichnete, erinnert an eine Formulierung von Grillparzer, der in *Bruderzwist in Habsburg* schrieb: »Das ist der Fluch von unserem edlen Haus: auf halben Wegen und zu halber Tat mit halben Mitteln zauderhaft zu streben.« Louis Napoléon hingegen, ein Neffe des großen Korsen, war alles andere als ein Zauderer, er blieb nicht auf halbem Wege stehen, seine Politik, die auf die Zerschlagung der »Heiligen Allianz« hinarbeitete, war von Erfolg gekrönt. Während Franz Josephs Strategie, zwischen den Mächten zu mäandern, dazu führte, dass Österreich nun nach allen Seiten hin isoliert war, konnte der Franzose 1856 die Bedingungen der Pariser Friedenskonferenz diktieren. Vor allem aber gelang es ihm, den Hass des besiegten, gedemütigten Russland, welches u. a. das Schwarze Meer demilitarisieren und einen großen Teil Bessarabiens sowie die Donaumündung an das Fürstentum Moldau abtreten musste, auf Österreich zu lenken. Graf Orlow sagte damals zum französischen Außenminister: »Wir haben uns als brave Doggen, die wir sind, gegenseitig zerrissen. Aber jetzt wollen wir so zusammenarbeiten, dass unser Streit nicht diesem Köter Österreich zugute kommt.«[170]

Mitten im Krieg, am 2. März 1855, war Zar Nikolaus gestorben, aus Gram über den Verrat Franz Josephs, wie die russische Propaganda verlautbaren ließ. Alexander II., Nikolaus' Sohn und Nachfolger, gab dem Habsburger die Schuld an seiner Niederlage, die Aussage des russischen Botschafters in Wien, Baron Meyendorff, hatte paradigmatischen Charakter: »Seine (Franz Josephs, Anm. C.D.) Politik hat uns Russen so tief verletzt, dass er darauf zählen kann, keine ruhige Stunde mehr zu haben, solange er regiert.« Noch viele Jahre später berichtete der österreichische Botschafter in St. Petersburg: »Für Österreich gab es weder Verzeihung noch Duldung, nichts als Kälte bis ins Herz hinein und unverhohlene Abneigung.«[171]

Der erwähnte Friedenskongress trat am 25. Februar 1856 in Paris zusammen. Preußen, das sich während des Krieges strikt neutral verhalten hatte, wurde nicht zur Teilnahme eingeladen, zum Ärger Österreichs aber Camillo Graf Benso di Cavour. Dieser war seit 1852 Ministerpräsident Sardinien-Piemonts, das im Januar 1855 so klug und vorausschauend gewesen war, mit einem Expeditionskorps von 15.000 Mann auf der Seite der Westmächte in den Krimkrieg einzutreten und auf diese Weise die italienische Frage auf die Tagesordnung der europäischen Politik zu setzten. Auf dem alten Kontinent war die Hegemonie Russlands auf Frankreich übergegangen, auf dem Balkan waren die Schienen für die verhängnisvolle österreichisch-russische Rivalität gelegt worden. Der britische Gesandte meldete am 22. Juni nach London: »... Es ist kein Zweifel, dass Kaiser Franz Joseph seine isolierte Stellung tief fühlt, und wenn er einmal den Grafen Buol für seine Führung zur Rechenschaft ziehen und ihn fragen wird: ›Sie haben meinem Bündnis mit Russland ein Ende gemacht. Womit wollen Sie diesen Verlust ersetzen?‹, so wird die Antwort dem Manne schwer fallen.«[172]

Franz Joseph nonchalant von jeder direkten Verantwortung freizusprechen, wie dies die eben zitierten Zeilen nahe legen, wäre jedoch völlig verfehlt. Schließlich war er es, der Buol-Schauenstein berufen und bis 1859 weitgehend auf seinen Rat gehört hatte.[173] »Nur manchmal wies er Buols Rat zu Gunsten anderer Fraktionen am Hof, etwa der konservativen Fraktion im Militär oder der noch stärker pro-westlichen Fraktion in der Verwaltung, zurück: Nicht alles an der habsburgischen Politik war demnach Buols Fehler, aber alles wurde von Franz Joseph abgesegnet«,[174] der in allen relevanten (außen-)politischen Entscheidungen so etwas wie eine Richtlinienkompetenz wahrnahm. Seine außenpolitische Gesamthaltung war in der neoabsolutistischen Ära von zwei schwer wiegenden Fehlern durchdrungen: von der Überschätzung der Stärke Österreichs und von Illusionen hinsichtlich der Stellung seines Reiches im Deutschen Bund. Letzterer war eine auf dem Wiener Kongress geborene, säkularisierte Nachfolgekonstruktion des 1806 erloschenen »Heiligen Römischen Reiches Deutscher Nation«, die aus 35 monarchischen Staaten und vier Freien Städten bestand. Die Großmächte Österreich und Preußen, deren Konkurrenz-Dualismus den Keim des Zerfalls dieses ohnehin lockeren Zusammenschlusses in sich trug, waren nur mit den ehemaligen Reichslanden vertreten, ebenfalls vertreten waren aber auch die Herrscher von England, Dänemark und der Niederlande in ihrer Funktion als Landesherren von Hannover, Schleswig und Luxemburg, wodurch dem Nationalitätenprinzip eine entschlossene Absage erteilt werden sollte. Franz Joseph, der als Kaiser von Österreich den Vorsitz in der Bundesversammlung innehatte, dem einzigen gemeinsamen Verfassungsorgan, war sich sicher, dass es die Mitgliedstaaten als politisch-moralische Verpflichtung ansehen würden, der Führung Österreichs zu folgen. Damit hatte Wien aber nur eine Weile Erfolg. Die Westmächte, in deren logischem Interesse es lag, den konservativ-autokratischen Machtblock Habsburg-Romanow zu spalten, waren nicht gewillt, den Zielvorstellungen (und Friedensbemühungen) Wiens »politisches Gewicht zuzumessen und sie in der Sache zu respektieren. Wie viel sagend in diesem Zusammenhang die Unmutsäußerung Franz Josephs, der Westen versuche ihn wie einen ›Söldnerführer‹ zu behandeln! Die Okkupation der Donaufürstentümer löste als österreichischer Versuch, im Windschatten Beute zu machen, Verärgerungen aus; italienpolitische Drohungen waren als Pressionshebel stets präsent; französische Tauschprojekte – Annexion der Donaufürstentümer gegen Freigabe Lombardo-Venetiens – eröffneten düstere Perspektiven.«[175]

Solferino

Dass die Neudefinition der Allianzen in der Polyphonie der Großmächte keine Stärkung, sondern eine nachhaltige Schwächung der österreichischen Sicherheit bedeutete, schien dem Habsburger ebenso wenig klar gewesen zu sein wie die Fragilität seiner »Partnerschaft« mit Preußen. Das Kongressergebnis wurde von Franz Joseph durchaus mit Befriedigung zur Kenntnis genommen. »Es sollte noch ein Jahrzehnt der Niederlagen und Demütigungen vergehen, bis das politische Selbstbewusstsein des Kaisers mit dem tatsächlichen ›Verkehrswert‹ der Habsburgermonarchie in einem von den Praktiken der ›Realpolitik‹ beherrschten Europa zur Deckung kam.«[176] Ein Meister dieser Realpolitik war Napoleon III., »stets begierig die Welt in Unruhe zu halten, alte Träume zu verwirklichen und neue Prestigegewinne einzuheimsen«,[177] der seit seiner Kaiserkrönung im Jahre 1852 die italienischen Einigungsbestrebungen aktiv unterstützt hatte. In der Februarrevolution 1848 an die Macht gelangt stieg der Stern des Franzosen steil empor, seine Reaktion auf eine Denkschrift Cavours, welche dieser während der Pariser Konferenz überreicht hatte, ließ erkennen, wo im Ringen um die Neuordnung Europas der nächste Kriegsschauplatz sein würde: »Was kann man für Italien tun?«

Italien war ebenso wie Deutschland seit Jahrhunderten in Klein- und Zwergstaaten zersplittert, deren Existenz und Bestand die Voraussetzung für das Gleichgewicht der Mächte war. Der amorphe Zustand im Herzen des Kontinents hielt Europa in Balance. Im Gegensatz zu Deutschland, das grosso modo ein Bund deutscher Fürsten war, wurde Italien zum größten Teil von »fremden« Herrschern regiert. Nur im Königreich Sardinien-Piemont herrschte eine »einheimische« Dynastie. Lombardo-Venetien gehörte zu Österreich, das Herzogtum Modena wurde von der habsburgischen Nebenlinie Österreich-Este regiert und auch die Toskana war eine habsburgische Sekundogenitur. Südlich des Po lag Parma, jenes Herzogtum, das Napoleons Witwe Marie Louise, eine Tochter von Kaiser Franz, bis 1847 besessen hatte. Nun regierte dort eine Seitenlinie des Hauses Bourbon, aus welcher die spätere Kaiserin Zita entstammte, eine Tochter des letzten regierenden Herzogs von Bourbon-Parma. Die Bevölkerung dieser Regionen fühlte freilich nicht als Toskaner, als Venezianer oder Lombarden; sie fühlte als Italiener und – vor allem – sie war von der Hoffnung getragen und geleitet, die ungeliebten Österreicher alsbald aus dem Lande hinauswerfen zu können. Immer öfter hieß es: »Italien frei von österreichischer Herrschaft von den Alpen bis zur Adria!« Die nationalistischen und revisionistischen Intentionen bezüglich der Schlussakte des Wiener Kongresses aus 1815, die Napoleon und Cavour zusammenführten, fielen mithin auf fruchtbaren Boden.

Das Jahr 1859 war noch ganz jung, als sich ein bedrohlicher Schatten auf das Kaiserhaus senkte. Diplomaten wurden hellhörig, als Napoleon beim Neujahrsempfang des diplomatischen Corps an den österreichischen Gesandten Baron Hübner die Worte richtete: »Ich bedauere (erklärt er), dass unsere Beziehungen nicht so gut sind, als ich es wünschte, ich bitte Sie aber, nach Wien zu berichten, dass meine persönlichen Gefühle für den Kaiser immer die gleichen sind.«[178] Corti schrieb in diesem Zusammenhang: »Das ist sehr auffallend und wird von aller Welt kritisch bemerkt, aber Franz Joseph nimmt dies, offenbar unter dem Einfluss Buols, nicht so ernst, zudem glaubt er, dass die deutschen Staaten ihn gegebenenfalls nicht sitzen lassen würden.«[179] Zwar ordnete der Kaiser relativ rasch eine bescheidene Verstärkung der Armee in Italien um ein Korps an, einem nicht nur von den Generalen am potenziellen Kriegsschauplatz dringend urgierten weiteren Truppennachschub erteilte er jedoch eine Absage. Er glaubte Buols Beteuerungen, wonach Frankreich keine Anstalten machen würde zu einem großen Kriege zu rüsten und Sardinien dafür ohnehin kein Geld habe. »So gibt denn endlich Franz Joseph nach und erklärt abschließend wider die Meinung seiner militärischen Räte, dass solche Vorbereitungen in diesem Augenblicke in ganz Europa zu viel Aufregung und Lärm hervorrufen, ja sogar Anlass zum Kriege geben könnten. So geschieht denn vorläufig nichts weiter.«[180]

Die Vorgeschichte der schleichenden Verschlechterung der Beziehungen zwischen Österreich und Frankreich führt uns auf ein ganz bestimmtes Ereignis zurück, auf ein Geheimtreffen zwischen Napoleon und Cavour im Juli 1858 in Plombières. In diesem Ort in den Vogesen hatte der Franzose im Falle eines österreichischen Angriffs eine militärische Intervention zu Gunsten Piemonts zugesagt. Im Falle eines Sieges wurde nichts weniger als der Ausschluss Österreichs aus Italien vereinbart. Die Vereinbarung sah u. a. vor, dass die Lombardei und Venetien an Piemont fallen würden. Cavour war im Namen seines Königs bereit einen hohen Preis zu zahlen, da Napoleon Nizza und Savoyen sowie einen beherrschenden Einfluss für Mitglieder seiner Dynastie im Herzen Italiens und in Neapel verlangte. Dass Cavour ob dieser Bedingungen hoffte, dass die Dinge sich letzten Endes anders entwickeln würden, tut hier nichts zur Sache. Wesentlich ist, dass der Habsburger und Buol im Frühjahr 1859 in die Falle gingen, welche ihnen in Plombières gestellt wurde.[181]

Das Verhalten Buols erinnert frappierend an jenes des Grafen Berchtold im Jahre 1914. Beide Außenminister wollten nicht wahrhaben, dass ein kleiner, wesentlich schwächerer Nachbarstaat nicht zur Unterwerfung bereit war. Andics fasste diesen Vergleich folgendermaßen zusammen: »1859 hieß der kleine Nachbar Piemont und hinter ihm stand die Großmacht Frankreich. 1914 hieß der kleine Nachbar Serbien und hinter ihm stand die Großmacht Russland. Der junge Franz Joseph traf die gleiche Entscheidung, die dann auch der alte Mann treffen sollte: Krieg.«[182] Doch noch war es nicht so weit, in Turin war man sich dessen bewusst, dass die Unterstützung Frankreichs ausschließlich für einen Defensivkrieg vereinbart worden war, nicht jedoch für einen Offensivkrieg. Österreich musste also provoziert werden, so lange, »bis dieses die Geduld verlor und einen Akt setzte, der es zum Aggressor stempeln würde. Dieser ›nette kleine aggressive Akt‹, den Napoléon Jérôme so sehr wünschte, würde Napoleon III. zum Einschreiten veranlassen.«[183] Dieser kam am 7. Februar anlässlich seiner Thronrede auf die innigen Beziehungen zu Piemont und die Schwierigkeiten im Verhältnis zum Habsburgerstaat zu sprechen, worauf Erzherzog Ferdinand Maximilian, der 1857 von seinem Bruder Franz Joseph zum Gouverneur des lombardovenetianischen Königreiches ernannt worden war, in Wien anfragte, ob man dort an einen baldigen Krieg glaube. Der Kaiser kalmierte: »Ich betrachte die Rede Napoleons als friedlich und als Einleitung seines Rückzugs, nachdem er die allgemeine Opposition gegen den Krieg jetzt zu stark gefunden. Gewiss, an Frieden werde ich erst glauben, wenn Frankreich seine Rüstungen einstellt.«[184] Er war davon überzeugt, dass Großbritannien im Kriegsfall auf seiner Seite stehen würde, auch wollte er nicht daran glauben, dass ihn Preußen im Ernstfall im Stich lassen würde. Franz Joseph sah sich als Verteidiger der Verträge von 1815, als Bollwerk gegen die revolutionäre Umwälzung.[185] »Deutschlands patriotische Haltung«, schrieb er an den Kronprinzen von Sachsen, einen treuen Verbündeten, »hat imponiert und würde noch viel mehr wirken, wenn Preußen kräftiger und bundesfreundlicher auftreten würde. Ich baue fest auf Preußens gutes Handeln im Augenblicke der äußersten Gefahr, allein dass dieser Augenblick durch kräftiges Aussprechen und deutliches Auftreten vermieden würde, das will man in Berlin nicht begreifen. Da heißt es halt sehr viel Geduld haben.«[186]

Österreich war in einer denkbar schwierigen Situation, es war in einem Dilemma gefangen, da der inferiore Zustand der Finanzen ein längeres Durchhalten der gegenwärtigen Krise – zumal im Zustand militärischer

Bereitschaft – nicht gestattete. Österreichische und piemontesische Truppen belauerten einander entlang der Grenze. In dieser Situation überraschte Russland mit dem Vorschlag, einen europäischen Kongress einzuberufen um die italienische Frage einer Lösung zuzuführen, Berlin und London unterstützten diese Idee. Franz Joseph zögerte, begreiflicherweise, denn ihm wäre vor dem Areopag der Mächte wohl die Rolle des Angeklagten zugefallen. Dann stellte er für die Annahme des russischen Vorschlages Bedingungen: Sardinien-Piemont habe vollständig abzurüsten, es dürfe am Kongress nicht teilnehmen und sein Besitzstand in Italien müsse unverändert bleiben. Um dieser Position Nachdruck zu verleihen, folgte er der Empfehlung Buols und stellte Piemont am 19. April ein Ultimatum. Wenn es nicht demobilisiere, sehe sich Österreich im Kriegszustand. Die Spitze des Militärs, vor allem Grünne, hatte argumentiert, dass der Absendung dieses Ultimatums die Generalmobilmachung vorangehen müsse, welche die Entschlossenheit Wiens demonstrieren solle. Franz Joseph folgte diesem Rat nicht, er und Buol waren nach wie vor von der festen Überzeugung einer Unterstützung durch Preußen getragen, das jedoch gegenüber Erzherzog Albrecht unzweideutig erklärt hatte, nur an der Verteidigung des Territoriums des Deutschen Bundes teilnehmen zu wollen.[187] Cavour hatte das Ultimatum ungeduldig erwartet, natürlich wurde es abgelehnt, die Hoffnung der Österreicher, Piemont würde sich einschüchtern lassen, erfüllten sich nicht.

Die Denkweise Franz Josephs, seine Wertvorstellungen, kamen in der Ministerkonferenz am 27. April besonders deutlich zum Ausdruck, als er den bevorstehenden Krieg gegen Sardinien und dessen Verbündete als »ein Gebot der Ehre und Pflicht« bezeichnete. »Wir unternehmen ihn in der klaren Überzeugung unseres Rechtes, notgedrungen und im Vertrauen auf Gottes Beistand.«[188] Einen Tag später marschierten die österreichischen Truppen unter dem Kommando des Feldzeugmeisters Graf Gyulai, eines Günstlings Grünnes, der in Oberitalien in die viel zu großen Schuhe Radetzkys gesteckt worden war, in Piemont ein. Der weltanschauliche Manichäer Franz Joseph betrachtete dieses militärische Abenteuer als einen Feldzug gegen das Böse, das in Gestalt Frankreichs und vor allem in der Person des Usurpators Napoleon, den der Habsburger wenig charmant als »eine Kanaille« bezeichnete, machtvoll an den Grundfesten der europäischen Ordnung rüttelte.

Es stellte sich rasch heraus, dass mit dem Zauderer Gyulai, welcher es unterließ, die Sarden noch vor deren Vereinigung mit den französischen Truppen anzugreifen, der falsche Mann berufen worden war. Nach einer Reihe von kleinen Gefechten kam es am 4. Juni bei Magenta zu einer großen Schlacht, die von Gyulai wohl zu früh verloren gegeben wurde. Der Fairness halber ist hinzuzufügen, dass er sich um dieses Kommando nicht bemüht hatte, als es ernst wurde, geriet er allerdings in Panik. Grünne antwortete ihm auf einen Brief, der gleich einem Hilferuf abgefasst war: »Was der Radetzky, der alte Esel, zusammengebracht, wirst du doch auch noch können.«[189] Er konnte es nicht! Franz Joseph setzte Gyulai ab, wobei einmal mehr »Gesundheitsgründe« vorgeschoben wurden, und übernahm selbst das Oberkommando. Was dann kam, fasste Helmut Rumpler, der gerade auch auf die Unfähigkeit der militärischen Führung nach Radetzky verwies, nicht ohne Ironie wie folgt zusammen: »Der Generalquartiermeister und ehemalige Generalstabschef Radetzkys, Feldzeugmeister Heinrich Ritter von Heß, wurde erst gerufen, als Gyulai die Schlacht von Magenta schon verloren hatte und Kaiser Franz Joseph eben dabei war, die Entscheidungsschlacht von Solferino am 24. Juni 1859 anzuordnen. Vom Kanonendonner aus dem Schlaf gerissen folgte der 71-jährige Feldzeugmeister seinem Krieg spielenden Kaiser in einer Postkutsche auf das Schlachtfeld.«[190]

Obwohl Franz Joseph sich der Schwierigkeit seiner Lage bewusst war, zeigte er Optimismus. In einem Brief an seine Mutter hatte er noch am 16. Juni festgehalten: »Die Truppen sind gut, vom besten Geiste beseelt, sehr kampflustig, und so bin ich guten Mutes im Vertrauen auf Gott und unsere gute Sache. Wir müssen von vorne anfangen, die Truppen müssen sich erholen ... Ich sehe mit Beruhigung in die Zukunft, bin entschlossen, den Kampf bis aufs Äußerste fortzuführen.«[191] Zehn Tage später musste er Kaiserin Elisabeth über die bittere Erfahrung seiner Niederlage berichten: »Das ist die traurige Geschichte eines entsetzlichen Tages, an dem viel geleistet worden ist, aber das Glück uns nicht gelächelt hat. Ich bin um viele Erfahrungen reicher geworden und habe das Gefühl eines geschlagenen Generals kennen gelernt. Die schweren Folgen unseres Unglücks werden noch kommen, aber ich vertraue auf Gott und bin mir keiner Schuld, auch keines Dispositionsfehlers bewusst ...«[192]

Es ist mir gänzlich unverständlich, dass Alan Palmer, der seine Meinung auch nicht zufrieden stellend zu begründen vermochte, angesichts des letzten Satzes schreiben konnte: »Diese Behauptung war gerechtfertigt, wenn er auch wahrscheinlich die Kampfhandlungen zu früh abgebrochen hatte.«[193] Viel nachvollziehbarer ist hingegen die Auffassung von Steven Beller, wonach Franz Joseph als Haupt- und Letztverantwortlicher sehr wohl »für die Fehler, die zu den Niederlagen geführt hatten, direkt verantwortlich« war.[194] Auch Franz Herre urteilte in diesem Sinne: »Der Alleinverantwortliche blieb im Amt: der Monarch, der allein herrschen, regieren, befehlen, Souverän, Ministerpräsident und Oberbefehlshaber in einem sein wollte – und das nicht vermochte, nicht vermögen konnte, aus Gründen, die in der Sache wie in der Person lagen. Weil Franz Joseph aber die Alleinherrschaft beanspruchte, ist ihm auch die Hauptschuld zuzusprechen, zunächst diplomatische, dann für das militärische Versagen.«[195] Die Führung hatte versagt, die Strategie, die Taktik, einfach alles. Fünf der sieben Korps waren im Übrigen von Angehörigen des Hochadels kommandiert worden, Kompetenz spielte nur eine untergeordnete Rolle. Der Habsburger konnte also nicht wie einst ein unglücklicher Augustus rufen: »Quintilius Varus, gib (mir) die Legionen wieder!« Er selbst war es, der die Legionen in die Niederlage geführt hatte.

Es wurde darüber gerätselt, warum er das Kommando übernommen hatte, übrigens das erste und auch letzte Mal in seinem langen Leben. Berechtigte Einwände, wonach Franz Joseph weder auf einschlägige militärtheoretische Studien noch auf ausreichend Erfahrung zurückgreifen konnte, ließen kaisertreue Autoren nicht gelten. Eduard von Steinitz etwa schrieb: »Theoretische Studien! Wie hätte Franz Joseph zu solchen in dem bewegten Dezennium nach seiner Thronbesteigung die Muße finden können? Praktische Erfahrungen! Zweimal hatte er dem Kriege ins Antlitz geschaut. Als Jüngling im Hauptquartier Radetzkys erhielt er bei S. Lucia die Feuertaufe, ein Jahr später nahm er kurze Zeit an dem Sommerfeldzug gegen die aufständischen Ungarn teil. Beide Male konnte er vermöge seiner Stellung Einblick in das Planen der Führung gewinnen und ebenso seine Kaltblütigkeit im Kampfgetümmel erproben. Rechnet man noch die Selbstschulung bei den Friedensmanövern seiner Armee hinzu, so ergibt sich doch eine ganz ansehnliche Summe von Erfahrungen.«[196] Diesem apologetischen Nonsens, publiziert im Jahre 1930, muss entschieden widersprochen werden. Für eine Schlacht, in welche insgesamt über 260 000 Mann Infanterie und etwa 37 000 Mann Kavallerie gehetzt wurden,[197] verfügte der junge Habsburger nicht annähernd über genügend Erfahrung. Nur ein einziges Mal in der europäi-

schen Geschichte waren so gewaltige Truppenbewegungen auf so großem Raum zu beobachten gewesen, in der so genannten Völkerschlacht bei Leipzig im Jahre 1813.
Beide Male bot sich den Überlebenden ein grausames, ein schreckliches Bild, das als blutiger Hintergrund anonymen Leidens mit den teilweise doch recht abstrakten Darstellungen politischer Entscheidungsprozesse kontrastiert. Die Schmerzensschreie der Verwundeten bei Solferino bewogen bekanntlich den als Augenzeugen anwesenden jungen Genfer Kaufmann Henry Dunant zur Gründung des Roten Kreuzes. »Es ist ein Kampf Mann gegen Mann«, erinnerte er sich, »ein entsetzlicher, schrecklicher Kampf. Österreicher und alliierte Soldaten treten sich gegenseitig unter die Füße, machen einander mit Kolbenschlägen nieder, zerschmettern dem Gegner den Schädel, schlitzen einer dem anderen mit Säbel oder Bajonett den Bauch auf. Es gibt keinen Pardon. Es ist ein allgemeines Schlachten, ein Kampf wilder, wütender, blutdürstiger Tiere. Selbst die Verwundeten verteidigen sich bis zum letzten Augenblick. Wer keine Waffen hat, packt den Gegner und zerreißt ihm die Gurgel mit den Zähnen.«[198] Diese bedrückende Realität wird zumeist vom falschen Glanz des Sieges oder auch vom Pathos der auf eine ganz bestimmte Person oder auf eine Dynastie bezogenen Niederlage verdrängt, eine Tatsache, die wir nicht aus den Augen verlieren sollten, wenn wir nun nochmals auf mögliche Motivationen Franz Josephs zurückkommen, den Oberbefehl zu übernehmen.
Besagter Schritt hatte gewiss auch mit der Anziehungskraft zu tun, welche das Heer auf ihn ausübte. Er wollte mit dieser Geste Freund und Feind seine Zuversicht und Entschlossenheit dokumentieren, vor allem aber sollten seine demoralisierten Soldaten mit ihm an der Spitze wieder neuen Mut fassen. Auch mag es eine Rolle gespielt haben, dass Napoleon den Oberbefehl über die französisch-sardischen Truppen übernommen hatte. Wenn dieser »Erzschuft« oder »Spitzbube«, wie Franz Joseph im kleinen Kreise in den nächsten Jahren immer wieder bemerken sollte, sein revolutionäres Banner auf dem Feldherrnhügel aufpflanzt, muss ihm dann nicht der Kaiser von Österreich als Bollwerk der Legitimität persönlich entgegentreten? Angesichts der von Atavismen genährten und definierten Ordnungs- und Wertvorstellungen Franz Josephs sollte man diese Erwägung, die von dem Gedanken an ein Duell zweier von den Antipoden Napoleon III. und Franz Joseph I. verkörperter Prinzipien auf höchster Ebene ausgeht, nicht von vornhe-

rein von der Hand weisen. Um das Versagen des Kaisers zu beschönigen wurden später Heldengeschichten wie die folgende erfunden: Als die Truppen zurückgingen, sprengte »plötzlich der Kaiser heran, setzte sich an die Spitze eines Grenzer-Bataillons und rief: ›Vorwärts ihr Braven! Auch ich habe Weib und Kinder zu verlieren!‹«[199] Ausländische Zeitungen, die im Gegensatz zu österreichischen nicht der Zensur unterworfen waren, nahmen sich nach Solferino kein Blatt vor den Mund. Franz Joseph wurde als »arroganter Junge und jämmerlicher Schwächling« beschrieben, seine Soldaten seien »nicht von den Franzosen geschlagen (worden), sondern von dem anmaßenden Schwachsinn ihres eigenen Kaisers!«[200]

Solferino war für die Österreicher, die sich nach schweren Verlusten zurückzogen, keine eindeutige Niederlage, der »wirkliche Verlierer war Franz Joseph, der nach zauderndem Hin und Her zwischen offensiven und defensiven Strategien schließlich den Befehl zum Abzug gab«.[201] Die österreichischen Truppen hatten sich in der Folge in das beinahe uneinnehmbare Festungsviereck Verona-Mantua-Piacenza-Peschiera zurückgezogen, noch gab der Habsburger sich nicht geschlagen. Ein letztes Mal unternahm er den verzweifelten Versuch, Preußen zum Eingreifen zu bewegen. Als Botschafter hatte er Feldmarschall Windischgraetz, den alten Haudegen der Gegenrevolution, entsandt, doch auch er konnte Preußen, dessen Prinzregent bereits Truppenverbände am Rhein zusammengezogen hatte, nicht dazu bewegen, der Monarchie beizustehen ohne Forderungen zu stellen, auf die Franz Joseph nicht eingehen konnte bzw. wollte. In der Literatur wurde nicht selten betont, dass sich in der öffentlichen Meinung Deutschlands ein Umdenken zu Gunsten Österreichs abzeichnete, ob der Prinzregent allerdings tatsächlich »im Begriffe war« auf die Seite des Habsburgerstaates zu treten, »um den gemeinsamen Feind zu bekämpfen«, ist nicht wirklich gesichert.[202] Er hätte es wohl getan, wenn Franz Joseph seine Bedingungen erfüllt hätte, doch zur Aufgabe der Suprematie in Deutschland war der »deutsche Fürst« Franz Joseph nicht bereit. Die Forderung Preußens, sämtliche Streitkräfte des Deutschen Bundes mit Ausnahme der österreichischen, die einem geteilten Kommando unterstehen sollten, seiner Führung zu unterstellen, war er nicht zu erfüllen bereit. Der Kaiser empfand die Vorgangsweise des protestantischen Preußen, welches er in einem Brief an seine Mutter schon zuvor als »schmählichen Auswurf« bezeichnet hatte, als Verrat, lieber wollte er – zumindest für eine Weile

– den Verlust der Lombardei, des reichsten Landes der Monarchie, zur Kenntnis nehmen, als Preußen den Teppich auf dem Wege zur Hegemonie in Deutschland auszubreiten. Die Schuld für den frühzeitigen Abbruch des Krieges fand Franz Joseph im Versagen des »ältesten und natürlichen Bundesgenossen« Preußen, dessen Prinzregenten er in einem Brief mitteilte, sein Land habe eine »große Rechtsverletzung« ruhig geschehen lassen und durch seine Verweigerung des föderativen Beistands die »Grundlage der deutschen Bundesverhältnisse« in Frage gestellt.[203]

Der Faktor Preußen, das ihn in einen Zweifrontenkrieg verwickeln konnte, und Zwistigkeiten mit Cavour, dem der Gedanke ganz und gar nicht gefiel, Frankreich irgendein italienisches Land in den Rachen zu werfen, waren schließlich die Gründe, die Napoleon III. dazu bewogen, den Krieg mit Österreich rasch zu beenden. »Ich kann in der Lage nicht bleiben, in der ich bin«, erklärte er seinem Vetter, »ich muss aus ihr heraus und werde dem Kaiser in diesem Sinne schreiben.«[204] Am 8. Juli 1859 schlug er Franz Joseph eine Zusammenkunft vor, die nach dessen Einwilligung drei Tage später in Villafranca stattfand. Das am Ende dieser Unterredung zwischen dem Franzosen und dem Österreicher unterzeichnete Protokoll wurde später in einem Vertrag präzisiert. Am 10. November wurde der Frieden von Zürich unterzeichnet, dessen Ergebnis den abgedankten Kaiser Ferdinand in Prag zu dem Bonmot motiviert haben soll: »So hätt' i's a troffen.« Es war typisch für das kleinkarierte Prestigedenken Franz Josephs, dass er sich u. a. das Recht sicherte, solange er lebte die legendäre »Eiserne Krone« der Langobarden zu verleihen. Gordon Brook-Shepherd urteilte kritisch: »Es war ein pathetisches Zurschaustellen dynastischer Eitelkeit und stand in krassem Gegensatz zu dem Gefühl der Erniedrigung, das im gesamten Reich vorherrschte.«[205] Der Kern der Vereinbarungen freilich war, dass Franz Joseph die Lombardei an Frankreich abtreten musste, welches das Land an Sardinien weitergeben würde um dafür Nizza und Savoyen zu bekommen. Bismarck höhnte über die »Trinkgeldpolitik« des Franzosen. Das strategisch wichtige Festungsviereck blieb bei Österreich, vor allem auch Venetien, womit zum Ärger Cavours und Viktor Emanuels, die sich von Napoleon verraten fühlten, der Status der Monarchie als Macht in Italien erhalten werden konnte. Ferner wurde zwar vereinbart, dass die zu Kriegsbeginn vertriebenen oberitalienischen Fürsten zurückkehren konnten, doch die von Napoleon geforderten Volksabstimmungen fegten die Dynastien hinweg. Für Franz Joseph war die Bekundung des Volkswillens durch ein Plebiszit natürlich schlicht »illegal«.[206]

Das Volk, sein Volk, bereitete ihm nach Villafranca einen eisigen Empfang. Der verhasste Polizeiminister Johann von Kempen erzählte: »Die Stimmung sei eine nie schlechtere gewesen wie jetzt ... In Gast- und Kaffeehäusern scheue man sich nicht den Kaiser zu schmähen ...«[207] Auf der Straße zogen manche Männer nicht einmal den Hut, wenn Franz Joseph vorbeifuhr, der allerdings so unberührt wirkte, dass selbst seine Mutter ihre Verwunderung nicht verbergen konnte. In ihr Tagebuch schrieb sie, der Kaiser »war so harmlos, denn er ist heiter, das hat mich eigentlich verwundert«.[208] Wochenlang war er nach seiner Rückkehr von der Front mit seiner Familie auf Schloss Laxenburg untergetaucht, erst am 12. September trat er wieder in der Öffentlichkeit auf und erntete prompt Buhrufe. Über diese gereizte Stimmung berichtete der Schweizer Gesandte seiner Regierung: »Der Nimbus, welcher den Kaiser bis jetzt umgeben, ist selbst in den unteren Schichten des Volkes gefallen. Seit 10 Jahren werden die furchtbarsten Anstrengungen gemacht, um das kostbare Militärwesen zu erhalten und ... nun sieht man ein, dass Millionen und Millionen hinausgeworfen wurden, um ein Spielzeug und eine Waffe für den Ultramontanismus und die Aristokratie zu erhalten. Wenn der Kaiser mit der Idee zurückkommt, das jetzige Regierungssystem zu erhalten und durch Hilfe des Concordates und der militärischen Günstlinge zu regieren, so würde die Monarchie einer trüben Zukunft entgegensehen, dieses System ist durch und durch faul und muss brechen.«[209] Solange es möglich war, hatte Franz Joseph seine Ohren vor dem Klang verschlossen, den die Totenglocken des Neoabsolutismus, eines Herrschaftssystems, das seinem Wesen und Wollen voll entsprach, schlugen. In den Augen des (liberalen) Bürgertums war nicht das Vaterland besiegt worden, sondern vielmehr das (nicht nur finanziell) bankrotte System, dessen klerikaler Einschlag abgelehnt wurde. Noch schlimmer war die Lage in Ungarn, wo erneut ein revolutionäres Gewitter aufzuziehen drohte.

Der neue Polizeiminister Alexander von Hübner, von dem das Gerücht ging, er wäre ein »illegitimer« Sohn Metternichs, nahm es auf sich, den jungen Monarchen ungeschminkt über die Stimmung in der Bevölkerung aufzuklären: »Euer Majestät muss ich sagen, dass Sie zum Mittelpunkt der allgemeinen Abneigung der Armee und der Öffentlichkeit geworden sind, und dies hauptsächlich auf Grund des Wirkens des Grafen

Grünne an Euer Majestät Seite.« Karl Graf Grünne, seit 1850 Franz Josephs Generaladjutant, stand auch dessen Militärkanzlei vor, womit er auch aufgrund seiner Omnipräsenz im Umfeld des Kaisers in allen militärischen Fragen ungeheuer einflussreich war. Seinem Tagebuch vertraute Hübner an, dass Franz Joseph seiner Meinung nach von Männern umgeben gewesen sei, die sich »alle Mühe gaben ihm die Wahrheit zu verbergen und ihm eine übertriebene Idee seiner Kraft einflößten, während andere ständig ihre Meinungen bei dem geringsten Widerstand über Bord warfen ... Überzeugt, dass, wie sein Minister des Äußeren behauptete, Napoleon keinen Krieg führen werde, hörte Franz Joseph jeden Tag von seiner Umgebung, er sei berufen ein großer Feldherr zu werden, hört auch, dass seine Generale ausgezeichnete Paladine wären, er über eine Million Soldaten verfüge, die Monarchie in bestem Zustand sei und die Unzufriedenheit Ungarns gar nicht existiere. Man redet ihm vor, Preußen und Deutschland würden am Kriege teilnehmen und, selbst wenn Frankreich Piemont unterstütze, die napoleonische Armee der seinen weit unterlegen sei. Konnte Franz Joseph in einem solchen Gewebe von Lügen und Illusionen klar sehen?«[210]

Wertet man diese Überlegungen als exemplarische Rechtfertigung, so ist insbesondere der Einwand vorzubringen, dass Franz Joseph alle seine Mitarbeiter selbst ausgesucht hatte. Niemand konnte den Kaiser zwingen, über einen derart langen Zeitraum auf den Rat Buols zu hören, der übrigens bereits im Mai 1859 zurückgetreten war bzw. zurücktreten musste (sein Nachfolger wurde Johann Bernhard Graf Rechberg), und niemand außer dem Kaiser selbst trug die Verantwortung dafür, dass Grünne das gewaltige Militärbudget überaus konservativ verwaltet hatte. Es greift viel zu kurz, den jungen Franz Joseph in den kritischsten Situationen seiner Regentschaft als willfährigen Spielball in den Händen unfähiger Berater zu zeichnen, deren suggestiver Schmeichelei der Habsburger erlegen wäre. Peter von Meyendorff hatte bereits 1854 festgehalten, dass der Kaiser »durch seinen Eigensinn ... und durch seine törichte Anmaßung ganz alleine alles beurteilen zu wollen« geblendet werde.[211] Im unbedingten Glauben an den Absolutismus war Franz Joseph erzogen worden, dies ist ihm nicht anzulasten, aber die Verantwortung dafür, es in der schäumenden Gischt dynastischer wie persönlicher Hybris permanent verabsäumt zu haben, kritischen Rat einzuholen, lag beim Kaiser selbst.

Nun mussten die Hauptdarsteller von der Bühne verschwinden, zunächst einmal wurden Köpfe ausgetauscht, so war es zu allen Zeiten üblich. Innenminister Bach und Polizeiminister Kempen hatten im August ihren Abschied zu nehmen, im Oktober schieden Grünne und auch Hübner aus dem Amt. Die »ungnädige Entlassung« des Finanzministers Bruck, verfügt durch einen schroffen Brief des Kaisers, führte im April 1860 sogar zu dessen Freitod. Er schnitt sich mit einem Rasiermesser die Kehle durch. Obzwar Franz Joseph die »seit einiger Zeit auftretenden konstitutionellen Gelüste«, wie er sich ausdrückte, noch immer mit unverhohlener Verachtung strafte, hatte er bereits am 15. Juli 1859 das »Laxenburger Manifest« unterzeichnet, kraft dessen er seinen Völkern in der Diktion einer gnädigsten Verlautbarung Verbesserungen in Gesetzgebung und Verwaltung anzukündigen geruhte. Die durch Solferino für die Bevölkerung deutlich gewordene Fragwürdigkeit seiner Herrschaft machte für Franz Joseph ein Überdenken seines autokratischen Systems geradezu unvermeidbar, der Neoabsolutismus hatte ausgedient. Der Umstand, dass am 11. Juni 1859 der 87-jährige Metternich verstorben war, hatte deswegen Symbolcharakter. »Das Öl der Lampe war ausgegangen«, hatte sein Arzt gemeint. Zu Hübner soll der alte Staatskanzler noch »mit Nachdruck« geraunt haben: »Ich war ein Fels der Ordnung!«[212]

Königgrätz

Noch vom Schlachtfeld von Solferino aus, auf welchem Franz Joseph das Stigma des geschlagenen Feldherrn und gescheiterten Politikers eingebrannt worden war, brachte er in einem Manifest seine Enttäuschung über die seiner Ansicht nach verräterische Haltung Deutschlands gegenüber Österreich zum Ausdruck, das in seinen Augen nur deshalb eine Niederlage erlitten habe, weil es von seinen »natürlichen Bundesgenossen« im Stiche gelassen worden sei. In der Folge lebte in Deutschland, dem traditionellen Einflussbereich der Habsburger seit Jahrhunderten, die alte Rivalität zu Preußen wieder auf. Der Kaiser von Österreich hatte zwar noch immer den Vorsitz im Deutschen Bund inne, doch die Kräfteverhältnisse hatten sich im zurückliegenden Jahrzehnt zu Gunsten des Hohenzollernstaates verschoben. Seine Ankündigung, in Deutschland verlorenes politisches Terrain zurückgewinnen zu wollen, goss Franz Joseph zunächst in die viel sagende Sprache der politischen Symbolik. Er nahm die Fertigstellung bzw. feierliche Enthüllung eines Denkmals für Erzherzog Karl, den Sieger von Aspern über Napoleon, zum Anlass, um Deutschland zu signalisieren, dass Österreich der Schild und das Schwert des Bundes sei. Den Sockel dieses Denkmals auf dem Platz vor der Wiener Hofburg, der später den Namen »Heldenplatz« bekam, ziert die Aufschrift: »Dem beharrlichen Kämpfer für Deutschlands Ehre.« Dies war im Frühjahr 1860. Franz Joseph, der die schlechte Stimmungslage seiner Untertanen zu überwinden hoffte, gab den Auftrag für ein weiteres Denkmal, das den erwähnten Platz erneut in einen politischen Kontext stellte. Prinz Eugen sollte das habsburgische Imperium als Bollwerk gegen die Türken und damit als Retter des christlichen Abendlandes symbolisieren, Deutschland sollte daran erinnert werden, dass die Habsburger Deutschland zwei Jahrhunderte lang gegen den Osten verteidigt hatten.

Um in seiner Deutschlandpolitik erfolgreich sein zu können musste Franz Joseph sowohl die Deutschliberalen in Österreich als auch die großdeutsch orientierte Öffentlichkeit in Deutschland für seine Sache gewinnen. In anderen Worten: Er musste Konzessionen machen, einige wenige zumindest. Das »erstaunliche Zurückweichen des auf seine Herrscherrechte so bedachten Kaisers vor den Verfassungsforderungen der Liberalen« war eine solche Konzession, die wichtigste. »Die Verfassung, mit der sich der Kaiserstaat sowohl als liberal als auch als deutschorientiert ausweisen konnte, sollte als propagandistische Unterstützung dienen.«[213] Die Berufung Anton von Schmerlings zum Staatsminister und das maßgeblich von ihm erarbeitete Februarpatent von 1861 ließen Österreich als zentralisierten, deutsch-dominierten, liberalen Staat erscheinen, weshalb die Habsburgermonarchie in den frühen 1860er-Jahren die Chance gehabt hätte, im liberalen Deutschland die Führungsrolle zu übernehmen. Schmerling, der dem Kaiser zu einer aktiven Reichspolitik großen Stils riet, war eine Symbolfigur der Hinwendung der deutschen Liberalen in Österreich zum Nationalen, eine Wende, der sich Franz Joseph nicht verschloss. Im September 1862 erklärte er gegenüber dem Präsidenten des in Wien tagenden deutschen Juristenverbandes: »Ich bin vor allem Österreicher, aber entschieden deutsch und wünsche den innigsten Anschluss an Deutschland.«

Der Kampf um Deutschland wurde in verschiedenen Arenen ausgerufen, in Schriften, Zeitungen und an den Universitäten, »Großdeutsche«

und »Kleindeutsche« organisierten sich in Vereinen, so im »Deutschen Nationalverein«, der einer Zukunft unter dem Banner Preußens das Wort redete, und im Habsburg-freundlichen »Deutschen Reformverein«, im welchem sich die Katholiken fanden. »Gegenüber den kleindeutschen Fanfaren, in die Heinrich von Sybel, Ferdinand Lassalle, der Begründer der deutschen Sozialdemokratie, Heinrich Treitschke und viele andere gegen Österreich bliesen«, schrieb Hugo Hantsch, »gab es doch genug Stimmen, besonders aus dem süddeutschen Lager, die den großdeutschen Gedanken hochhielten und in Österreich nicht nur den ehrwürdigen Wahrer der Reichsidee, sondern den natürlichen Beschützer gegen eine preußisch-protestantische Herrschaft erblickten, viele auch, die die Kraft Österreichs nicht entbehren zu können glaubten und den bestehenden deutschen Charakter der Monarchie, als eine seiner Existenzbedingungen, nicht seiner gesamtdeutschen Grundlage berauben lassen wollten.«[214]

Im Januar 1861 starb König Friedrich Wilhelm IV. von Preußen, mehrere Schlaganfälle hatten sein Sprachvermögen stark beeinträchtigt und andere Gehirnfunktionen gelähmt. Schon 1858 war sein reaktionärer Bruder Wilhelm als Regent eingesetzt worden, der nun - bereits 64 Jahre alt - als Wilhelm I. den Thron bestieg. Bald geriet der neue Herrscher in einen Konflikt mit der liberalen Mehrheit im preußischen Landtag, die sich weigerte, die verlangten Mittel für eine Reform der Armee zu bewilligen. Diese Auseinandersetzung war für den König entmutigend, er dachte bereits an Rücktritt zu Gunsten seines Sohnes. In dieser heiklen Situation empfahl Kriegsminister Albrecht von Roon den Gesandten in Paris als Deus ex Machina. Der preußische Junker und Großagrarier Otto von Bismarck wurde daraufhin zum Ministerpräsidenten und etwas später auch zum Außenminister berufen.[215] Er hatte zuvor festgehalten keine Skrupel zu haben, sich nötigenfalls über die Verfassung hinwegzusetzen. Bismarck erklärte die Heeresreform für unerlässlich, da die deutsche Frage nur mit einem starken Heer zu lösen sei. Ende September 1862 fiel der berühmt-berüchtigte Satz: »... nicht durch Reden und Majoritätsbeschlüsse werden die großen Fragen der Zeit entschieden - das ist der große Fehler von 1848 und 1849 gewesen -, sondern durch Eisen und Blut.« Mit Bismarcks Berufung verschärften sich die bundespolitischen Konflikte merkbar.[216] 1862 wurde ein deutsch-französischer Handelsvertrag abgeschlossen, der Österreichs Bemühen, in den Zollverein aufgenommen zu werden, blockierte.

Franz Joseph freundete sich angesichts der innerdeutschen Situation der Jahre 1862/63 mit Bundesreformideen an, deren Urheber großdeutsch ausgerichtete, hochadelige Kreise waren. Die Vorgangsweise entsprach Franz Josephs Vorstellungen von monarchischer Politik unter persönlicher Führung. Der Plan sollte geheim gehalten und unter Umgehung des Frankfurter Bundestages und der einzelnen Regierungen in einer Versammlung der Bundesmonarchen vom Kaiser vorgelegt werden. Ein solches Verfahren hatte u. a. den Vorteil, »die ob ihrer extrakonstitutionellen Rolle geschmeichelten Monarchen dem suggestiven Appell in erlauchter Runde auszusetzen«.[217] So fand im August 1863 auf Einladung des Kaisers von Österreich in Frankfurt ein »Fürstentag« statt, der zwar ein großer Tag im Leben Franz Josephs gewesen sein mag, weil er sich zeremoniell als erster der deutschen Fürsten in Szene setzen konnte, die Reformvorschläge scheiterten jedoch am Widerstand Preußens. Zum Fürstentag war lediglich Wilhelm I. nicht erschienen, da Bismarck ihn durch Tränen, Rücktritts- und Selbstmorddrohungen daran gehindert hatte. Daraufhin legte Franz Joseph das Schwergewicht seiner Politik gegenüber Preußen wieder auf Beschwichtigung, was u. a. die Konsequenz nach sich zog, dass Bismarck ihn in den schwelenden Konflikt um Schleswig-Holstein ziehen konnte, wo bereits seit 1848 eine heftige Auseinandersetzung zwischen deutschen und dänischen Nationalisten tobte. Österreich und Preußen ließen sich mit der Bundesexekution betrauen und eroberten zuerst gemeinsam die Herzogtümer, um sich aber im Anschluss beinahe ein Jahr über die weitere Vorgangsweise in den Haaren zu liegen. Die Monarchie hatte sich als »Gipfel politischer Ungeschicklichkeit« überreden lassen Holstein zu besetzen, während Preußen Schleswig besetzte. »Nicht nur durch den Krieg, sondern durch die Mitwirkung an der gewaltsamen Besitznahme eines deutschen Bundeslandes durch ein anderes war Österreich sowohl vor der deutschen Nationalbewegung wie auch vor seinen mittelstaatlichen Bundesgenossen zutiefst diskreditiert.«[218] Für Franz Joseph war die Allianz mit Preußen noch immer die einzig richtige Politik, er zählte auf Gespräche von Monarch zu Monarch und hoffte auf diesem Wege Bismarcks Plänen entgegenwirken zu können.

Ende Oktober 1964 wurde Außenminister Bernhard von Rechberg entlassen, zu seinem Nachfolger berief Franz Joseph den Grafen Mensdorff-Pouilly. Im Juli des darauf folgenden Jahres tauschte er auch die Regierungsspitze aus, anstelle von Anton von Schmerling wurde Richard Graf

Belcredi zum Ministerpräsidenten ernannt. Sechs Wochen später wurde durch ein kaiserliches Manifest, in dem die Ausarbeitung einer neuen politischen Struktur angekündigt wurde, das »Februarpatent« außer Kraft gesetzt. Dieser Schritt sowie die ungeschickte Vorgehensweise in der Frage Schleswig-Holstein führten nebst anderen innenpolitischen Problemen dazu, dass die Monarchie als unzuverlässiger Bündnispartner erschien. Der bayerische Ministerpräsident schrieb 1865: »Österreich, finanziell bankrott, politisch in Anarchie, ist für jetzt unfähig zu handeln.«[219] Bismarck bereitete sich nun konsequent auf einen Krieg vor. In Wien hingegen herrschte die übliche Unbeweglichkeit und Trägheit, Verhandlungsmöglichkeiten wurden nicht ernsthaft erwogen, die militärischen und ökonomischen Vorbereitungen auf den Krieg unterblieben. Rumpler konstatiert, dass die Hauptverantwortung dafür bei Franz Joseph lag, »der vom ›Ehrgefühl‹ sprach, das ihn verpflichte, aus Deutschland und Italien nur nach einem Kampf auf Leben und Tod zurückzuweichen«.[220]

Napoleon III., der einen Machtgewinn Preußens befürchtete, machte der Monarchie das Angebot, auf Galizien und Venetien zu verzichten, wofür es im Austausch Schlesien und die Donaufürstentümer erhalten sollte. Franz Joseph aber beharrte auf seinen »Rechten« in Deutschland wie in Italien, dessen »illegitimes Königreich« er nach wie vor nicht anerkannte. Ein Angebot Italiens, Venetien zu kaufen, lehnte der Habsburger als Attentat auf seine »Ehre« ab. »Österreich sei keine Macht, die sich ohne Schwertstreich an Ehre, Einfluss und Ansehen verkleinern und aus wohlerworbenen Stellungen verdrängen lasse«, wurde am 7. Februar 1866 in Berlin klargemacht. Bismarck hatte in der Zwischenzeit eine Allianz mit Italien vorbereitet. Am 8. April schlossen Preußen und Italien ein Geheimabkommen, in dem sich Italien verpflichtete Österreich anzugreifen, wenn Preußen nach Scheitern der Verhandlungen über eine Bundesreform den Krieg erklären würde. In Wien, das in einen Zweifrontenkrieg verwickelt werden sollte, wusste man, dass Bismarck mit ungarischen, tschechischen und serbischen Emigranten zusammengetroffen war, was die Nervosität zusätzlich steigerte. Um dem erwarteten Einmarsch Italiens in Venetien Rechnung zur tragen, gab Franz Joseph am 21. April den Befehl zur Mobilmachung seiner Südarmee, die Erzherzog Albrecht befehligte. Wenige Tage später schrieb der Kaiser seiner Mutter: »Was die politischen Verhältnisse anbelangt, so geht es immer mehr dem Kriege entgegen, und ich kann mir nicht denken, wie er noch mit Ehre zu vermeiden sein könnte ... Nur eine gründliche ... Verständigung mit Preußen könnte in unserer Lage von Nutzen sein, und eine solche scheint mir rein unmöglich ohne Abdizierung unserer Großmachtstellung, und so muss man dem Kriege ... mit Vertrauen auf Gott entgegensehen, denn nachdem wir schon so weit gegangen sind, verträgt die Monarchie eher einen Krieg als einen langsam aufreibenden faulen Frieden.«[221]

Am 1. Juni 1866 legte Österreich die Frage Schleswig-Holstein dem Bundestag zur Entscheidung vor, worauf preußische Truppen in Holstein einmarschierten. Nutznießer dieser Entwicklung war Napoleon, der über Österreich das Damoklesschwert einer preußisch-französischen Allianz baumeln ließ und auf diesem Wege zu einem am 12. Juni unterzeichneten Vertrag nötigte, der Franz Joseph zur Abtretung Venetiens zwang, egal wie der bevorstehende Krieg ausgehen würde. Beller macht zu Recht darauf aufmerksam: Franz Joseph nahm in Kauf, dass im Kriegsfall österreichische Soldaten bei der erfolgreichen Verteidigung von Gebieten den Tod finden würden, die Österreich im Falle eines Sieges ohnehin aufzugeben bereit war. »Die Soldaten verteidigten nämlich nicht ein Gebiet, sondern Franz Josephs Ehre, die ihm verbat ein Land ohne Kampf aufzugeben.«[222] Als der Bundestag am 14. Juni die Mobilisierung der Bundesarmee gegen Preußen angeordnet hatte, erklärte Berlin den Bund für aufgelöst, zwei Tage später marschierten preußische Truppen in Hannover, Sachsen und Hessen-Kassel ein. Die Regierungen der deutschen Mittelstaaten wollten sich dem österreichischen Oberbefehl nicht unterordnen, nur die sächsische Armee unter König Albert schloss sich den Österreichern an, deren Hauptarmee in Böhmen stand.

Preußen war für den Waffengang hervorragend gerüstet, die Soldaten waren mit dem modernen Zündnadelgewehr ausgestattet, das von der österreichischen Armeeführung abgelehnt worden war, mit Helmuth von Moltke stand der österreichischen Nordarmee ein überragender Stratege gegenüber. Die Räder des Habsburgerreiches arbeiteten hingegen träge und langsam, gravierende Fehler und Versäumnisse in der Organisation, der Ausbildung, der Ausrüstung und Finanzierung der Armee, vor allem aber die Unfähigkeit und Ineffizienz der militärischen Führung waren die eigentlichen Ursachen für die unmittelbar bevorstehende Niederlage. Als überaus unfähig erwies sich auch König Viktor Emanuel, unter dessen Kommando die weit überlegene italienische Armee am 24. Juni in der Schlacht bei Custozza der österreichischen Südarmee unterlag. Es wurde wiederholt geschrieben, dass die Ernte dieses Sieges, der ebenso unerwartet gekommen war wie später der Sieg in der Seeschlacht vor der adriatischen Insel Lissa, von Wien nicht eingefahren werden konnte, da die Südarmee zur Verstärkung der Nordarmee an die Donau befohlen wurde, doch nachdem Wien Venetien (das Kriegsziel Italiens) ohnehin bereits aufgegeben hatte, waren Custozza und Lissa nichts weiter als ein »blutiges Ballett« auf dem Schlachtfeld der »Ehre«. Den Oberbefehl über die Nordarmee hatten Franz Joseph und Erzherzog Albrecht dem verdienten, aber kranken und ausgelaugten Feldzeugmeister Ludwig August von Benedek aufgezwungen, einem calvinistischen Arztsohn aus Ungarn, der sich selbst »keine guten Dienste« mehr zutraute und wörtlich gesagt hatte, er wäre für den deutschen Kriegsschauplatz ein Esel, während er in Italien vielleicht von Nutzen sein könnte.[223] Dass Franz Joseph anders entschied, lag wohl auch daran, dass er Erzherzog Albrecht als Mitglied des Kaiserhauses nicht der Gefahr einer Niederlage aussetzen wollte, auch wenn dies in der Literatur gelegentlich bestritten wird.[224] Rasch, gleich nach den ersten Gefechten, hatten Benedek und seine überforderten Generalstabschefs die Überlegenheit der Preußen erkennen müssen, weshalb er am 1. Juli ein Telegramm folgenden Inhalts an Franz Joseph schickte: »Bitte Eure Majestät dringend um jeden Preis Frieden zu schließen, Katastrophe für Armee unvermeidlich.«[225] Die Antwort lautete: »Einen Frieden schließen unmöglich. Ich befehle, wenn unausweichlich, den Rückzug in größter Ordnung anzutreten. Hat eine Schlacht stattgefunden?«[226] Diese Frage war nichts anderes als ein Befehl.[227] Franz Josephs Vorstellung von Ehre erlaubte es nicht, sich geschlagen zu geben, bevor Blut geflossen war.

Am 3. Juli 1866 fiel die Entscheidung nahe der Stadt Königgrätz, in einem hügeligen Gebiet zwischen den Dörfern Sadowa und Chlum.[228] Zu Mittag war der Ausgang der Schlacht, an der mehr Menschen beteiligt waren als jemals zuvor in der europäischen Geschichte, noch unklar, am Abend stand die Niederlage der Österreicher fest. Der Krieg war noch nicht verloren, doch die Preußen konnten in kurzer Zeit vor den Toren Wiens stehen, weshalb die Kaiserin mit den Kindern nach Ungarn abreiste. Neuer Oberbefehlshaber wurde Erzherzog Albrecht, dessen siegreiche Südarmee zur Verteidigung der Hauptstadt eintraf. Da Napoleon III. nicht bereit war militärisch zu intervenieren und auch die

Gefahr eines Aufstandes in Ungarn keineswegs gebannt war, nahm Franz Joseph das Angebot an, einen Waffenstillstand zu schließen und Friedensverhandlungen einzuleiten. Der Prestigeverlust für den Kaiser war exorbitant, doch die Friedensverhandlungen führte er mit stoischer Ruhe, die einzige große Sorge war für ihn die »Aufrechterhaltung des sächsischen Königshauses und seiner Dynastie in voller Integrität«,[229] die er Bismarck zur Bedingung gemacht hatte.

»Königgrätz« war eine Zäsur, ein Wendepunkt der europäischen Geschichte, der Kardinalstaatssekretär Antonelli die berühmten Worte ausrufen ließ: »Casca il mondo« – »Die Welt stürzt ein.« Es ging nicht nur um die Vorherrschaft in Deutschland, sondern auch um den Bestand des österreichischen Nationalitätenstaates, dessen Probleme Bismarck wohl bekannt waren.[230] Um seine Ziele zu erreichen war er bereit gewesen, sich mit dem revolutionären Italien zu verbünden. Wäre es ihm gelungen, die unzufriedenen Völker der Monarchie zur Revolution zu veranlassen, wäre auch die Vernichtung des Habsburgerstaates im Bereich des Möglichen gewesen. Vor diesem Hintergrund sind der überhastete Ausgleich mit Ungarn, die Reformbestrebungen, die Einführung der Allgemeinen Wehrpflicht und der Umbau der Armee zu sehen.[231]

Bismarcks Verhalten zeugte von politischem Weitblick, er nahm aus klugem Kalkül von jeder Demütigung Abstand. Österreich sollte als Großmacht bestehen bleiben und für Preußen ein zukünftiger Verbündeter sein. Im Vorfrieden von Nikolsburg vom 26. Juli verlor Franz Joseph nur Venetien, dessen Abtretung an Italien schon längst vereinbart worden war. Die Neuordnung Deutschlands wurde ohne den österreichischen Kaiserstaat vorgenommen. Preußen würde einer Föderation norddeutscher Staaten vorstehen, während die Königreiche und Fürstentümer im Süden unabhängig bleiben würden, sollten sich diese jedoch in Zukunft zu einer Föderation zusammenschließen, dürfe sich diese mit den Nordstaaten vereinigen. Bismarck hatte damit »bereits die nächste Phase preußischer Expansion vorgegeben, die schon fünf Jahre danach mit der Schaffung eines eigenen Deutschen Reiches eintreten sollte«.[232]

Nach dem Sieg im Deutsch-Französischen Krieg von 1870 wurde im Januar des darauf folgenden Jahres im Spiegelsaal von Versailles das deutsche Kaiserreich proklamiert, das wenig später als Bundesstaat eingerichtet wurde, welcher auf einem Vertrag zwischen den 22 Fürsten und den drei freien Hansestaaten beruhte. An eine »Revanche für Königgrätz« war fortan nicht mehr zu denken.

Für Franz Joseph gehörten die Wochen und Monate nach Königgrätz zu den schwersten seines Lebens. Seine Popularität war auf dem Nullpunkt angelangt, folgendes Schmähgedicht soll an der Hofburg angebracht worden sein: »Freiwillige ohne Knöpf'/Minister ohne Köpf'/Ein Kaiser ohne Hirn/Da müssen wir verlier'n.« Rufe wurden laut, er möge zu Gunsten seines Bruders Maximilian abdanken. Elisabeth weigerte sich nach Wien zurückzukommen. Der Kaiser schrieb in dieser Zeit weinerliche Briefe: »Ich bitte dich komme daher, mich besuchen, ich habe so eine Sehnsucht nach dir und dich freut es ja vielleicht auch, mich in so trüber Zeit wieder zu sehen.«[233] Am 22. August schrieb er, noch ganz unter dem Eindruck der zurückliegenden Ereignisse, an Sophie: »Erst jetzt kommt man so recht auf alle die Infamie und den raffinierten Betrug, dem wir zum Opfer gefallen sind. Das war alles zwischen Paris, Berlin und Florenz lange vorbereitet und wir waren sehr ehrlich, aber sehr dumm. Es ist ein Kampf auf Leben und Tod, der noch lange nicht aus ist, und es ist mit Berechnung auf unsere vollkommene Zerstörung abgesehen. Wenn man alle Welt gegen sich und gar keinen Freund hat, so ist wenig Aussicht auf Erfolg, aber man muss sich so lange wehren, als es geht, seine Pflicht bis zuletzt tun und endlich mit Ehre zu Grunde gehen ...«[234]

Benedek, der gewiss einige schwere taktische Fehler begangen hatte, wurde zum Sündenbock gemacht, ihm wurde die ganze Verantwortung für die Niederlage auf die Schultern gepackt, wobei die perfide Vorgehensweise Franz Josephs endlos wiederkehrendes Gerede über »Ehre« empfindlich relativierte. Der Kaiser wusste, dass er am Versagen seines Generals mitschuldig war, dass er dafür die Verantwortung trug, doch er dachte nicht daran, auch nur einen verschwindend kleinen Teil dieser Verantwortung auch wahrzunehmen. Benedek wurde nicht nur abgesetzt, er wurde wie ein Verräter vor eine militärische Kommission gestellt und musste eine mehrere Monate dauernde Untersuchung über sich ergehen lassen, zudem wurde ihm schriftlich das ehrenwörtliche Versprechen abgerungen, sich öffentlich nicht zu rechtfertigen. Ein Kriegsgerichtsverfahren wurde auf Befehl des Kaisers, der seinem treuen Paladin sogar ein persönliches Gespräch verweigerte, eingestellt. Am 8. Dezember, kurz nachdem er sein Schweigen versichert hatte, brachte die offizielle *Wiener Zeitung* einen von Franz Joseph sanktionierten Artikel, in dem die Niederlage allein Benedeks Unfähigkeit zugeschrieben wurde. »Es gibt kein Strafgesetzbuch«, hieß es hier, »das den Mangel höchster geistiger Begabung straffähig erklärt.« Redlich hielt fest, dass sich in diesem Verhalten Franz Josephs Charakter aufs Ungünstigste darstellte, er habe jeden Zug menschlicher oder herrscherlicher Größe vermissen lassen und ebenso wie Erzherzog Albrecht »dem Trieb nach persönlicher Rache und kleinlichem Zorn vollen Spielraum« gegeben.[235]

Pulverfass Balkan

Nach dem erzwungenen Rückzug aus Italien und Deutschland war der habsburgischen Großmachtpolitik, die aufrechtzuerhalten das dynastische Prestige verlangte, nur noch der Balkan als Expansionsgebiet verblieben. Franz Joseph war fest entschlossen dort eine Kompensation für seine früheren Niederlagen zu schaffen. Die gesamte orientalische Frage ist vor dem Hintergrund des Zerfallsprozesses des in seiner Ausdehnung gewaltigen Osmanischen Reiches zu sehen, das sich in der Mitte des 16. Jahrhunderts von den Toren Wiens bis zum Jemen und vom Persischen Golf bis Algerien erstreckt hatte. Das Osmanische Reich, der »kranke Mann am Bosporus«, verfügte nicht über die innere Substanz, die es ihm ermöglicht hätte, den Herausforderungen und Erfordernissen der Ära der Industriellen Revolution gewachsen zu sein. Seit dem Pariser Frieden von 1856 standen die osmanischen Provinzen allen Mächten zur ökonomischen Nutzung offen. Metternichs Politik war es gewesen, dieses Reich auf jeden Fall zu stützen, zumindest so lange, bis dessen Aufteilung nicht mehr zu vermeiden wäre, doch diese Politik hatte ihre Gültigkeit verloren.

Östlich Dalmatiens, das erst nach den Napoleonischen Kriegen an die Habsburger gefallen war, lagen die osmanischen Provinzen Bosnien und Herzegowina, die im 15. Jahrhundert von den Armeen der »Hohen Pforte« überrannt worden waren. Sie bildeten etwa vier Jahrhunderte lang die Nordwestgrenze des Osmanischen Reiches. Die beiden Provinzen waren von einer serbo-kroatisch sprechenden, konfessionell nicht einheitlichen Bevölkerung bewohnt. Die zahlenmäßig größte Gruppe waren die orthodoxen Serben (über 40 %), in politischer und ökonomischer Hinsicht waren jedoch die Moslems (über 30 %) die bestimmende Kraft, vor allem die Großgrundbesitzer, die so genannten Begs, deren Familien zu einem großen Teil zum Islam konvertiert waren um ihre

feudalen Rechte auch weiterhin ausüben zu können. Einen Anschluss an die Habsburgermonarchie wünschte nur die katholisch-kroatische Minorität (etwa 25 %), die Mohammedaner traten für den Fortbestand der osmanischen Herrschaft ein, während die Orthodoxen einem Anschluss an Serbien den Vorzug gaben.[236] Der überhebliche Andrássy – damals Außenminister Franz Josephs – beschrieb die Menschen am Balkan als »wilde Indianer, die man wie unberittene Pferde behandeln muss und denen man Getreide nur mit der offenen Hand reichen darf, während man sie mit einer Peitsche in der anderen Hand in Schach hält«.[237]
1874 entzündete sich in Bosnien und Herzegowina ein Kleinkrieg gegen die Stellvertreter des Sultans, der von Serbien, Montenegro und »halboffiziellen Kreisen« in Russland begrüßt wurde und im Jahr darauf in einen Aufstand mündete. Der Aufstand der christlichen Bevölkerung stand an der Wiege nationaler Streitigkeiten und konfessionellen Haders, »von Intrigen der Mächte und Kämpfen der Völker um ihre staatliche Selbstständigkeit, die von da an die europäische Politik beschäftigt und beunruhigt, um schließlich in dem Brande des Weltkriegs zu enden. In diesen Tagen werden die ersten Fäden jenes schicksalsschweren Bandes gewoben, welches Deutschland an Österreich heftete und damit zum Leidgenossen der südöstlichen Schmerzen des Donaureiches macht.«[238] Diese Sätze stammen von Karl Tschuppik, der stets deutlich und konsequent auf das dynastische Leuchtfeuer im Kurs des Kaisers hingewiesen hatte, in diesem Falle auf seinen »Schmerz, das Reich der Väter vermindert zu haben«.[239] In Wien wurde nun darüber nachgedacht, »ob nicht eine Intervention in Bosnien, eventuell sogar eine Okkupation des Landes, ein Mittel wäre, um der südslawischen Agitation Herr zu werden. Andrássy wusste natürlich, dass eine solche Aktion international abgesichert werden musste. Denn mit dem Aufstand in Bosnien begann jene dritte Orientkrise, deren Motor so eindeutig Russland und der Panslawismus waren, dass ein internationaler Konflikt unvermeidlich schien«.[240] Die Möglichkeit, Bosnien-Herzegowina zu besetzen, war in Wien bereits seit Jahrzehnten ein Thema. 1854 hatte das Kriegsministerium konkrete Pläne dafür ausgearbeitet, so verschiedene Persönlichkeiten wie Radetzky, Tegetthoff und Beck führten durchwegs verschiedene Argumente ins Treffen, die einen solchen Schritt rechtfertigen sollten. Mitte der 1850er-Jahre hatte Feldzeugmeister Mollinary anlässlich einer Donaufahrt zum jungen Kaiser gesagt, dass in Bosnien erst dann Ruhe eintreten werde, »wenn der Doppelaar seine Schwingen

über dieses Land ausgebreitet habe«.[241] Dass Franz Joseph so lange nicht die Initiative ergriffen hatte, ist erstaunlich, der Grund lag wohl in seiner tiefen Unsicherheit bezüglich der südslawischen Frage. Zu einem späteren Zeitpunkt beklagte sich Andrássy bei Kaiserin Elisabeth: Der Kaiser verstehe die Orientfrage nicht und werde sie nie verstehen.[242] Strategisch betrachtet waren die beiden Provinzen das »natürliche Hinterland« Dalmatiens, das führende Militärs vom Land aus geschützt sehen wollten. Sie befürchteten im Kriegsfall eine Seeblockade. Für die Marine war Dalmatien vor allem als Flottenstützpunkt von Bedeutung. Und nicht zuletzt stand die Befürchtung im Raum, dass Bosnien-Herzegowina im Falle der Auflösung des osmanischen Imperiums den südslawischen Fürstentümern Serbien und Montenegro in die Hände und somit womöglich unter den Einfluss Russlands geraten würde. Auch ein unabhängiges Bosnien-Herzegowina von Russlands Gnaden wäre als ständige Gefahrenquelle an der dalmatinischen Grenze empfunden worden. Zwar war der Ungar Andrássy ganz von der Unausweichlichkeit einer existenziellen Auseinandersetzung zwischen Österreich und Russland durchdrungen, doch für eine unmittelbare, gegen die russische Balkanpolitik gerichtete Aktion war er nicht zu gewinnen. Dabei darf nicht außer Acht gelassen werden, dass die liberalen Parteien, welche die Regierungen Österreichs und Ungarns trugen, gegen eine Politik opponierten, die sich den Erwerb Bosniens und der Herzegowina als nächstes Ziel gesetzt hatte. Der Stellenwert der Slawen in der Monarchie, der durch einen solchen Gebietszuwachs zugenommen hätte, wäre einem Bündnis mit dem Deutschen Reich ebenso abträglich gewesen wie dem Gleichgewicht der cis- und transleithanischen Reichshälfte.

Wirtschaftlich gesehen waren die Möglichkeiten Bosnien-Herzegowinas, eines hügeligen, unterentwickelten Landes, beschränkt, eine Eisenbahnstrecke als wichtiger Verkehrsweg und Erzlagerstätten im Gebirge waren kein Grund für einen militärischen Zugriff. Vor dem prüfenden Auge dynastischer Politik spielte es aber überhaupt keine Rolle, ob diese Provinzen arm oder reich waren, und auch die komplizierten Fragen der Strategie hatten nicht das Gewicht eines Prestigegewinns, der als Trostpflaster für die offene, brennende Wunde herhalten konnte, welche der Verlust Lombardo-Venetiens und die Einbuße der Hegemonie in Deutschland gerissen hatten. Wie lebendig für Franz Joseph, der so gerne auch einmal in die Rolle eines »Mehrers des Reiches« geschlüpft wäre, die Demütigung in Italien war, wie präsent ihm der erfolgreiche Irredentismus in Piemont noch war, illustriert eine Bemerkung gegenüber Alexander von Hübner: »Wenn es zum Beispiel ein selbstständiges Bosnien gäbe, würden uns Kroatien und Dalmatien bald davonschwimmen. Wir können dem niemals zustimmen, wir haben schon genug Land verloren ... Diese unterirdische Arbeit, diese Protektionsallüren, die sie dort annehmen, genieren mich und verletzen meine Gefühle. Das ist unerträglich.«[243] »Selten ist der Kaiser beim Sprechen in solche Hitze geraten«, vertraute Hübner seinem Tagebuch an, »aber daraus konnte ich mich überzeugen, wie sehr er gegen Russland aufgebracht ist.«[244]

Im April 1875 reiste Franz Joseph erstmals nach Dalmatien. Seiner Frau schrieb er in diesen Wochen zahlreiche Briefe, die über allfällige tiefere Einsichten keine Aufschlüsse geben. Die Briefe enthalten nur Banalitäten, er schrieb über das Essen, über Kostüme, das Wetter und den zufrieden stellenden Zustand seiner Marine.[245] Mit seiner Präsenz vor den Pforten des Osmanischen Reiches setzte Franz Joseph in zweifacher Hinsicht ein Zeichen. Einmal signalisierte er den Christen Bosniens und der Herzegowina eindeutige Absichten, zum anderen machte er deutlich, dass in der orientalischen Frage an Österreich kein Weg vorbeiführen würde. Gegenüber dem dalmatinischen Gouverneur erklärte Franz Joseph, seine Truppen würden Bosnien umgehend besetzen, sollte es sich gegen die Türken wenden. Beller ist der Auffassung, dass der Habsburger dieses Szenario »paradoxerweise« erst provoziert habe, »denn seine Anwesenheit stachelte viele Bosnier auf und kaum einen Monat nach Franz Josephs Besuch in Dalmatien versank das Land im Aufruhr. Im Zuge dessen geriet die gesamte Balkanhalbinsel in große Probleme und die habsburgische Außenpolitik gestaltete sich immer schwieriger.«[246]

Der Aufstand in der Herzegowina weitete sich Anfang Juli 1876 zu einem Befreiungskrieg Montenegros und Serbiens gegen die Türkei aus, dem sich auch Bulgarien, Griechenland und Rumänien anschlossen. Alle diese Völker hingen dem Traum von einem eigenen, tief in der Historie verankerten Großreich an. Da es der »Hohen Pforte« nicht gelang, den Aufstand niederzuwerfen, kam es zu einer Internationalisierung des Konfliktes, welche die Klärung der Beziehungen zwischen der Habsburgermonarchie und dem Russland der Romanows notwendig machte. Franz Joseph traf in diesem Juli mit Alexander II. in Reichstadt zusammen, wo zwischen Andrássy und Gortschakow, dem russischen Staatskanzler, akkordiert wurde, jeder militärischen Einmischung in den Krieg der Balkanvölker mit dem Osmanischen Reich zu entsagen. In einem bilateralen Geheimvertrag wurde festgelegt, dass im Falle eines osmanischen Sieges keine Grenzverschiebungen stattfinden würden. Sollte das Gegenteil eintreten, würde man die Türken aus Europa vertreiben. Auch wenn sich die Versionen der besagten Vereinbarungen unterschieden, war eines unbestritten: Ein großer südslawischer Staat sowie die Schaffung eines griechischen Großreiches galten als ausgeschlossen. Im Falle des Sieges der Christen über die Türken sollte Österreich-Ungarn das türkische Kroatien und einen Teil Bosniens erhalten. »Laut Andrássy sollte Österreich-Ungarn auch die Herzegowina erhalten ... Auch Franz Joseph war zufrieden mit dem Reichstädter Geheimvertrag, glaubte er doch, dass er ihm die beiden Provinzen ohne das Risiko eines Krieges mit Russland einbringen würde.«[247] Eine Rückkehr zu den traditionellen Konventionen konservativer Diplomatie zeichnete sich ab. Im November 1876 wurde dem Kaiser von Erzherzog Albrecht und Beck ein Memorandum vorgelegt, in dem der dringende Ratschlag enthalten war, einem Konflikt mit Russland aus dem Wege zu gehen.[248]

Schließlich sollte es ganz anders kommen, die überraschenden militärischen Erfolge der Türken machten die Teilungspläne zumindest vorübergehend hinfällig. Im April 1877 trat Russland angesichts der serbischen Niederlagen in die Allianz gegen die »Hohe Pforte« ein und eröffnete einen Krieg, dessen Ziele St. Petersburg gegenüber Wien wie folgt umriss: die Errichtung eines Großbulgariens (unter russischem Protektorat) und die Besetzung eines Großteils der Balkanstaaten durch russische Truppen. Bosnien-Herzegowina fand hingegen keine Erwähnung.[249] Der Friedensvertrag, der den Türken im März 1878 in San Stefano von Russland aufgezwungen wurde, konterkarierte in wesentlichen Punkten die erwähnte Abmachung mit Österreich-Ungarn. Die genaueren Bestimmungen dieses Vertrages, den die Russen, ohne vorher irgendjemanden gefragt zu haben, formuliert hatten, sind hier nicht so wichtig, von Belang ist aber die Haltung Franz Josephs. Nach Eberhard Straub erlag er »der Versuchung, wie im Krimkrieg, sich mit England und über dessen Vermittlung vielleicht mit Frankreich zu verständigen, um die Abhängigkeit von Russland und Deutschland oder Preußen, wie er das Reich nannte, zu lockern. Er vertrug es nicht, dass ein neues Metternich'sches System sich um Berlin und nicht um Wien gruppierte. Doch weder er noch sein Außenminister ... wussten, was sie eigentlich wollten: das Osmanische Reich erhalten und Russland vom Balkan abdrängen oder sich mit Russland die Beute nach Interessensphären unter Beteiligung anderer Mächte aufteilen.«[250] Für Franz Joseph war es ein Glücksfall, dass nun England seine Absicht klarmachte, eine russische Vormachtstellung auf der Balkanhalbinsel, wie es der Vertrag von San Stefano vorsah, nicht zu akzeptieren.

Das Ergebnis der nun einsetzenden diplomatischen Bemühungen war der Berliner Kongress (zur Enttäuschung Franz Josephs kein »Wiener Kongress«) im Juni und Juli 1878, auf dem Wien und London unter den wohlwollenden Augen Bismarcks, der sich als »ehrlicher Makler« gefiel, die Revision des Vertrages von San Stefano durchzusetzen vermochten. Franz Joseph, der über den Verlauf der Verhandlungen genau unterrichtet wurde, hatte seinem Außenminister freie Hand gelassen. Serbien und Rumänien waren nun endgültig souverän, »Großbulgarien«, der Marionettenstaat des Zaren, wurde zurechtgestutzt. Auf Vorschlag des britischen Außenministers Salisbury wurde dem Habsburgerstaat das Recht zugestanden, Bosnien-Herzegowina zu okkupieren und in die Verwaltung mit einzubeziehen. Der Sandschak von Novi Pazar, der Serbien von Montenegro trennte, durfte mit Garnisonen belegt werden, was naturgemäß die Beziehungen zu diesen Staaten belastete. Nominell blieben Bosnien und Herzegowina aber unter der Oberhoheit der »Hohen Pforte«, was auf den ersten Blick als Absurdität für eine Großmacht erscheinen mag. Der Entscheidung Andrássys, von welcher er seinen Kaiser aber erst überzeugen musste, auf die Annexion zu verzichten, lagen ganz bestimmte Überlegungen zu Grunde. Franz Joseph gegenüber argumentierte er, eine »unbefristete Okkupation« würde kein wesentlich anderes Ergebnis zeitigen wie eine Annexion, die mit der Zeit ohnehin von selbst kommen würde,[251] zunächst würden sich jedenfalls weniger Unannehmlichkeiten ergeben. In Wahrheit fürchtete der Ungarn vor allem die Stärkung des slawischen Elements in der Monarchie. Ferner sollten die Türken wirtschaftlich an die Monarchie gebunden und im Falle zukünftiger russischer Aspirationen als Verbündete gewonnen werden.

In der Literatur wird oft betont, dass die Umstände der Okkupation einen Schatten auf das Verhältnis zwischen dem Kaiser und Andrássy geworfen hätten, auch wenn Franz Joseph seinem Außenminister offiziell weiterhin sein allerhöchstes Vertrauen geschenkt habe.[252] Der leichte Schatten auf Franz Josephs Befindlichkeit hatte einmal mehr mit seinem Prestigedenken zu tun, mit seinem »Herrschergefühl«. Solange der völkerrechtliche Zustand der Okkupation währte, setzte er nicht ein einziges Mal seinen Fuß auf den Boden Bosnien-Herzegowinas, erst nach der Annexion 1908 stattete der 79-Jährige den Provinzen einen Besuch ab. Als ihm von Andrássy auseinander gesetzt wurde, warum das Wort »Annexion« zu vermeiden sei, und der Außenminister in diesem Zusammenhang auch bemerkte, dass man die Option offen lassen müsse, dass die Einwohner der okkupierten Provinzen von sich aus die Annexion verkünden könnten, gab Franz Joseph klar zu verstehen, dass ein solcher Fall nicht als Präzedens aufgefasst werden dürfe, wobei er auf die historische Entstehung und Zusammensetzung der Monarchie verwies. Hugo Hantsch folgerte aus dieser Reaktion: »Daraus geht hervor, wie genau Franz Joseph die Berichte studierte und dass er sich des Zusammenhanges der inneren und äußeren Politk durchaus bewusst war. Eine so bedeutende und selbstständige Persönlichkeit wie Andrássy sicherte sich gewiss einen weiten Spielraum, aber das entscheidende Wort hatte der Kaiser zu sprechen.«[253] Es besteht kein Zweifel, dass Andrássy im Einvernehmen mit dem Kaiser handelte. Auch Redlich bekräftigte: »Graf Andrássy hatte während der ganzen so bedrohlichen Krise die volle Zustimmung Franz Josephs zu seiner Politik gefunden.«[254]

Anfang 1879 zeigte sich der Kaiser zufrieden. Russlands Vormarsch war vorerst in Bessarabien gestoppt worden, die Donaumonarchie hatte einen Gebietszuwachs zu erzielen vermocht. »Die Hinzufügung zweier Länder zur Monarchie macht Papa, so wie wir es ja schon lange wissen, sehr viel Freude«, schrieb Kronprinz Rudolf an Latour, »ich glaube, dass er in Bosnien und der Herzegowina einen Ersatz für die Lombardei und Venetien sucht.«[255] Es sollte der Monarchie aber einen erheblichen Aufwand abverlangen, erhebliche militärische Anstrengungen, die beiden Provinzen zu unterwerfen und im Anschluss zu pazifizieren.[256] Man hatte sich in Wien wieder einmal zu viel Zeit gelassen. Das für Franz Joseph vordergründig positive Ergebnis der ausgestandenen Krise hatte schwer wiegende Konsequenzen. Der Habsburger hatte Russland erneut gereizt, wieder hatte er sich als unzuverlässig erwiesen,[257] während es ihm andererseits nicht gelungen war, die Freundschaft Londons zu gewinnen, das ein offensives Vorgehen gegen das Zarenreich gewünscht hätte. Benjamin Disraeli, der englische Ministerpräsident, sah es als das wichtigste Resultat des Berliner Kongresses an, dass der Drei-Kaiser-Block, der Kontinentalblock Russland–Österreich-Ungarn–Deutsches Reich, wahrscheinlich gesprengt worden war, denn in den Augen des Zaren hatten sich auch Preußen-Deutschland gegen Russland gestellt und dieses um die Früchte seines Sieges gebracht.

Hinzu kamen innenpolitische Probleme in der österreichischen Reichshälfte. Die Auseinandersetzungen um die Okkupation bzw. der Erwerb einer slawischen Provinz hatten die Befürchtungen der Deutschliberalen hinsichtlich einer Schwächung des »Deutschtums« in der Monarchie deutlich gemacht und mündeten nun in die Opposition zur Politik Andrássys und damit der Regierung Auersperg. Nicht alle Liberalen waren auf den Oppositionskurs eingeschworen, der Berliner Vertrag wurde im Abgeordnetenhaus mehrheitlich angenommen. »Aber das Lager der Opposition gegen die Regierungspolitik wurde immer größer. Insgeheim hatte Kaiser Franz Joseph längst sein Vertrauen jener Partei entzogen, mit der er ... 1867 die dualistische Neuordnung des Staates zu Stande gebracht hatte. Als die Liberalen 1879 49 ihrer Mandate verloren, war das Zeitalter der liberalen Vorherrschaft in Cisleithanien zu Ende. Da sich die Tschechen bereit erklärten in den Wiener Reichstag zurückzukehren, bot sich die Möglichkeit, mit den konservativen und mit den slawischen Parteien eine Regierung zu bilden. Mit dem Innenminister der Regierung Auersperg–Lasser, Graf Eduard Taaffe, stand auch schon der neue Regierungschef fest.«[258]

Den Deutschliberalen, welche in einer Adresse an den Kaiser sogar von Verfassungsbruch gesprochen hatten, war ein entscheidender Fehler unterlaufen: Franz Joseph interpretierte ihre Angriffe auf Andrássy und das Bestehen auf einem Kontrollrecht des Reichstages über die Außenpolitik als eine Herausforderung, die ihn ganz persönlich traf. Die Liberalen hatten sich dem Kaiser in einem Bereich entgegengestellt, über den er eifersüchtig wachte: die Außenpolitk und das Heerwesen. Graf Falkenhayn erwies sich als aufmerksamer Beobachter, als er nach einem Besuch in Wien über die liberalen Politiker schrieb, dass Franz Joseph »dieser Männer übersatt« sei. Die Regierung Taaffe verstand sich als »Kaiserministerium«, als Administration der ausgleichenden Mitte, die Zäsur zur Politik der Liberalen war jedenfalls vollzogen, sie sollten in Cisleithanien nie mehr den Weg zurück zur Macht finden. Taaffe, drei Jahre jünger als Franz Joseph und als dessen »Jugendfreund« und »Spielkamerad« bekannt, stand bis 1893, also vierzehn Jahre und somit länger als jeder andere Ministerpräsident vor und nach ihm, an der Spitze einer auf tschechische und polnische Konservative sowie katholisch-konservative Deutsche gestützten Koalition. Die Ära Taaffe, für welche die Begriffe des »Fortwurstelns« und »Durchfrettens« geprägt wurden, stand für genau das, was Franz Joseph wollte, für Ruhe und Kontinuität, für die Erhaltung des Friedens und die Aufrechterhaltung der Rolle einer Großmacht für die Monarchie.

Die Kritik an seiner Außenpolitik und die Zäsur in Cisleithanien hatten Andrássy am 6. August 1879 dazu veranlasst, seine Demission einzureichen. Franz Joseph ließ ihn aber zunächst noch im Amt. Das Deutsche Reich war gerade dabei, seine Außenpolitik grundsätzlich zu überdenken und suchte nun die Verständigung mit Österreich-Ungarn. Bismarck gab an, er wolle mit diesem Schritt eine Wiederkehr der Kaunitz-Koalition Österreich–Russland–Frankreich gegen Preußen-Deutschland ausschließen. Für eine »ruhige und erhaltende Politik der Donaumonarchie« sei das Bündnis mit Deutschland das Nützlichste. Die Aufgabe der deutschen Politik sei es, »die drei Kaiserreiche einig zu erhalten und den Ehrgeiz unserer beiden östlichen Nachbarn zu befriedigen. Jeder von beiden ist für uns nicht nur in der europäischen Gleichgewichtsfrage unentbehrlich - wir könnten keinen von beiden missen ohne selbst gefährdet zu werden -, sondern die Erhaltung eines Elementes monarchischer Ordnung in Wien und Petersburg, und auf der Basis beider in Rom, ist für uns in Deutschland eine Aufgabe, die mit der Erhaltung der staatlichen Ordnung bei uns selbst zusammenfällt.«[259] Bismarck gab dem deutsch-österreichischen vor einem deutsch-russischen Bündnis den Vorzug, weil in diesem - wie hinreichend unter Beweis gestellt - Preußen-Deutschland der stärkere Partner war. »Eine Allianz mit einem Autokraten«, erklärte Bismarck einmal einem Vertrauten, »mit einer halb barbarischen, verhetzten Nation ist an sich riskant, während die Allianz mit einem schwächeren Staat wie Österreich viele Vorzüge hat.«[260]

Ende August unterbreitete Bismarck ein konkretes Angebot für ein deutsch-österreichisches Bündnis, dessen Inhalt er in der zweiten Septemberhälfte zusammen mit Andrássy konkretisierte. Beide Staatsmänner gingen zwar konform darin, dass es sich um eine reine Defensivallianz handeln sollte, doch der Wunsch des deutschen Kanzlers, den Bündnisfall nicht nur im Falle eines Angriffs Russlands, sondern auch im Falle eines französischen Angriffs wirksam werden zu lassen, wurde von Wien vehement abgelehnt. Andrássy setzte sich schließlich durch. Der

Zweibund wurde somit unter Bedingungen abgeschlossen, gegen die sich der deutsche Kaiser heftig gewehrt hatte. Der greise Wilhelm I. war für dieses eindeutig gegen Russland gerichtete Bündnis nur durch stärkstes Drängen zu bewegen gewesen.[261] Am 7. Oktober wurde der geheime Vertrag zwischen den Kaisern von Österreich und Deutschland unterzeichnet.[262] Tags darauf nahm Andrássy seinen Abschied.

Was bedeutete dieser außenpolitische Paradigmenwechsel für Franz Joseph, der nun endgültig auf seine Vormachtstellung in Deutschland verzichtet und die durch Preußen erzwungene Einigung Deutschlands anerkannt hatte, was mochte er empfunden haben? Seine Mutter war bereits seit Jahren tot, die Schratt kannte er noch nicht und Briefe an Elisabeth liegen über den hier relevanten Zeitraum nicht vor. Oswald Redlich schrieb, dieses Bündnis entsprach »seinem Fühlen und Wollen. Das Zusammengehen mit Deutschland in der nunmehr allein möglichen Form entsprach dem alten Gedanken des Siebzigmillionen-Reiches Felix Schwarzenbergs – jetzt freilich nicht mehr mit Österreich als Vormacht.«[263] Franz Joseph konnte sich als »verbündeter« deutscher Fürst fühlen. »Wenn er auch schon längst aus seiner Politik alle Gefühlsmomente so vollständig, wie es die Trockenheit seiner Herrschernatur verlangte, ausschloss, etwas von diesen Gefühlswerten hat beim Abschlusse dieses Bündnisses in seiner Seele doch mitgeschwungen und sich erhalten, zumal in der Spätzeit seiner Regierung war dies der Fall, da das Bündnis schon Jahrzehnte feststand wie ein ›rocher de bronze‹.«[264]

Franz Josephs Vorstellung von Ehre hinderte ihn daran, auf seinen deutschen Bündnispartner in irgendeiner Weise einzuwirken, etwa als der englische König Edward VII., der 1901 als Nachfolger seiner Mutter Victoria den Thron bestiegen hatte, den Kaiser ersuchte, sich bei Wilhelm II. für die Einschränkung des deutschen Flottenprogrammes einzusetzen. An eine Distanzierung von Deutschland dachte er schon gar nicht. 1908 wurde der 60. Jahrestag der Thronbesteigung Franz Josephs gefeiert, »in einer Verzückung monarchistischer Leidenschaft«, wie Brook-Shepherd bemerkte.[265] Unter der Führung von Wilhelm II. machten am 8. Mai beinahe alle deutschen Fürsten dem Habsburger ihre Aufwartung, für Franz Joseph, wie er später einbekannte, einer der schönsten Augenblicke seines Lebens. Nur wenige Monate später, am 5. Oktober, ließ Franz Joseph verkünden, »er habe sich bestimmt gefunden, die Rechte seiner Souveränität auf Bosnien und die Herzegowina zu erstrecken«. Österreich-Ungarn annektierte in einem Akt der Kraftdemonstration die beiden Provinzen. Berlin war im Vorfeld nicht informiert worden. Die Mächte protestierten. Serbien, wo 1903 ein Umsturz die Österreich-freundliche Politik beendet hatte, mobilisierte; Russland, dessen Außenminister zuvor seine Zustimmung für den Fall einer Annexion angeboten hatte, falls die Monarchie im Gegenzug Russlands Forderung nach freier Durchfahrt durch die Meerengen zum Mittelmeer unterstützen würde, traf Kriegsvorbereitungen. Franz Josephs Außenminister Aloys Lexa von Aehrenthal hatte St. Petersburg über den Zeitpunkt der Entscheidung Wiens nicht in Kenntnis gesetzt und auch die russische Meerengenpolitik nicht unterstützt. Aehrenthal war wie Erzherzog Franz Ferdinand ein Befürworter des Trialismus, sein Kopf war voll von Ideen, wie eine umfassende Reichsreform aussehen könnte. Seine erklärte Absicht war es, mit der »bisherigen Passivität zu brechen«. Der Preis dafür war, dass der als Verteidigungsbündnis gegen Russland geschlossene Zweibund-Vertrag für die Donaumonarchie zu einem »Schicksalsbund« wurde. Kálnoky und Goluchowski, die Vorgänger Aehrenthals, hatten dies stets zu vermeiden gewusst.[266]

Weder Aehrenthal noch Franz Joseph wollten es zum Krieg kommen lassen. Die Krise nahm schließlich auch einen für die Habsburgermonarchie glücklichen Ausgang, wenngleich Österreich in der europäischen Öffentlichkeit das Stigma des Aggressors anhaftete. Bosnien-Herzegowina wurde als »Reichslande« unter die Verwaltung des gemeinsamen Finanzministeriums gestellt. Für Franz Joseph war es wichtig, dass sein Bündnis mit Deutschland die Krise unbeschadet überstanden hatte, noch wichtiger mag für den Habsburger aber gewesen sein, dass sein unter der Last enormer Probleme schwankendes Staatsschiff zu einem Willensakt in der Lage gewesen war, welcher ihm den Rang einer Großmacht sicherte. Aehrenthals Erfolg stellte sich rasch als Pyrrhussieg heraus. 1909 schlossen Russland und Italien ein Abkommen, in dem sie sich verpflichteten, jedem Versuch irgendeiner Macht, den Status quo auf dem Balkan zu verändern, entgegenzutreten. Conrad von Hötzendorf, der Chef des Generalstabes, warnte vor der italienischen Aufrüstung und urgierte militärische Maßnahmen, immer öfter geriet er mit Aehrenthal in Konflikt. Nach der Kriegserklärung Italiens an die Türkei Ende September 1911 befürwortete Conrad einen Präventivkrieg gegen Italien, Serbien und Montenegro. In einer Audienz beim Kaiser bekam der General den Zorn Franz Josephs zu spüren, er »verbiete die Nadelstiche gegen Aehrenthal«, dessen Politik die seine sei. Dann setzte der Kaiser fort: »Meine Politik ist eine Politik des Friedens. Dieser meiner Politik müssen sich alle anbequemen ...«[267] Kurz darauf wurde Conrad »gnädig« entlassen.

Im März 1912 schlossen Serbien und Bulgarien ein Bündnis, dem später Griechenland und Montenegro beitraten. Dieser Vertrag, der unter der Schirmherrschaft Russlands den »Balkanbund« ins Leben rief, richtete sich gegen die Monarchie, wo im Februar Graf Berchtold dem verstorbenen Aehrenthal nachgefolgt war, vor allem aber ging es um die Verteilung der osmanischen Beute. Im Oktober eröffnete Montenegro den Krieg, die Türkei war praktisch wehrlos. Noch einmal, zum letzten Mal, konnte eine internationale Konferenz in London zu einer Regelung finden, die den von den Mächten nach wie vor anerkannten Interessen Österreichs ebenso Rechnung trug wie den nationalen Bestrebungen der Balkanvölker. Die Wünsche der Donaumonarchie nach Sicherheit gegen den Nationalismus auf dem Balkan wurden anerkannt, nur Russland opponierte. Da sich jedoch die Balkanstaaten nicht an die Beschlüsse von London hielten, kam es 1913 zu einem neuen Krieg. In Wien gewann die Kriegspartei an Boden und Franz Joseph kam zur Überzeugung, dass langfristig kein Friede mit Serbien möglich sein würde, denn auf dem langen Weg zu einem »Großserbien« wurden von Belgrad nicht nur Bosnien und Herzegowina beansprucht, sondern auch die kroatischen und slowenischen Gebiete Österreichs und Ungarns.

Die Entfesselung des Weltkrieges

»Um der ›Ehre‹ willen, seiner persönlichen und der des Staates, riskierte der Uralte einen Weltkrieg – aber dafür starben elendig Millionen von einfachen Menschen.«[268]

Die erste, sehr persönliche Reaktion Franz Josephs auf die Ermordung seines Neffen gewährt einen tiefen und erschreckenden Einblick in den eisigen Kosmos seiner Gedanken. Als ihm der erste Generaladjutant, Graf Paar, am späten Vormittag des 28. Juni 1914 von den Ereignissen in Sarajewo berichtet hatte, soll der Kaiser gemurmelt haben: »Entsetzlich! Der Allmächtige lässt sich nicht herausfordern ... Eine höhere Gewalt hat wieder jene Ordnung hergestellt, die ich leider nicht zu erhalten vermochte.«[269] Dieser ungeheuerliche Satz des 84-Jährigen legt ein beredtes Zeugnis von dessen unerschütterlicher Überzeugung ab, dass ein Verstoß gegen eine dynastische Pflicht ein derart schweres Vergehen darstelle, dass der Tod, in diesem Falle die Ermordung, ein durchaus adäquater Akt der Vergeltung sei. Der Herrscher von Gottes Gnaden, als der sich Franz Joseph ungeachtet seiner konstitutionellen Beschränkungen fühlte, fand demzufolge nichts Abartiges an dem Gedanken, dass der göttliche Finger am Abzug jener Waffe obwaltet habe, die Franz Ferdinand und seine eines Habsburgers nicht würdige Gattin niederstreckte. Nach Theodor Sosnotzky wollte der Kaiser zum Ausdruck bringen, »dass der Thronfolger seine durch seine Heirat begangene Versündigung gegen die Tradition der Dynastie und seine Unbotmäßigkeit ihm gegenüber habe büßen müssen ...«.[270] Ganz ähnlich liest sich die Interpretation von Jean-Paul Bled, der in den Worten des Kaisers die Bestätigung dafür sieht, »dass er sich auch nach vierzehn Jahren noch nicht mit einem Kompromiss abgefunden hatte, in den er sich zwar gefügt hatte, der für ihn aber immer noch einen Schandfleck auf der Ehre seines Hauses bedeutete. Sie unterstreichen auch den hervorragenden Stellenwert, den die Dynastie in seinen Gedanken einnahm. Als Hüter einer höheren Ordnung, die er von seinen Vorfahren übernommen hatte, deren Ursprung aber noch über diese hinausreichte, fühlte er sich schuldig, ihre Übertretung zugelassen zu haben.«[271]

Katharina Schratt freute sich sogar über den Tod des Thronfolgers, ihre Reaktion legt nahe, dass der Kaiser auch eine Art persönlicher Befreiung empfunden haben mochte: »Jetzt wird er ihn nicht mehr quälen können. Es war ja schon nicht mehr zum Aushalten! Erbarmungslos hat er dem alten Herrn Szenen gemacht. Und als der Leibarzt Dr. Kerzl gebeten hat, man sollte ihn nicht aufregen, hat es der Thronfolger justament darauf ankommen lassen. Damit den alten Kaiser der Schlag trifft.«[272] Franz Josephs Tochter Marie Valerie schrieb in ihr Tagebuch, dass sie am nächsten Tag »Papa erstaunlich munter« und »nicht persönlich betroffen« angetroffen habe. Im Hinblick auf die Zukunft der Dynastie nahm er sich erneut kein Blatt vor den Mund: »Es ist für mich eine große Sorge weniger!«[273] Er ahnte nicht, dass die unmittelbar bevorstehenden Schritte einen Sturm entfesseln würden, die »Mutterkatastrophe« des 20. Jahrhunderts, den »großen Krieg«.

Bevor ich nun auf diese Schritte zu sprechen komme, sind noch einige Sätze über die infamen Begräbnismodalitäten notwendig (welche vom

Kaiser ausdrücklich gebilligt und sogar erwartet wurden), weil diese unter der unerbittlichen Regie des Obersthofmeisters Fürst Montenuovo als letztes Glied in die lange Kette zeremonieller Demütigungen des »morganatischen« Ehepaars eingefügt wurden. »Was sich dann bei der Überführung der Leichen nach Wien und bei der Leichenfeier gemäß dem Hofprotokoll abspielte«, empörte sich Friedrich Weissensteiner, »war, gelinde gesagt, würdelos, kleinlich und philiströs.«[274] Von einer »Rache an den Toten« schrieb Hellmut Andics,[275] von einem »unrühmlichen Nachspiel« Beate Hammond.[276] Die postumen Nadelstiche wurden mit sicherer Hand geführt. Schon der Umstand, dass die Überführung der beiden Leichen, die am 2. Juli abends am Wiener Südbahnhof angelangt waren, von wo sie in die Kapelle der Hofburg geleitet wurden, zu sehr später Stunde durchgeführt wurde, zog die Mutmaßung nach sich, dass der Kaiser und Montenuovo wohl gehofft hätten, dieses nächtliche Schauspiel möglichst unbemerkt über die Bühne bringen zu können. In der Literatur ist immer wieder auch die Rede davon, dass der Sarg des Thronfolgers auf einen um 35 bis 50 cm höheren Katafalk gestellt worden war als jener der Herzogin, um selbst noch im Tode den sozialen Rangunterschied der Ermordeten zu dokumentieren, doch dieser Verdacht ist womöglich zu Unrecht erhoben worden.[277] Am Vormittag des 3. Juli wurden die Leichen für vier Stunden zur Besichtigung freigegeben. Die Einsegnung fand um 16 Uhr statt, wobei der Kaiser wieder einmal nur seine »Pflicht« erfüllte: »Mit vollkommener Gleichgültigkeit und demselben unbeweglichen Gesichtsausdruck, den er auch bei jedem anderen Anlass seinen Untertanen zu zeigen pflegte, blickte er in der Trauerversammlung herum«, beobachtete Paul Nikitsch, der Privatsekretär Franz Ferdinands.[278] Franz Joseph verließ die Hofburg-Kirche ohne die Särge der Toten noch eines Blickes zu würdigen. Die Kinder des Paares waren nicht anwesend, es wurde befürchtet, dass »die offizielle Trauerzeremonie durch Szenen kindlichen Schmerzes gestört werden könnte«.[279] Die Teilnahme ausländischer Fürsten war mit dem Hinweis darauf, dass dem alten Kaiser die Teilnahme zu vieler Personen zu anstrengend sein würde und außerdem eine schlichte Feier erwünscht sei, verhindert worden. Kaiser Wilhelm II. war daraufhin von einer »plötzlichen Indisposition« befallen worden, der Kronprinz von Rumänien, der bereits nach Wien aufgebrochen war, kehrte wieder um.

Den Olymp der Pietätlosigkeit erklomm Montenuovo mit seiner strikten Weigerung, die Überführung der Toten nach Schloss Artstetten zu organisieren, wo Franz Ferdinand bereits 1909 eine Familiengruft hatte errichten lassen, da er natürlich wusste, dass für seine Frau kein Weg in die Kapuzinergruft führen würde. Wollen wir Nikitsch Glauben schenken, sagte der Fürst, welcher der Überführung ohnehin erst zugestimmt hatte, als er das Testament des Thronfolgers in Händen hielt: »Ich stelle euch die Leichen bis auf die Westbahn, lasse sie noch einwaggonieren und abrollen, dann aber könnt ihr damit machen, was ihr wollt.«[280] Nun waren nicht nur die Angehörigen der ehemaligen »Belvedere-Partei« empört, die sich vor allem daran stießen, dass für ihren Mentor lediglich »Hoftrauer III. Klasse« angeordnet worden war, auch für eine Gruppe von Fürsten, Grafen und Generalen mit dem Fürsten Ernst Rüdiger von Starhemberg an der Spitze war das Maß voll. Sie ließen es sich vom Obersthofmeisteramt nicht verbieten, den Trauerzug, der sich Richtung Westbahnhof in Bewegung setzte, zu begleiten. Nach diesen Vorfällen wurde vereinzelt der Rücktritt Montenuovos gefordert, etwa in der *Arbeiter-Zeitung*. Die Reaktion Franz Josephs war klar und unmissverständlich. In der *Wiener Zeitung* wurde ein kaiserliches Handschreiben veröffentlicht, in dem der Monarch Montenuovos »aufopfernde Hingebung« an seine Person sowie dessen Vorgangsweise »nach dem Hinscheiden Meines geliebten Neffen« würdigte. Er schloss mit den Worten: »Gerne ergreife ich den Anlass, Sie meines wärmsten Dankes und meiner vollen Erkenntlichkeit für Ihre ausgezeichneten treuen Dienste zu versichern.«[281] Damit übernahm der Kaiser die volle Verantwortung für die eben geschilderten Ereignisse.

Am 7. Juli war Franz Joseph bereits wieder in seinem geliebten Ischl, von wo er erst Ende des Monats wieder in die Hauptstadt zurückkehrte. Zu diesem Zeitpunkt freilich waren die »eisernen Würfel des Krieges«, um eine Wendung Bethmann-Hollwegs zu entlehnen, bereits gefallen. Die Rolle der Habsburgermonarchie beim Ausbruch des Weltkrieges wird nach den Worten Manfried Rauchensteiners zumeist »nur so gesehen, dass es nach ... Sarajewo etwas gab, das als ›Julikrise‹ bezeichnet wurde, und dass es dann durch eine Entwicklung, die Österreich nur mehr mittelbar beeinflussen konnte, zum Kriegsausbruch kam. Diese Formulierung und vor allem die Kausalität befriedigen nicht. Denn was durch die Ermordung des österreichischen Thronfolgers in Gang gesetzt wurde, war zwar sicherlich eine Krise, eine europäische Krise, doch der Krieg brach nicht einfach aus. Es war nämlich auch eine geschickte Regie am Werk und das In-Gang-Setzen der Mechanismen, die den Krieg mit sich brachten, war ein zu komplizierter Vorgang, als dass lediglich etwas ›ausgebrochen‹ wäre, wie ein Brand, der durch Selbstentzündung entsteht. Es gab nämlich jemanden, der das Zündholz an die explosive Mischung aus Nationalprestige, imperialistischen Zielen und Träumen, Frustration und letzter Entschlossenheit hielt, und dieser Jemand war Österreich.«[282] In diesen letzten Satz sind in pointierter Form die wichtigsten Hypothesen über die Rolle der Monarchie im Zusammenhang mit dem Ausbruch des Krieges eingewoben, die Ernst Hanisch zu folgender Synopsis geführt hat:[283]

»Die Verteidigungsthese, wie sie die herrschende Ideologie im Sommer 1914 vorgab: Österreich müsse den serbischen Provokationen und dem von Russland gesteuerten Panslawismus eine kräftige Abfuhr erteilen. Nichts Geringeres als die Verteidigung des Abendlandes gegen den barbarischen Osten stehe wieder auf dem Spiel. Gestützt vom Deutschen Reich könne Österreich diesen Krieg wagen, eine Niederlage wäre gegen die Natur, gegen die Geschichte!«

Für viele war dieser Krieg also unausweichlich und er würde eine Auseinandersetzung, ein Kampf zwischen Slawentum und Germanentum werden. Die Sozialdarwinisten gingen von einer ganz bestimmten Voraussetzung aus: Der Stärkere frisst den Schwächeren!

»Die vor allem von Marxisten vertretene These: Der aggressive Imperialismus in Deutschland und Österreich sah im Juli 1914 den Zeitpunkt gekommen, den schon lange geplanten Krieg um die ökonomische Verteilung Europas zu führen.« Diese These konnte freilich nicht nachgewiesen werden, schon gar nicht in Bezug auf Österreich, der Krieg »blieb ganz und gar ein Spiel der Diplomaten«. Vor allem der deutsche Historiker Fritz Fischer, gewiss kein Marxist, vertrat die Auffassung, dass der Mord von Sarajewo lediglich die Gelegenheit - nicht die Ursache - gewesen sei, einen seit Jahren vorbereiteten Krieg um die Vorherrschaft des Deutschen Reiches auszulösen.[284]

Die These, wonach Österreich-Ungarn vor folgender Alternative gestanden wäre: »Verzicht auf die Funktion einer Großmacht oder Flucht nach vorne! Es kann kein Zweifel bestehen, dass diese Alternative tatsächlich die österreichischen Entscheidungsträger bewegte, dass ein Prestigedenken aus dem 19. Jahrhundert zu den Motivketten der Auslösung des Weltkrieges gehörte ... Das Problem war nur, dass Österreich-Ungarn ... längst zu einer Macht zweiter Ordnung herabgesunken war ... Diese gewaltsamen Großmachtprätentionen schlossen freilich eine für Österreich recht typische Todessehnsucht mit ein.« Graf Czernin hatte übrigens bereits Jahre zuvor erklärt, Österreich möge wenigstens »mit einem gewissen Anstand krepieren«.

Die Verknüpfung dieser dritten These mit einer weiteren, der Sozialimperialismus-These, erscheint für Hanisch am plausibelsten. Letztere besagt: »Zur inneren Herrschaftsstabilisierung der dominanten Eliten und zum Neubau eines starken Österreich sei eine aktive, aggressive Außenpolitik notwendig; das hieß im konkreten Fall: der Krieg gegen Serbien. Ein siegreicher Krieg schaffe die Voraussetzungen, den gesellschaftlichen Status quo im Inneren zu erhalten und zu erneuern – gegen die zerstörerischen Tendenzen der Nationalbewegungen und gegen die soziale Dekomposition der Sozialdemokratie. Nur der Krieg könne einen gemeinsamen, übernationalen, habsburgisch-österreichischen Reichspatriotismus emporbringen ... Geplant war dieser Umbau von oben her, autoritär, ohne demokratische Fundierung.«

Auch wenn dies hier nur in Grundzügen möglich ist, so gilt es diese Zusammenschau nun um die konkrete Vorgangsweise der österreichischen Diplomatie unter besonderer Berücksichtigung der Rolle des Kaisers zu erweitern.[285] Dies kann wiederum nur im Kontext der Position Österreich-Ungarns im internationalen System von 1914 geschehen, welches sich auf europäischem Boden über zwei große Allianzblöcke definierte. 1879 war auf Initiative Bismarcks zwischen dem Deutschen Reich und Österreich-Ungarn der Zweibund geschlossen worden,[286] der 1882 um Italien erweitert wurde, womit das Bündnis zum Dreibund mutierte. Dass die Politik Italiens sich – wie jene der anderen Staaten auch – »von seinen eigenen Interessen« leiten ließ, ist freilich ein Gemeinplatz, Rom hatte auch nie ein Hehl daraus gemacht, dass der »sacro egoismo« die Basis italienischer Politik sei.[287] Später stieß noch Rumänien hinzu, welches aber keinen formellen Beitritt aussprach. Dieser fragilen Allianz stand seit 1904 die »Entente Cordiale« gegenüber, das Bündnis von Frankreich und England, das schließlich um Russland erweitert wurde.

Diverse Krisen und Konflikte hatten dazu geführt, dass die Bündnisse ihre Haltung oftmals modifizieren mussten, wobei die unter andauernder Hochspannung stehende Krisenregion Balkan der Kristallisationspunkt schlechthin war. Festzuhalten ist ferner, dass der Einfluss der Generalstäbe auf die komplizierte Mechanik der Bündnisse gar nicht hoch genug eingeschätzt werden kann. Natürlich waren die Interessen der

Mächte nicht erst seit dem Krisensommer 1914 klar verteilt. Die Habsburgermonarchie wollte endlich die Gefahr, die vom ständigen Provokateur Serbien ausging, nachhaltig brechen, wobei der Krieg mit Russland riskiert bzw. in Kauf genommen wurde. Krieg erklären (oder Frieden schließen) konnte Wien allerdings nur »in engem Zusammenhang« mit Deutschland – »und als quasi-unabhängige Großmacht überleben«.[288] Das Deutsche Reich folgte seinem Drang, sich zur hegemonialen Macht in Europa aufzuschwingen, im Kriegsfall sollte unter allen Umständen Frankreich angegriffen werden, gleichgültig wie die Dinge lagen. Deutschlands Vormachtstellung in Europa war wiederum der Angelpunkt für die britischen Überlegungen, die weit über den Erhalt der »balance of Power« hinausgingen. London fürchtete auch um die Kolonien. Der Blick Frankreichs ruhte auf Elsass-Lothringen und dem Wollen, den alten Rivalen Deutschland zu schwächen. Für Russland schließlich war Österreich-Ungarn der große Konkurrent auf dem Balkan, wo es die Vorherrschaft zu erringen galt.

Kronprinz Rudolf hatte seinen Vater bereits 1888 davor gewarnt, anonym natürlich, auf dem Balkan zu expandieren: »Sie haben einen Fuß nach dem Balkan gesetzt, das ist mit einem Fuße in's Grab gestiegen, das Ihnen Ihr angeblich bester Freund aushöhlt.«[289] Ein Vierteljahrhundert später sollte es nun tatsächlich der Balkan sein, wo der Kaiser auch den zweiten Fuß ins sprichwörtliche Grab setzte. Dabei kann Franz Joseph nicht der Vorwurf gemacht werden, er wäre überhastet vorgegangen und energischen Schrittes in den Untergang gewandert. Sein Ausspruch aus dem Jahre 1912 – »Ich will keinen Krieg, ich habe immer nur Unglück mit Kriegen gehabt, wir werden siegen und Provinzen verlieren!« – ist zwar glaubhaft, doch aufgrund dieses Satzes und ähnlicher Aussagen anzunehmen, Kaiser Franz Joseph wäre der Frieden über alles gegangen, etwa auch über die »Ehre seines Hauses«, ist gänzlich verfehlt. Ihm ging der Verlust von Provinzen mehr zu Herzen als der Verlust von Menschenleben, worin er sich von anderen gekrönten Häuptern aber keineswegs unterschied.

Im Mai 1914 hatte Franz Joseph seinem Generalstabschef Conrad von Hötzendorf »mit Allerhöchster Befriedigung allergnädigst« eine Dienstreise zu dessen Kollegen Moltke bewilligt. Der Österreicher und der Deutsche besprachen die politische Lage »und das Festhalten an unseren bisherigen Vereinbarungen für den gemeinsamen Kriegsfall«. Als ihn Moltke fragte, warum die Donaumonarchie nicht bereits 1909, 1912 und 1913 »losgegangen« sei, antwortete Conrad: »Im letzten Moment war Seine Majestät dagegen.« Am Ende des Gespräches ging es darum, wie lange es im gemeinsamen Krieg gegen Russland und Frankreich dauern würde, bis Deutschland Frankreich niedergerungen hätte, um sich an der Seite Österreichs gegen Russland wenden zu können. Nachdem Moltke von sechs Wochen gesprochen hatte, erwiderte Conrad bitter: »Also mindestens sechs Wochen müssen wir unseren Rücken herhalten gegen Russland.«[290] Dies aber war nur die logische Folge des deutschen »Schlieffen-Planes«, den Conrad bereits 1909 »mit Wissen und Ermächtigung des Kaisers ... in einem schriftlichen Vertrag mit dem deutschen Generalstabschef in voller Kenntnis der militärischen Konsequenzen freiwillig als Basis der Operationen in einem gemeinsamen Krieg gegen Russland, Frankreich, Serbien, Montenegro, nun auch Rumänien und wahrscheinlich England und Italien akzeptiert hatte«.[291] Der obsessive Präventivkrieger Conrad war es dann auch, der unmittelbar nach dem Attentat die Mobilmachung verlangte. Man müsse den »Knoten gewaltsam durchhauen«, lautete seine Maxime, da ansonsten das Prestige der Habsburgermonarchie zerbröseln würde. Franz Joseph und Außenminister Berchtold, die grundsätzlich derselben Meinung waren, wollten zunächst das Untersuchungsergebnis aus Sarajewo abwarten und der Rückendeckung durch das Deutsche Reich sicher sein. Als Berchtold den Kaiser zum ersten Mal nach dem Attentat traf, fand dieser ihn sehr, sehr mitgenommen vor, er hatte Tränen in den Augen und wollte »über die Zukunft der habsburgischen Herrschaft beruhigt werden«. Er soll so aufgeregt gewesen sein, dass er Berchtold die Hand reichte und ihn einlud, sich zu ihm zu setzen – eine außergewöhnliche Ehre.[292] Die Bemühungen einer Gruppe von Diplomaten am Wiener Ballhausplatz, »alles Erdenkliche« zu unternehmen »um den noch unentschlossenen Grafen Berchtold zum Krieg zu drängen«[293], war schließlich von Erfolg gekrönt. Aus dem »Zauderer« von 1913 war ein konsequenter Befürworter eines Schlages gegen Serbien geworden, wobei mit Nachdruck auf den Einfluss seines Kabinettschefs Alexander Hoyos, des Sektionschefs János Forgách sowie dessen engen Mitarbeiters Freiherr Musulin hinzuweisen ist, welche die »Falken« im Außenamt anführten. Helmut Rumpler lässt keinen Zweifel daran, dass schließlich nicht das Drängen Conrads und Krobatins, des Kriegsministers, zur Entscheidung für den Krieg geführt habe, »sondern die Überzeugung der Diplomaten, dass der Angriff der serbischen Nationalbewegung auf Bosnien-Herzegowina letztlich auf den gesamten südslawischen Raum der Monarchie gerichtet war«.[294] Auch Hugo Hantsch erklärte, dass es Berchtold war - getrieben von der erwähnten Aristokratenclique -, der die »Zündung zur Explosion des Weltkrieges« legte.[295] Dass der Kaiser die Erlaubnis zur Entfachung des Streichholzes gab, wird freilich allzu oft vergessen.

In dieser Kriegsstimmung war der ungarische Ministerpräsident Graf Tisza die einzige Stimme der Mäßigung. Am 1. Juli teilte er dem Kaiser mit, er würde einen Angriffskrieg gegen Serbien »für einen verhängnisvollen Fehler halten«. Österreich würde »vor der ganzen Welt als die Friedensstörer dastehen und einen großen Krieg unter den ungünstigsten Umständen anfachen«. Auch könne man sich der Bündnistreue Deutschlands nicht sicher sein.[296] Franz Joseph war sich über die eingeschlagene Politik »wohl vollkommen im Klaren - und er billigte sie. So wie er auch schon 1913 bereit gewesen war, gegen Serbien Krieg zu führen und damit einen europäischen Krieg auszulösen, wollte er sich auch jetzt den Empfehlungen seiner verantwortlichen Minister und Militärs nicht widersetzen.«[297] Doch er wollte Sicherheiten, wusste man doch in Wien Anfang Juli über die Haltung Berlins nur sehr ungenügend Bescheid. Um Klarheit zu erlangen wurde Hoyos, der am 5. Juli in Berlin ankam, mit einem Memorandum über die Balkanpolitik und einem persönlichen Handschreiben Franz Josephs, in welchem der Habsburger an die Bündnistreue von Wilhelm II. appellierte, zum deutschen Kaiser entsendet. In diesem Schreiben wird das Attentat von Sarajewo »als direkte Folge der von den russischen und serbischen Panslawisten betriebenen Agitation« bezeichnet, »deren einziges Ziel die Schwächung des Dreibundes und die Zertrümmerung meines Reiches ist«. Die Politik Belgrads würde solche Verbrechen fördern, sie sei »eine dauernde Gefahr für mein Haus und für meine Länder«. Die Friedenspolitik aller europäischen Monarchen sei bedroht, »solange dieser Herd von verbrecherischer Agitation in Belgrad ungestraft fortlebt«.[298] Für Franz Joseph war die Konfrontation mit Serbien also unvermeidbar geworden, auch wenn er geflissentlich das Wort »Krieg« zu vermeiden trachtete.

Bei seiner Rückkehr nach Wien am 7. Juli hatte Hoyos den berühmten »Blankoscheck« im Gepäck, der deutsche Kaiser würde es sogar »bedauern«, »wenn wir den jetzigen, für uns so günstigen Moment unbenützt ließen«. Bethmann-Hollweg erteilte wie sein Kaiser Wien den dringenden Rat, sofort zu handeln. Noch am 7. Juli fand ein gemeinsamer Ministerrat statt, in dem nur noch Tisza gegen den Plan plädierte, Serbien entweder gleich anzugreifen oder aber ein Ultimatum auszuarbeiten, dessen Forderungskatalog für Belgrad unannehmbar sein würde. In dieser Sitzung wurde auch bereits der wahrscheinliche Verlauf eines europäischen Krieges diskutiert. Zwei Tage später war Berchtold bei Franz Joseph und empfahl, eine Begehrnote (Ultimatum) nach Belgrad zu senden um »das Odium einer Überrumpelung Serbiens« zu umgehen, dessen Regierung ins Unrecht zu setzen und außerdem »Rumänien als auch England eine wenigstens neutrale Haltung wesentlich (zu) erleichtern«.[299] Der Kaiser stimmte diesem Vorschlag zu, weil er befürchtete, »dass eine schwächliche Haltung unsere Stellung Deutschland gegenüber diskreditieren würde«.[300] Am Vortag hatte er eine Eingabe Tiszas, in der dieser eindringlich vor einem Angriff auf Serbien warnte, da dieser »die Intervention Russlands und somit den Weltkrieg heraufbeschwören würde«, ad acta gelegt. Die Gegenwehr des Ungarn währte allerdings nur mehr wenige Tage, am 14. Juli gab er nach. Im gemeinsamen Ministerrat vom 19. Juli stimmte er bereits der Absendung der Begehrnote an Belgrad zu. Die Möglichkeit, die Empörung über den Mord am Thronfolger auszunützen und mit einem raschen Angriff über Serbien herzufallen, war zu diesem Zeitpunkt bereits vertan. Am 23. Juli wurde in Belgrad das mit 48 Stunden befristete Ultimatum überreicht. Die Forderungen waren bewusst so formuliert worden, dass sie nicht vorbehaltlos erfüllt werden konnten. 48 Stunden hatte die serbische Regierung Zeit um ihre Entscheidung bekannt zu geben. Als die Antwort in Ischl beim Kaiser eintraf, war der Krieg praktisch da. Belgrad hatte nicht alle Punkte akzeptiert und mit der Mobilmachung begonnen. Die diplomatischen Beziehungen wurden abgebrochen.

Wie konsequent die Auslösung des Krieges seitens der Monarchie betrieben wurde, zeigt die Genesis von Franz Josephs (Kriegs-)Proklamation »An Meine Völker«, die parallel zur Begehrnote an Serbien ausgearbeitet wurde und schon am 20. Juli fertig gestellt war.[301] Tisza und der Kaiser hatten später nur noch kleine Änderungen einfügen lassen. Rauchensteiner macht darauf aufmerksam, dass eben diese Genesis jener Auffassung widerspricht, »der Abbruch der diplomatischen Beziehungen hätte ja nicht schon Krieg bedeuten müssen, und vor allem der Kaiser hätte – so sein Adjutant ... Margutti – gemeint, dass es diese Konsequenzen nicht geben müsse. Der Kaiser war sich dessen durchaus bewusst.«[302] Am Abend des 25. Juli gab Franz Joseph Kriegsminister

Krobatin den Befehl zur Mobilisierung für den »Kriegsfall Balkan«. Krobatin schrieb über diesen Augenblick: »Noch einmal trat der Ausdruck schmerzlicher Seelenpein in das gütige Auge des Monarchen, dann sah es so aus, als ob er sich dem Unentrinnbaren, einer höheren Gewalt, beugen würde, die ihm jeden anderen Weg verstellte, und endlich entrang sich fast tonlos seinen Lippen: ›Gehen Sie, ich kann nicht anders.‹«[303]

Am 27. Juli legte Berchtold, der einen neuerlichen Vermittlungsversuch befürchtete und vollendete Tatsachen schaffen wollte, dem Kaiser die Kriegserklärung an Serbien zur Unterzeichnung vor.[304] Der Text der Kriegserklärung, der Franz Joseph vorgelegt wurde, enthielt eine Passage über das so genannte »Gefecht« bei Temes Kubin, wobei es sich freilich um eine Falschmeldung handelte. Womöglich wurde die Meldung über ein solches Gefecht sogar »bestellt«. Serbien hatte am 26. Juli kein Gefecht provoziert, was Berchtold spätestens am 28. Juli wusste. Die entsprechende Passage strich er einfach aus der Kriegserklärung heraus, dem Kaiser wurde dieser Umstand allerdings erst am 29. Juli in einem »Alleruntertänigsten Vortrag« gemeldet. Allzu erregt dürfte Franz Joseph nicht gewesen sein, »er war sich wohl nur zu sehr der Notwendigkeit bewusst, den Krieg, den er vorzubereiten geholfen hatte, auch zu entfesseln«.[305] Am 28. Juli erklärte Österreich-Ungarn Serbien den Krieg. »Der Blankowechsel war eingelöst«, urteilte Crankshaw knapp.[306] Die Bevölkerung nahm die Kriegserklärung mit patriotischer Begeisterung auf, vergessen schienen der nationale Hader und die sozialen Gegensätze. Von der Verblendung auch zahlreicher Intellektueller zeugt der Satz Freuds vom 31. Juli: »Ich fühle mich vielleicht zum ersten Mal seit 30 Jahren als Österreicher und möchte es noch einmal mit diesem wenig hoffnungsvollen Reich versuchen.«[307]

Die Verteidiger Franz Josephs zeichnen insbesondere den Greis mit Vorliebe als Getriebenen, als schlecht oder falsch informiert, als einen Herrscher, dem man das Gesetz des Handelns untertänigst aus der Hand genommen habe. Der Habsburger wird exkulpiert, indem seine Fehlentscheidungen in den Verantwortungsbereich der jeweiligen Mitarbeiter abgeschoben werden: »... hätte er seine Minister und Generale zurückhalten können?«, lautet eine dafür exemplarische Frage von Palmer.[308] Als Außenminister Andrássy einmal von einigen Abgeordneten angegriffen wurde, hatte Franz Joseph erklärt: »Sie reden immer von der Politik Andrássys, vergessen Sie nicht, das ist *meine* Politik.«[309] Ein Menschenalter später gebrauchte er ganz ähnliche Worte, als er seinen Minister Aehrenthal verteidigte: »Diese fortwährenden Angriffe, ... die sich immer wiederholen, die richten sich gegen *mich*; Die Politik mache *ich*, das ist *meine* Politik.«[310] Bereits Redlich hat auf den großen Anteil Franz Josephs an der Außenpolitik hingewiesen: »Man kann schon von der Zeit von 1867 bis 1879, aber nicht minder auch von den folgenden Jahrzehnten behaupten, dass Franz Joseph in der Außenpolitik ... immer der entscheidende richtunggebende Faktor geblieben ist, dass in der großen Machtpolitik und diplomatischen Arbeit der Wiener Kabinetts nie etwas geschehen ist, was dem Kaiser wider seinen Willen etwa aufgedrungen worden wäre.«[311]

Die Verteidigung der Würde und des Status seines »Hauses« war m. E. der wichtigste Grund für Franz Joseph, nach Jahrzehnten des Friedens noch einmal das Schwert zu ziehen. Dafür nahm er alle Konsequenzen in Kauf. »Wenn die Monarchie schon zu Grunde gehen soll«, meinte er am 30. Juli, »dann soll sie wenigstens anständig zu Grunde gehen.«[312] In seinem Kriegsmanifest finden sich für Franz Joseph so typische Schlüsselbegriffe wie »Ehre«, »Pflicht« oder die »Vorsehung«, doch die etwa von Karl Kraus verfochtene Auffassung, der Kaiser wäre höchstselbst der Verfasser dieses klangvollen Textes gewesen, ist falsch.[313] Dass sich Franz Joseph mit Stil und Inhalt des Textes, der abschließend hier wiedergegeben wird, zu identifizieren wusste, ist hingegen evident: »An meine Völker! Es war Mein sehnlichster Wunsch, die Jahre, die Mir durch *Gottes Gnade* noch beschieden sind, Werken des Friedens zu weihen und *Meine Völker* vor den schweren Opfern und Lasten des Krieges zu bewahren. Im Rate der *Vorsehung* ward es anders beschlossen. Die Umtriebe eines hasserfüllten Gegners zwingen Mich, zur Wahrung der *Ehre Meiner Monarchie*, zum Schutze ihres Ansehens und ihrer Machtstellung, zur *Sicherung des Besitzstandes* nach langen Jahren des Friedens zum Schwerte zu greifen ... Ich vertraue auf *Meine Völker*, die sich in allen Stürmen stets in Einigkeit und Treue um *Meinen Thron* geschart haben und für die *Ehre,* Größe und Macht des Vaterlandes zu schweren Opfern immer bereit waren. In dieser ernsten Stunde bin ich Mir der ganzen Tragweite Meines Entschlusses und Meiner Verantwortung vor dem *Allmächtigen* voll bewusst. Ich habe alles geprüft und erwogen. Mit ruhigem Gewissen betrete ich den Weg, den die *Pflicht* Mir weist.« (Anm.: Hervorhebungen durch den Autor) Die Risiken des großen Krieges standen dem pessimistischen Greis klar vor Augen. »Ob dieser Krieg glücklich für uns ausgehen wird«, fragte er sich bereits 1914, »schon jetzt deutet alles auf das Gegenteil hin.«[314] Seinen Nachfolger Erzherzog Karl, der als 29-jähriger Korpskommandant über Nacht Oberster Kriegsherr eines in allen Fugen krachenden Reiches geworden war, hatte er in die Regierungsgeschäfte ebenso wenig Einsicht nehmen lassen wie zuvor Rudolf und Franz Ferdinand, auch wenn er ihn nicht »absichtlich verdummen« ließ, wie Conrad einmal zynisch in den Raum stellte.[315] Eine noch geringere Meinung von Karl hatte Koerber, der gesagt haben soll: »Der alte Kaiser war 60 Jahre lang bemüht die Monarchie zu Grunde zu richten und hat es nicht zu Stande gebracht, der junge wird das in zwei Jahren fertig bringen.«[316]

6. Die Vorboten einer neuen Zeit im Abendrot der Monarchie

Zur Genesis von Politik, Staat und Gesellschaft[1]

Die Verfassungsfrage und die Politisierung der Massen

Allgemeines

Überall im alten Europa stand die zähe Herausbildung (vor-)demokratischer Spielregeln in enger Verbindung mit der Entwicklung der materiellen gesellschaftlichen Verhältnisse. Das menschliche Bewusstsein ist von diesen Verhältnissen geprägt, und nachdem sich diese ständig verändern, müssen sich in einem Nachziehverfahren auch die politischen Entscheidungseinrichtungen anpassen, wobei Demokratieentwicklung stets mit weltanschaulichen bzw. ideologischen Positionen in einem unmittelbaren Zusammenhang steht, ebenso mit den sozialen Gegensätzen und Kräfteverhältnissen innerhalb einer Gesellschaft. Not, Elend und Armut begleiteten die voranschreitende Industrialisierung im 19. Jahrhundert. Da die »Hungerlöhne« für das Überleben kaum ausreichten, traf die Verarmung nicht nur Arbeitslose, Bettler, Vagabunden, Kranke und Alte, sondern vermehrt auch die Masse der arbeitenden Menschen. Offiziell anerkannt wurde diese Armut nach den in der Monarchie geltenden Landesarmengesetzen aber nicht, wer arbeitete, der war auch nicht arm. Infolge der Gesetze des kapitalistischen Arbeits-

marktes kam es zu Landflucht und Urbanisierung, sozialer Entwurzelung und Verlust von Identität, zu Armut und Arbeitslosigkeit.
Der eklatante Widerspruch zwischen der ökonomischen Bedeutung der neu entstandenen sozialen Klassen des Bürgertums und des Proletariats und deren mangelnder Partizipationsmöglichkeiten entlud sich 1848. Damals begannen sich im Ansatz jene Strukturen herauszubilden, die für den bürgerlichen Staat typisch sind: eine Konstitution, ein Parlament, diverse politische Beteiligungsrechte und die kommunale Selbstverwaltung. Doch gegen Ende des Revolutionsjahres hatten sich alle Hoffnungen zerschlagen. Da die reaktionären Kräfte wieder die Oberhand erlangten, kam es nicht mehr zur endgültigen Verabschiedung einer Verfassung, wenngleich vom noch relativ frei gewählten Parlament im März 1849 ein Entwurf vorgelegt wurde (»Kremsierer Entwurf«). Die nächsten Jahre regierte Franz Joseph absolut, ohne Parlament, nach dem Tode Schwarzenbergs sieben Jahre auch ohne Ministerpräsident (»Silvesterpatent« von 1851). Diese Periode der Restauration, des Neoabsolutismus, wurde erst in den 1860er-Jahren durch bescheidene konstitutionelle Ansätze aufgeweicht.[2] Die limitative, die Herrschaft des Monarchen beschränkende Funktion einer Konstitution war gerade für die in den Bahnen des Gottesgnadentums wandelnden Habsburger eine Provokation. Kaiser Franz hatte bekräftigt, dass er alles daran setzen würde, um »die Souveränitätsrechte ungeschmälert aufrechtzuerhalten und jeden Angriff auf sie energischst abzuwehren. Darin erblicke man eigentlich die Herrscheraufgabe.«[3] Einen von der Dynastie losgelösten Staatsgedanken vermochte auch sein Enkel nicht zu entwickeln. Im August 1851 schrieb Franz Joseph seiner Mutter: »... wir haben das Konstitutionelle über Bord geworfen und Österreich hat nur mehr e i n e n Herrn. Jetzt muss aber noch fleißig gearbeitet werden.«[4] Am Rand des Briefes notierte Sophie: »Gott sei gelobt.«
Der Weg zum österreichischen Verfassungsstaat war hochgradig exogen, der Kaiser thronte nicht am Steuerruder dieser Entwicklung, er besetzte vielmehr die Rolle des Dulders eines Nachziehverfahrens, das seinen Weg über zwei blutgetränkte Schlachtfelder nahm. Die Niederlage bei Solferino (1859) verlieh dem Verfassungsleben einen Schub, doch waren das »Oktoberdiplom« von 1860 und das »Februarpatent« von 1861 nur Schachzüge, die der Angst eines Herrschers vor seinem unzufriedenen Volk entsprungen waren. »Der bankrotte Absolutismus setzt sich eine Pappnase auf, genannt Verfassung, um der Öffentlichkeit ein

paar Kupfermünzen zu entlocken«, urteilte Louis Eisenmann. Einen wesentlich kräftigeren Schub bewirkte schließlich die Niederlage bei Königgrätz (1866). Die Verfassungsentwicklung kreiste im Wesentlichen um die Forderungen und Errungenschaften von 1848: »Bis Ende 1851, da man an ihnen festhält oder festzuhalten vorgibt; bis 1867, da man von ihnen deutlich abrückt und Gegenmodelle zu realisieren sucht; ab 1867, da man doch zu den Ideen und der Verfassungskonstruktion von 1848 zurückkehrt - wenngleich mit Vorbehalten, die in der Folge zögernd und nur teilweise abgebaut werden.«[5]

Der Verfassungsstaat kam vor den Massenparteien und war eng mit der Entfaltung eines so genannten »Privilegienparlamentarismus« verbunden. Die klassischen Honoratiorenparteien konstituierten sich in einer sehr unverbindlichen Organisationsform als »Clubs«. Zu Wahlzeiten schloss man sich zu Wahlkomitees zusammen, die wiederum mit bestimmten Vereinen in Verbindung standen. Die verschiedenen Spielarten des Liberalismus repräsentierten das Bürgertum, freie Berufe und die Wissenschaft sowie den kapitalistisch ausgerichteten Großgrundbesitz, die Konservativen hingegen vertraten den übrigen Grundbesitz und die Anliegen der katholischen Kirche.

Das Reich war seit dem Ausgleich von 1867 zweigeteilt und hieß seitdem Österreich-Ungarn.[6] Der »k. u. k«-Staat bestand aus Cis- und Transleithanien. »K. u. k« stand für den Gesamtstaat, das Kürzel »k. k.« für die westliche Reichshälfte, »k« für Ungarn. In Franz Joseph hatte der Staat ein gemeinsames Oberhaupt, ebenso existierte ein gemeinsames Außen-, Finanz- und Kriegsministerium, sowohl die österreichische (»Die im Reichsrate vertretenen Königreiche und Länder«) als auch die ungarische Reichshälfte hatten aber eigene Regierungen mit eigenen Ministerpräsidenten sowie eigene Parlamente. Um gemeinsame Gesetze beschließen zu können, trafen sich »Delegationen« um den kleinsten gemeinsamen Nenner zu finden. Alle zehn Jahre fanden höchst schwierige, von Krisen begleitete »Ausgleichsverhandlungen« statt, in welchen es um den finanziellen Schlüssel für die gemeinsamen Ausgaben ging. Anders als in der (straff organisierten) magyarisierten Reichshälfte, in der Ungarisch Staatssprache war, herrschte in der heterogenen cisleithanischen Reichshälfte ein babylonisches Sprachengewirr. Die vielfältigen Probleme spiegelten sich in den rasch wechselnden, unstabilen Regierungen und im zumeist arbeitsunfähigen, vom Nationalitätenhader gehemmten Parlament wider. Von den 28,5 Mio. Einwohnern, die Cisleithanien 1910 hatte, waren (etwa) 10 Mio. Deutsche, 6,5 Mio. Tschechen, Mährer und Slowaken, 5 Mio. Polen, 3,5 Mio. Ruthenen, 1,25 Mio. Slowenen, 800 000 Serbokroaten, 770 000 Italiener, 11 000 Magyaren und 500 000 Ausländer. Die Völker weigerten sich den Namen »Österreich« als den ihren zu akzeptieren, da in diesem Namen die Vorherrschaft der Deutschen anklang. Auch die Weigerung, Deutsch als Staatssprache zu akzeptieren, hatte hier ihre Wurzeln.[7]

1867 (und später) hätte die Möglichkeit zu einem radikalen Umbau des Kaisertums Österreich gemäß der Idee der Vereinigten Staaten (oder Nationen) von Österreich bei einer Gleichberechtigung der elf Nationalitäten bestanden, doch das deutschösterreichisch-liberale Bürgertum und die ungarische Aristokratie waren nicht bereit auf ihre privilegierte Stellung zu Gunsten des Wohles des Gesamtstaates zu verzichten. Mit der dynastischen Gesamtstaatsidee wäre es durchaus vereinbar gewesen, wenn anstelle der historischen Kronländer die Nationalitäten getreten wären. Österreich-Ungarn einfach nur als »Völkerkerker« zu betrachten, der die Donaumonarchie für Millionen gewiss *auch* war, wäre zu einfach. Vom Tschechenführer Palacky bis zum alternden Kossuth traten führende Politiker für den Erhalt der Monarchie ein, so unterschiedliche Männer wie Karl Renner, Otto Bauer, Oscar Jászi oder Josef Redlich bemühten sich in den letzten Friedensjahren um die Neuorganisation des Staates, Bemühungen, die sich alle in irgendeiner Form um die *Idee der Vereinigten Staaten von Großösterreich* drehten, wie ein Buchtitel des Rumänen Aurel Popovici lautet. Überlegungen, den Dualismus zu beenden, duldete Franz Joseph nicht, ein auch von ihm befürworteter Ausgleich mit Böhmen, der 1871 durch das konservative Kabinett Hohenwart-Schäffle auf Basis von »Fundamentalartikeln« angestrebt wurde, durfte diesen Rahmen nicht verlassen. Auf Drängen Beusts und speziell Andrássys machte Franz Joseph aber wieder einen Rückzieher, womit auch diese Chance vertan worden war.[8] Das Prestige der Krone in der öffentlichen Meinung Böhmens hatte damals einen schweren Schlag erhalten.

Dass 1867 auch der Durchbruch zum Verfassungsstaat (Verfassung vom 21. Dezember) bzw. zum (Halb-)Parlamentarismus gelingen konnte, war ein Verdienst des politischen Liberalismus. Aufgrund des Vereins- und Versammlungsrechts war es nun möglich, neue Foren politischer Beteiligung zu gründen. Die bisher rechtlosen Massen der Lohnarbeiter und die Gewerbetreibenden begannen sich unter der Führung einiger Intellektueller zu organisieren, es bildeten sich die Massenparteien. Das Identifikationsmerkmal der Massenparteien war, dass sie sich ohne Ausnahme aus einer ausgeprägten, geschlossenen Opposition gegenüber dem herrschenden Liberalismus konstituierten. Im »Linzer Programm« von 1882 traten neben der Forderung nach einer Ausweitung des Wahlrechts und der Sozialgesetzgebung auch (deutsch-)nationalistische Forderungen zu Tage. Interessant ist, dass an der Ausarbeitung dieses Programmes neben dem radikalen Deutschnationalen Georg von Schönerer auch die (späteren) Sozialdemokraten Victor Adler und Engelbert Pernerstorfer sowie der (spätere) Christlichsoziale Robert Pattai beteiligt waren.

Der Hof und die Hocharistokratie wurden von diesen Entwicklungen nicht tangiert, man lebte in einer anderen Welt. »Abgehoben von diesen sich in politischen ›Lagern‹ formierenden sozialen Schichten lebte einerseits der Hochadel, der noch immer die staatstragenden hohen Beamtenpositionen einnahm, und die ›Ringstraßengesellschaft‹. Klein an Zahl, aber bedeutsam an geistiger Ausstrahlung hüllte sie in Wissenschaft und Kunst die Donaumonarchie in einen unsterblichen Abendglanz.«[9]

Das cisleithanische Parlament, der Reichsrat, bestand zwischen 1867 und 1918 aus zwei Kammern, eine als Herrenhaus bezeichnete feudale Ständekammer und das Abgeordnetenhaus, welches zu Beginn allerdings noch von den Landtagen beschickt und nicht direkt gewählt wurde. Die vom Kaiser ernannten Minister waren dem Reichsrat rechtlich, nicht aber politisch verantwortlich, was bedeutete, dass das Kabinett auch gegen die parlamentarische Mehrheit regieren konnte. Außerdem besaß der Kaiser ein Notverordnungsrecht, von welchem Franz Joseph in seinen letzten Regierungsjahren exzessiv Gebrauch machte. Ernst Viktor Zenker schrieb einmal: »Das österreichische Parlament ist das schwächste, wenn schon nicht der Welt, so doch der Kulturwelt.«[10]

In den Jahren zwischen 1873 und 1907 wurde zumindest das Wahlrecht stufenweise erweitert.[11] 1873 wurde für den Reichsrat ein Kurienwahlsystem eingeführt, welches die besitzenden Schichten stark bevorzugte. In drei Kurien (Großgrundbesitzer, Städte, Handels- und Gewerbekammern) wurde direkt gewählt, in der Kurie der Landgemeinden durch Wahlmänner indirekt. 1882 wurde das Wahlrecht durch die Senkung der Mindeststeuerleistung von zehn auf fünf Gulden ausgeweitet (»Taaffe'sche Wahlreform«). 1896 kam eine fünfte Kurie hinzu, die allgemeine Wählerkurie (»Badenische Wahlreform«). Alle männlichen Staatsbürger über 24 Jahren erhielten das allgemeine Wahlrecht, welches jedoch kein gleiches war, da die einzelnen Kurien ungleich gewichtet waren. Außerdem existierte eine Sesshaftigkeitsklausel von sechs Monaten. Erst nach friedlichen Massendemonstrationen wurde 1907 (mit Zustimmung Franz Josephs) in Cisleithanien das allgemeine und gleiche Männerwahlrecht eingeführt (»Beck'sche Wahlreform«), das Kuriensystem wurde abgeschafft. Die Einführung des allgemeinen, gleichen und direkten Wahlrechts ohne Unterschied des Geschlechts blieb 1918 der Republik vorbehalten.

Die Formierung der Lager

Liberale, Konservative und Deutschnationale

Die diversen Gruppierungen des Liberalismus, richtig verstanden als Interessenvertretungspartei(en), wurden durch das Bürgertum und den Großgrundbesitz repräsentiert, ebenso durch Freiberufler und Wissenschafter. Bis 1896 waren die Vertreter des deutschen Liberalismus die führende parlamentarische Kraft, bis 1879 hatten sie die Mehrheit inne.[12] Schließlich zerfielen sie in verschiedene »Clubs«, den klassischen Organisationsmodus der Honoratiorenparteien. Die Liberalen verdankten jedoch ihre Stärke mehr dem Wahlrecht als ihrer numerischen Kapazität. Die zentralistisch gesinnten Liberalen waren, trotz ihrer Toleranz, nicht fähig das nationale Problem zu lösen. An essenziellen demokratischen bzw. parlamentarischen Errungenschaften hatten sie kein Interesse, da dies zwangsläufig zu einer Verlagerung ihrer Macht auf die quantitativ bedeutsameren Gruppen der Arbeiter, Bauern und Kleinbürger führen musste. Der Umstand, dass der politische Liberalismus auch die Heimstatt des ökonomisch wichtigen assimilierten Judentums war, führte zu Angriffen und reichlich geschmacklosem Spott, der in der Zuschreibung »Judenliberale« gipfelte. Innerhalb des Liberalismus führte diese Polemik mit der Zeit zu einer Art von »Nationalisierungsschub«, der die Trennung von zahlreichen jüdischen Parteigängern auslöste. Gegen das Heraufdämmern der Massenparteien konnte der Liberalismus keine Kräfte mehr mobilisieren, allmählich ging er im Deutschliberalismus auf. Als politische Grundorientierung jedoch verschwand er nicht, beinahe alle führenden Unternehmer, Wissenschafter, Journalisten, Ärzte und Rechtsanwälte der untergehenden Donaumonarchie fühlten sich im Prinzip den Ideen des Liberalismus verpflichtet. Und wenngleich nur relativ kurz an der Macht, so verdankt die Monarchie der liberalen Ära doch vieles.

Liberale und Deutschnationale[13] hatten neben dem Antiklerikalismus, dessen sich aber auch die Sozialdemokratie eifrig bediente, noch eine andere grundlegende Gemeinsamkeit, vom sozialen Rekrutierungsfeld einmal abgesehen: die parteimäßige Zersplitterung. Erst im Jahre 1911 schlossen sich mehrere deutschnationale Gruppierungen zusammen und bildeten den »deutschen Nationalverband«, der zur größten Fraktion im Abgeordnetenhaus werden sollte. Unter sechs deutschnationalen Parteien ist neben der »Deutschen Arbeiterpartei«, einer Vorläuferin der NSDAP, die ebenfalls extreme »Alldeutsche Partei« Schönerers zu erwähnen. Beide Gruppierungen waren klein, kleiner und unbedeutender als beispielsweise die »Deutsche Volkspartei«. Schönerers rüder Antiklerikalismus, sein rassistischer Antisemitismus, seine von Pathos erfüllte Preußen-Verherrlichung, die wiederum mit einer unverhohlen zum Ausdruck gebrachten Habsburg-Antipathie einherging, machten ihn und seine Gruppierung nicht mehrheitsfähig. Für den rassistischen Fanatiker war der Antisemitismus »der Eckpfeiler nationaler Politik, die größte nationale Leistung des 19. Jahrhunderts«.[14] Das Ziel aller Politik sah er in der »vollständigen Zerstörung des Unterlegenen«, im »totalen Sieg«.[15] 1888 ging Schönerer sogar seines Adelstitels verlustig, nachdem er gewaltsam in die Redaktion einer Zeitung eingedrungen und gegen die Journalisten tätlich geworden war, nur weil diese verfrüht den Tod des Deutschen Kaisers Wilhelm I. gemeldet hatten. 1911 erhielten die Alldeutschen, die sich der Sammelbewegung des »Deutschen Nationalverbandes« nicht anschließen wollten, lediglich vier Mandate.

Als der katholischen Kirche im Jahre 1869 die Schulaufsicht wieder entzogen wurde und sich das liberale Regime zur Aufkündigung des Konkordats aus 1855 entschloss, erlebten die Konservativen so etwas wie ein »Erweckungserlebnis«. Unter geschickter Nutzung des weit verzweigten Netzes katholischer Pfarren wurde einerseits eine antiliberale Stimmung erzeugt, andererseits gelang es durch die Gründung von so genannten »Pressvereinen«, das »flache Land« publizistisch zu erobern. Von diesem Zeitpunkt an zeichneten sich die »älteren« Konservativen eher durch Untätigkeit aus, man ließ den Kaiser und die Landtage entscheiden. Diese Haltung lässt bereits auf die Rekrutierungsbasis schließen: Aristokratie, Klerus, Bauernschaft, alles in allem keine zukunftsträchtige Mischung. In manchen Ländern organisierten sich auf dem Wege zur Massenpartei auch »jüngere« Konservative, nicht selten in Opposition zum aristokratischen Konservativismus. 1907 vereinigten sich die Konservativen mit den Christlichsozialen zu einem Bündnis gegen die aufsteigende Sozialdemokratie.

Karl Lueger und die Christlichsozialen

»Jener glaubt der Herr Wiens zu sein, ich aber bin es!«
Lueger über den Kaiser

Die Wurzeln der Christlichsozialen als Massenpartei sind in der Wiener Handwerkerbewegung der 1880er-Jahre zu suchen, entstanden war sie um 1890/91.[16] Als Ziel wurde die Verbesserung der sozialen Lage des Kleinbürgertums angepeilt, was über Sozialreformen auf religiös-ethischer Grundlage herbeigeführt werden sollte. Markantes Kennzeichen christlichsozialer Agitation war ein hemmungsloser Antisemitismus, die eigentliche politische Stoßrichtung wendete sich aber gegen die Herrschaft des (Wirtschafts-)Liberalismus. Zunächst arbeiteten die einzelnen Gruppen nebeneinander her, bis persönliche Kontakte von Leuten aus dem Kreis um Karl von Vogelsang, eines »beiläufigen Antisemiten«, zur Vereinigung von Sozialkatholizimus und »Kleingewerbeantisemitismus« führten.

Dem Volkstribun Karl Lueger[17] gelang die Zusammenführung der Vereine, er brach – mit einem antisemitischen Programm – die liberale Mehrheit im Wiener Gemeinderat und wurde 1897 Bürgermeister. Franz Joseph hatte es zunächst abgelehnt, den 1895 von seiner Partei nominierten Demagogen, den »schönen Karl«, zu bestätigen. Am 7. August 1895 hieß es in einem Polizeibericht über Lueger: »... seine vehementen Ausfälle gegen das Judentum, die staatlichen Autoritäten, gegen Ungarn und die Regierung sind oft maßlos und im Interesse des Staates höchst bedauerlich.«[18] Weder die Juden- noch die latente Ungarnfeindlichkeit Luegers erweckten bei Franz Joseph Sympathie.[19] Erst massive Straßendemonstrationen erzwangen die Sanktionierung seitens des Kaisers, nachdem Lueger viermal zum Bürgermeister gewählt worden war.

Franz Joseph hatte Wien während zweier Jahre durch einen Bevollmächtigten der Krone regieren lassen. Bei der Fronleichnamsprozession erhielt Lueger damals mehr Applaus als der Kaiser, man sprach relativ offen vom »ungekrönten König von Wien«. Lueger war ohne Zweifel eine der interessantesten Persönlichkeiten der Jahrhundertwende, von manchen wurde er auch als der »erste Populist der Neuzeit« bezeichnet, ein Populist, der sein Rednertalent in Bierhäusern geschult hatte. Dabei hatte das Muttersöhnchen aufgrund einer Krankheit erst mit vier Jahren sprechen gelernt. Zeit seines Lebens wohnte Lueger mit seinen beiden Schwestern zusammen, geheiratet hat er nie. Seinen Antisemitismus, den er stets dann ausspielte, wenn er es aus opportunistischen Gründen für richtig hielt (»Wer a Jud is, bestimm' i«), betrachtete er als ein die »Massen köderndes Schlagwort«. Er spielte virtuos mit der Existenzangst und dem Konkurrenzneid vor allem des Mittelstandes. Sein Antisemitismus reiche nur bis in die Fichtegasse (dies war die Redaktionsadresse der *Neuen Freien Presse*, Anm. C.D.), erklärte Lueger einmal.

1907 schlossen sich die Christlichsozialen mit der Katholisch-Konservativen Partei zusammen, gemeinsam als Fraktion (konservative Reichspartei) erreichten sie die Mehrheit im Parlament. Lueger, dessen als »Gemeindesozialismus« bekannt gewordene Kommunalpolitik große Erfolge erzielen konnte, blieb bis zu seinem Tode im Jahre 1910 Bürgermeister. In dieser langen Zeit wurde er als präpotent und selbstherrlich kritisiert, »größenwahnsinnig« nannten ihn seine Gegner. Lueger, der besonderes Augenmerk auf seine repräsentativen Aufgaben legte, schuf sich sein eigenes Zeremoniell und er hatte die Eigenart, an ungezählten Bauwerken sein Namensschild anbringen zu lassen. Nachdem im Tiergarten Schönbrunn ein Elefantenbaby zur Welt gekommen war, titelte ein Witzblatt: »Geworfen unter dem Bürgermeister Dr. Karl Lueger!« Die Popularität des charismatischen Gemeindepolitikers war enorm, nach Franz Joseph, welcher nicht frei von Eifersucht war, der er auch »unverhohlen Ausdruck gab«,[20] galt Lueger als bekanntester Bürger der Stadt Wien. Als er wieder einmal etwas zu viel getrunken hatte, zeigte er vor einem größeren Publikum mit dem Zeigefinger auf die Hofburg und sagte: »Jener glaubt der Herr Wiens zu sein, ich aber bin es!«[21]

Hinter Luegers Sarg schritt im März 1910 auch der alte Kaiser, nicht zuletzt deshalb, weil sich die Christlichsoziale Partei, vormals aus der

Sicht des Hofes noch eine »zügellose, sozialrevolutionäre Bewegung«, einem »kämpferischen, dogmatischen, kirchennäheren Katholizismus«[22] zugewendet hatte. An der Ringstraße, die der alte Monarch entlangfuhr um zum Stephansdom zu gelangen, wo die Trauerfeier für Lueger stattfand, stand - hager und schlecht gekleidet - ein knapp über 20-jähriger bärtiger Mann, den wir heute neben Stalin - der Anfang 1913 unter dem Namen Stavros Papadopoulos ebenfalls in Wien weilte - als den größten Verbrecher des 20. Jahrhunderts in schrecklicher Erinnerung haben: Adolf Hitler.[23]
Die Christlichsozialen entwickelten sich im Laufe der Zeit zu einer überwiegend deutsch geprägten und der Dynastie treu ergebenen »Partei der Reichen«, wenngleich während des Weltkrieges eine gewisse Reservation eintrat. Manche Parteigänger standen Franz Ferdinand nahe, der sogar ein Telegramm an den Ministerpräsidenten Kasimir Badeni geschickt hatte, in welchem er diesen aufforderte, beim Kaiser für Lueger als Bürgermeister Partei zu ergreifen. 1911 verloren die Christlichsozialen 20 Mandate und ihre starke Position in Wien ging auf die Sozialdemokraten über, ihre Interessen verlagerten sich mit den Jahren jedoch zusehends auf die agrarisch geprägte (Land-)Bevölkerung. Bis 1918 hofften sie auf einen Sieg-Frieden. Mit der Staatsform der Republik konnten sie sich lange nicht anfreunden, einige Politiker dieser Partei nie. In ihrem Herzen blieben sie Monarchisten. Ein offiziell gepflegter »Habsburg-Mythos« fungierte während der ganzen Dauer der Ersten Republik als identitätsstiftende Klammer.

Victor Adler und die Sozialdemokraten[24]

1882 hatte Karl Kautsky in einem Brief an Friedrich Engels geschrieben, dass Österreich nicht einmal die Kraft habe, eine »ordentliche Sozialdemokratie zu erzeugen«.[25] Tatsächlich hatten persönliche Rivalitäten und Flügelkämpfe zwischen den »Radikalen« und »Gemäßigten« die 1874 statutarisch in Neudörfl aus der Taufe gehobene Partei gelähmt. Da die cisleithanischen Behörden die Versammlung nicht erlaubt hatten, verlegte man damals die »Gründung« auf transleithanisches Hoheitsgebiet. Ein nicht klar definierter Kurs zwischen den Ideen Ferdinand Lassalles und Hermann Schultze-Delitzsch' verhinderte eine klare ideologische Positionierung. Erst am Einheitsparteitag von 1888/89 in

Hainfeld gelang es Victor Adler, der sich 1886 der sozialistischen Bewegung angeschlossen hatte, das »lockere Bündel von sozialdemokratischen politischen Vereinen und Gewerkschaften, dessen Mitglieder recht heterogene national- und gesellschaftspolitische Zielsetzungen vertraten, unter einen Mantel zu bringen«.[26] Sozialdemokraten erzählen noch heute gerne die Anekdote, wonach eine alte, verwahrloste Frau bei den Ziegelöfen nahe Wiens zum Arzt Adler gesagt haben soll: »Herr Dokta, so helfen S' uns doch!« – »Leitln«, entgegnete der Sohn aus großbürgerlichem Hause, »euch kann ka Doktor helfen.« Daraufhin zog er den Arztmantel aus und einigte die Sozialdemokratie ...
Die Sprache der Sozialdemokratischen Arbeiterpartei (SDAP) gestaltete sich eher radikal, die reale Politik war hingegen pragmatisch und berechenbar. »Der kühle Kopf muss die Führung über das warme Herz behalten«, pflegte Adler zu sagen. Den Sozialdemokraten ging es um die materielle Besserstellung der arbeitenden Menschen und vor allem um den Erwerb politischer Beteiligungsrechte. Doch nicht die Revolution war der Weg des österreichischen Sozialismus, sondern vielmehr die Evolution. Wahrscheinlich war es auch ein wenig das liberale Erbe, dass die SDAP dem Prinzip gradueller Machterlangung durch demokratische Wahlen den Vorzug gab. Adler sprach davon, dass es gelungen war, aus einer »Horde von Radaubrüdern« eine politische Partei zu formen, die sich Anerkennung erzwungen habe. An anderer Stelle pries er die »Revolution der Gehirne«, welche die eigentliche Aufgabe der Sozialdemokratie sei. Namhafte Intellektuelle, Wissenschafter und Literaten traten erstmals in Kontakt mit »einfachen Arbeitern«. Ein breites Netz von Bildungseinrichtungen und Kulturorganisationen entstand. Die Sozialdemokraten verstanden sich als »gegenkulturelle Bewegung«, welche sich die Ästhetisierung der Politik auf die Fahnen geschrieben hatte. »Über einen fest umschriebenen, ritualisierten Kanon von Feiern und Festen wurde eine regelrechte Liturgie politischen Handelns entworfen ...«[27] Seit 1890 waren die Massenaufmärsche des 1. Mai für den politischen Gegner der Anlass, Umsturzgerüchte zu streuen. Dieser 1. Mai 1890 – auf Vorschlag Adlers wurde ein friedlicher »Spaziergang durch den Prater« inszeniert – war die eigentliche Geburtsstunde der SDAP als Massenpartei. Solche Aufmärsche blieben nicht ohne Erfolg. Immer wieder wurden den Regierenden sozialpolitische Konzessionen abgerungen. 1885 endlich wurde etwa der Arbeitstag auf noch immer unvorstellbare elf Stunden beschränkt, die Kinder- und Jugendarbeit wurde einge-

schränkt, die Nachtarbeit für Frauen verboten. Drei Jahre später wurde die Arbeiterkranken- und -unfallversicherung eingeführt.
1897 konnten die ersten sozialdemokratischen Abgeordneten in den Reichsrat einziehen. Das »Wiener Programm« von 1901 rückte die soziale Frage in den Vordergrund, doch das Erreichen des allgemeinen Wahlrechtes – »als wichtigstes Mittel der Agitation und Organisation« – war und blieb das vorrangige Ziel. Im November 1905 fanden sich 250 000 Menschen zu einem Schweigemarsch vor dem Parlament zusammen um für das allgemeine Wahlrecht zu demonstrieren. Diese bisher größte Kundgebung, die jemals in Wien stattgefunden hatte, brachte den gewünschten Erfolg. Gegen die Interessen des Privilegienparlaments konnte aufgrund eines stillen Kompromisses zwischen der Krone, der Bürokratie und der Arbeiterklasse das allgemeine Männerwahlrecht erreicht werden.
Im Jahre 1907 wurde die SDAP stimmenstärkste Fraktion im Parlament, doch bereits 1911 zersplitterte die föderative Struktur wegen der Separierung der tschechischen Fraktion. Im Kampf um politische und soziale Demokratie hatte die Partei die ethnische Problematik unterschätzt, weshalb sie allmählich »zu einer deutsch-österreichischen Partei mit dem Ziel der Erhaltung der Donaumonarchie« zusammenschmolz. Lueger, der freilich auch von seinen Parteifreunden sagte, sie seien »schwarz-gelb bis auf die Knochen«, spottete nicht selten über die »k. k. Sozialdemokratie«. Karl Renner, der spätere Staatskanzler, hatte sich 1902 eindeutig zur Monarchie bekannt: »Wer mich Umstürzler heißt, weiß nicht, was er spricht ... Nicht wenige, die ihre Rechnung schon auf das nahe Ende gestellt, werden mich eher einen Patrioten, einen Schwarzgelben nennen ...«[28]
Zu Kriegsbeginn war die Partei wie gelähmt, im Rückblick kann gesagt werden, dass sie 1914 aufgrund der Identifizierung mit den österreichischen und deutschen Kriegszielen versagt hatte. Friedrich Austerlitz, der legendäre Chefredakteur der *Arbeiter-Zeitung*, schrieb: »Da das deutsche Vaterland in Gefahr, da die nationale Unabhängigkeit des Volkes bedroht, tritt die Sozialdemokratie schützend vor die Heimat hin, und die ›vaterlandlosen Gesellen‹, die ›rote Rotte‹, wie sie der Kaiser einst schmähte, leiht dem Staat Gut und Blut der arbeitenden Massen.«
Franz Joseph hatte sich im Laufe der Zeit an die Sozialdemokraten gewöhnt. Nach der Wahl von 1907 hatte er alle Abgeordneten zur Thronrede eingeladen, auch die 87 Parlamentarier der Sozialdemokratie. »Die

österreichische Sozialdemokratie ist heute so stark«, erklärte der Arbeiterführer Franz Schuhmeier, »dass vor ihr nicht verschlossen werden kann das Tor der letzten Hütte, sondern auch aufgemacht werden müssen die Tore der Hofburg.«[29] Bis zu diesem Zeitpunkt galt es als unmöglich, dass ein Sozialist dem Monarchen ehrerbietig gegenübertrat, und zunächst war nicht klar, ob man der Einladung folgen werde. Schließlich entschieden sich beinahe alle Abgeordneten für den »Gang in die Hofburg«. Gegenüber Kautsky bemerkte Adler: »Sozialdemokraten ist es gewiss nicht möglich, mit Kaiser Wilhelm im selben Raum zu atmen. Dies ist jedoch mit Franz Joseph möglich, ohne dass sie ihrer Würde und ihrer prinzipiellen Haltung das Geringste vergeben.«[30]

Der jüdische Großbürger Victor Adler kam aus dem liberal-deutschnationalen Kreis des »frühen« Schönerer, um den sich zunächst auch andere »1848er«-Demokraten gesammelt hatten. Gemeinsam trat man für die Rechte der Arbeiter und das allgemeine Wahlrecht ein. Erst als Schönerers Antisemitismus ausuferte, trennte man sich von ihm. Adler führte zunächst eine Praxis als Nervenarzt in der Wiener Berggasse 19; eine Adresse, die später Sigmund Freud beziehen sollte. Freud wurde übrigens eines Tages, kurz nach seiner längst überfälligen Ernennung zum Universitätsprofessor, vom Kaiser in Sonderaudienz empfangen und es drängt sich die Frage auf, was der Vater der Psychoanalyse in Franz Joseph gesehen haben mag, den Herrscher oder aber den potenziellen Patienten, dem später attestiert wurde, er wäre mit der »zwangsneurotischen Pedanterie einer Maschine« am Schreibtisch gesessen. Auch Adler wäre für Freud von Interesse gewesen. Der Sozialdemokrat litt bis zu dessen Tode an seinem patriarchalischen Vater, andererseits verhielt er sich seinen beiden Söhnen Friedrich und Karl gegenüber ebenso patriarchalisch. »Fritz ist eine Karikatur meiner Tugenden«, erklärte er, »Karl eine meiner Laster.« Adler musste miterleben, dass Friedrich als verzweifelte Reaktion auf die väterliche Politik am 21. Oktober 1916 den österreichischen Ministerpräsidenten Karl Graf Stürgkh erschoss. Victor Adler war es nicht mehr vergönnt, einen Blick in das neue Zeitalter werfen zu können. Am 11. November 1918 schloss er für immer die Augen.

»Sie wissen, was es heißt, wenn der Kaiser sagt, Ich befehle!«

7. Auf dem Thron: Franz Joseph, der Herrscher

»Unerbittlich hart, jede Strenge billigend, war der alte Kaiser, wenn er vermutete, jemand könnte seine Herrscherautorität nur mit einem Gedanken streifen.«

General Moritz Auffenberg

»Dei gratia heißt, der Herrscher, König, Kaiser oder Fürst ist von Gottes Gnaden. Er ist ... ›König‹, das bedeutet wörtlich ›gekürt‹, auserwählt aus einem heilsstarken Geschlecht, ›künne‹.«[1] Die Entwicklung der Entfaltung des europäischen Ich gestand zunächst nur der Gottheit ein Ich zu. Erst später hieß es: »Ich, der König« – oder – »I, the queen«. Dieses Königs-Ich ist als Repräsentation des Gottes-Ich zu verstehen. Andere Menschen, die Menschenmassen, besitzen kein Ich und sind deshalb keine Person. »Personalität kommt jahrtausendelang nur der Gottheit zu, dann dem König, der die goldene Maske der Macht, der Blutherrschaft trägt ...«[2] Der legitime Herrscher trägt die Krone, die ursprünglich eine Himmelskrone ist. »Alle heiligen Gewänder und Insignien, der Sternenmantel, das Zepter und die Weltkugel in der Hand des Kaisers und Königs sind kosmische Machtzeichen. Der Nimbus auf byzantinischen und anderen Kaiserbildern ist die Aura, das Hvarna, das Licht-Macht-Siegfeuer, das den persischen König umgibt ... Der legitime Herrscher sitzt auf dem Thronstuhl, der ursprünglich, im Osten ... ganz aus Gold besteht. Gold ist die Sonne, bedeutet in der Weihnachtsliturgie die

Macht des Sonnenkaisers, des *rex invictus*, des unbesiegbaren Sonnengottes Christus. Später wird der Thron mit Gold geschmückt; im germanischen Abendland besteht er aus dem Heiligen Stein, der die Unveränderlichkeit des *deus inmutabilis*, der die unzerstörbare, unverwesliche Stärke der gottgegebenen Herrschermacht verkörpert.«[3]

Diese fragmentarische historische Herleitung vermag jene Traditionen nur anzudeuten, in welchen das Herrschaftsverständnis Franz Josephs stand. »Wir, Franz Joseph I. von Gottes Gnaden Kaiser von Österreich ...« - Der Glaube an seine göttliche Berufung war unerschütterlich, in der Literatur findet sich kein Hinweis, dass er jemals daran gezweifelt hätte. Eduard Heller war der Auffassung, dass sich Franz Josephs Selbstcharakterisierung als »letzter Monarch der alten Schule«, die er im Gespräch mit dem amerikanischen Präsidenten Roosevelt - einem vom Volke gewählten Staatsoberhaupt - getroffen hatte, auf seine Überzeugung vom Gottesgnadentum bezog. »In dem Bewusstsein seiner Berufung«, schrieb Heller, »fand er die Rechtfertigung für die Härte, mit der er jede Auflehnung gegen seine Autorität bestrafte, aus diesem Bewusstsein schöpfte er die Stärke, um bis an die Grenzen menschlicher Kraft auf seinem Posten auszuharren und seiner Pflicht Genüge zu tun.«[4]

Franz Joseph umwehte ein eisiger, olympischer Hauch, er wähnte sich so hoch über den Menschen und so unerreichbar fern von ihnen, dass er selbst die Banalität eines Händedrucks als Geschenk allerhöchster Gunst und Gnade missverstand. Im Gegensatz zu den anderen führenden Monarchen wie Zar Nikolaus II., Kaiser Wilhelm II. oder König Eduard VII. hatte er »seine eigenen, bestimmten Auffassungen davon, wem die Ehre gebührte, die Hand des Monarchen - also ihn persönlich - zu berühren. Außer den Familienmitgliedern reichte er die Hand nur den obersten Rängen der Generalität, den Ministern, dem hohen Klerus, Personen aus dem Hochadel - ob jung oder alt, ob im Offiziersrang, im Staatsdienst oder Privatmänner -, den ausländischen Botschaftern, seinen General- und Flügeladjutanten sowie Besuchern ›von Distinction‹.«[5] Doch auch in diesen Kreisen war ein Händedruck des Kaisers keine Selbstverständlichkeit. Margutti erwähnte in seinen Erinnerungen mit Ergriffenheit jenen Tag, an welchem der Kaiser ihm die Hand gereicht hatte - »ein einziger Händedruck in den langen sechzehn Jahren, in denen Margutti, immerhin Baron und General, Tür an Tür mit dem Monarchen gearbeitet hatte! Und der Generaladjutant Garf Paar gratulierte

Margutti am nächsten Tag zu diesem Händedruck wie zu einem hohen Orden.«[6] Für einen »Bürgerlichen« geriet ein Händedruck des Kaisers überhaupt zur Rarität, es sind nicht viele Fälle bekannt geworden, in welchen der Kaiser aus dem Schatten seines krankhaft überhöhten Majestätsbewusstseins trat und die unsichtbare Wand, die er zwischen sich und seinen Untertanen empfand, allergnädigst durchbrach.

Glauben wir den Erinnerungen einer nicht geringen Anzahl von Personen aus der Umgebung des Kaisers, so war Franz Joseph die Herzensgüte selbst, eine Quelle sprudelnden Humors und gelöster Heiterkeit. Geradezu enthusiastisch liest sich die Würdigung Albert Schaeffles: »Wahrlich erquickend war namentlich der gerufene ordentliche wie der erbetene, auch stets gewährte außerordentliche Vortrag beim Kaiser und dann ganz besonders die Spezialberatung mit ihm. Sein Ohr war für bedeutende Sachen immer zu haben ... Er prüft gewissenhaft, spricht auch über Kleines, aber nie pedantisch; immer aber ist er sachlich und wohlwollend. Franz Joseph ist eine vornehme und doch wieder überaus einfache, fast bescheidene Persönlichkeit. Er prüft ganz selbstständig und will nie etwas im Voraus besser verstehen. Die Minister können mit Sicherheit den vom Kaiser gebilligten Zielen nachgehen. (Er) ist ein überaus gütiger Herr, der fleißigste Arbeiter, der wohlwollendste und persönlich anpruchsloseste Mensch und ein liebender, nur nicht immer starker Vater seiner Völker. Er besitzt eine leichte Auffassung und eine enorme Sach- und Personenkenntnis. Die Zusammenarbeit mit ihm war nicht nur die interessanteste, sondern auch gehobenste und schönste Zeit meines Lebens.«[7] Der Historiker Crankshaw dachte wohl an ähnliche Berichte, als er schrieb, Franz Joseph habe sich den Männern seiner Umgebung gegenüber »leutselig und anpassungsfreudig« gegeben. »Er konnte mit ihnen scherzen, ihnen willfahren, ja sogar schmeicheln.«[8]

Einer solchen Darstellung kann nicht zugestimmt werden, die Beziehung Franz Josephs zu seinen Mitarbeitern war durchwegs feudaler Natur und von kühler Distanz geprägt. Der getreue Ketterl beobachtete, dass der Kaiser seine Minister behandelte wie ein Fabrikant seine Angestellten und erinnerte sich an einen Ausspruch der Kaiserin Elisabeth: »Der Kaiser hält jeden Minister so lange, bis er ihn fallen lässt. Und trotzdem! Würde er vierhundert Minister brauchen, könnte er achthundert bekommen.«[9] Sich einer Berufung in die Regierung zu entziehen war kaum möglich, Franz Joseph hätte es in den meisten Fällen nicht verstanden und eine Ablehnung als Desertion gewertet. Als Kielmansegg 1895 zögerte, das Amt des Ministerpräsidenten anzunehmen, erntete er die Belehrung: »Sie waren Offizier und wissen, was es heißt, wenn der Kaiser sagt, Ich befehle!«[10] Max Vladimir Beck, der 1906 Ministerpräsident war, schrieb: »Als Beamter konnte ich nicht daran denken, die Betrauung mit der Bildung und Leitung der Regierung abzulehnen, und erklärte mich bereit, den kaiserlichen Auftrag zu übernehmen.«[11] Ein Rücktritt wiederum kam einer Art Fahnenflucht gleich, da es Franz Joseph allein als seine Angelegenheit betrachtete, zu welchem Zeitpunkt ein Minister(präsident) seinen Posten zu verlassen habe. Rechberg zog sich 1863 die Ungnade des Kaisers zu, als er ihn bat, ihn von seinem Posten zu entbinden. Franz Joseph: »Ich lasse mir nicht den Strohsack vor die Türe legen!«[12]

Für den konstitutionellen Monarchen Franz Joseph hatte ein Minister denselben Stellenwert wie für den absoluten Monarchen, er war Ratgeber der Krone und als solcher ein bloß ausführendes Organ seiner Politik. In seinem Inneren war Franz Joseph der Konstitutionalismus zutiefst verhasst, wäre nicht der Druck äußerer Umstände gewesen, die Monarchie hätte nie eine Verfassung bekommen. Es war Graf Beust, einer der Baumeister des konstitutionellen Staates, der in seinen Memoiren den zähen Widerstand des Kaisers gegen die Verfassung von 1867 schilderte.[13]

Die Minister hatten vor ihrem Herrscher mit Frack und weißer Krawatte zu erscheinen, Platz nehmen durften sie in der Regel nur dann, wenn der Arbeitsablauf es erforderte. Ansonsten mussten sie, so wieder Ketterl, fast »habacht« stehen. Die Veröffentlichung von Memoiren war untersagt. Johnston stellte eine »krasse Undankbarkeit« des Kaisers gegenüber seinen Ministern fest, »die er alle derart herablassend behandelte, als wäre es ein so unermessliches Privileg, ihm zu dienen, dass jede Dankbarkeit unnötig sei«.[14] Die Ministerpräsidenten Taaffe und Tisza waren die großen Ausnahmen. Minister, Berater und Militärs waren in den Augen Franz Josephs nichts weiter als Schachfiguren auf den zahlreichen Schlachtfeldern des Hauses Habsburg, sie waren Bauern, die nach allerhöchstem Belieben hin und her geschoben werden konnten und bei Bedarf geopfert wurden. Wenn agile Reformpolitiker seiner kraftvollen Unterstützung bedurft hätten, wurde ihnen diese von Franz Joseph verweigert, die Fälle Schmerling (1865), Beust (1871), Badeni (1897) oder Beck (1908) belegen dies. Finanzminister Bruck nahm sich das Leben, nachdem der Kaiser falschen Beschuldigungen, die gegen ihn erhoben worden waren, Glauben geschenkt hatte. Auf das hinterhältige und feige Verhalten Franz Josephs gegenüber dem protestantischen General Benedek, der zum Sündenbock für die Niederlage von Königgrätz gemacht worden war, habe ich bereits hingewiesen. Gerade für einen Mann, der so oft von »Ehre« sprach, war dieser würdelose Schachzug entlarvend.

Der Kaiser leistete sich im Umgang mit seinen jeweiligen Mitarbeitern aber auch Augenblicke spontaner Liebenswürdigkeit, Momente, die sich ins Gedächtnis der Betroffenen unauslöschlich einbrannten und eben deshalb, weil sie so selten waren, weil sie mit den gewohnten, abgehobenen Verhaltensmustern des Kaisers so exklusiv kontrastierten, für den Einzelnen von singulärer Bedeutung waren. Manche Berichte ehemaliger Würdenträger lesen sich wie Schulaufsätze von Primanern, deren Backen sich in wohliger, freudiger Erregung röten, wenn sie der gnädigen Aufmerksamkeit einer unantastbaren Autorität, welche die Peitsche ebenso wie das Zuckerbrot geschickt zu gebrauchen versteht, teilhaftig werden. Paternalistische Abhängigkeitsverhältnisse bringen es mit sich, dass selbst ungerechte Kritik oder eine ungerechte Behandlung Schuldgefühle auslöst, Gunstbeweise wiederum können Loyalität schaffen und auch manipulieren. Völlig zu Recht wurde festgehalten, dass Franz Joseph deshalb keine hervorragenden, starken Persönlichkeiten an die Spitze zu berufen pflegte, weil der von Eifersucht nicht freie Kaiser sich seiner Grenzen gegenüber Begabteren bewusst war. Niemals hätte ein Minister einen ähnlichen Einfluss erringen können wie in Deutschland ein Bismarck gegenüber seinen Herrschern, ein solcher Mann wäre sofort seiner Funktion enthoben worden. Loyalität gegenüber seiner Person, Pflichtbewusstsein, Genauigkeit und Erfahrung in der Bürokratie, dies waren die wichtigsten Voraussetzungen um in Franz Josephs Österreich in höchste Positionen berufen zu werden. Mediokrität war jedenfalls mehr Vorteil als Nachteil, im Falle überdurchschnittlicher Intellektualität war es umgekehrt. Entscheidend war immer noch die Herkunft. Von den 28 Ministerpräsidenten Cisleithaniens waren 20 hochadeliger Herkunft, weitere sieben entstammten dem Beamtenadel, nur Professor Lammasch, der letzte Ministerpräsident 1918, also nach Franz Josephs Tod, trug keinen Adelstitel. In der ungarischen Reichshälfte waren die Verhältnisse nicht grundlegend anders.

Franz Joseph verfügte nicht über die Größe und den Weitblick, wirklich fähige und visionäre Minister um sich zu scharen. Vor allem fragte er niemals jemanden etwas, was nicht zu dessen Kompetenzbereich zählte, und er duldete auch keine einzige die jeweilige Kompetenz überschreitende Bemerkung. Die einzelnen Minister durften sich lediglich im Rahmen ihrer Ressortzuständigkeit artikulieren. Prinz Rudolf Liechtenstein, der im Rufe stand, beim Kaiser überdurchschnittlich gut angeschrieben zu sein, hatte Franz Joseph nur ein einziges Mal darauf aufmerksam gemacht, dass ein bestimmter Würdenträger eine Auszeichnung erwarten würde, worauf der Kaiser ihn anherrschte: »Sagen Sie mir zunächst, wieso diese Angelegenheit Sie etwas angeht!«

Eine besondere Vertrauensstellung nahm der Generaladjutant ein, der am häufigsten an der Seite des Kaisers anzutreffen war. Von Graf Grünne war bereits mehrmals die Rede. Sein Einfluss auf den jungen Kaiser war beträchtlich, keiner seiner Nachfolger spielte eine auch nur ähnliche Rolle, nicht Creneville, nicht Bellegarde und auch nicht Paar. Grünne war es noch gelungen, sich die Kontrolle über die Armee zu sichern und auch in der Politik ein Wort mitzureden, doch »nach Abschluss seiner Lehrjahre war Franz Joseph Herr der Lage und nicht mehr gewillt, sich eine solche Vormundschaft aufzwingen zu lassen«.[15] Unter dem Befehl des Generaladjutanten standen vier Adjutanten, die zum persönlichen Dienst des Kaisers abgestellt waren, zwei davon hielten sich ständig zur Verfügung. Wenn ein Adjutant an der Seite des Kaisers war, war er zum Schweigen verpflichtet, es sei denn, Franz Joseph hatte das Wort an ihn gerichtet. Als einmal einer dieser Adjutanten dieses Schweigen brach, wurde er sofort seines Postens enthoben. »Einem anderen wurde die gleiche Strafe zuteil, weil er vergessen hatte, dass es verboten war, vor dem Kaiser die Hacken zusammenzuschlagen.«[16]

Alle Männer aus der Umgebung des Kaisers ließen teilweise noch Jahrzehnte später keinen Zweifel daran, dass ihnen in Franz Joseph I. ein Archetyp monarchischer Majestät begegnet war. »Keinen anderen Monarchen habe ich kennen gelernt, der so wie er die Majestät personifizierte«, erinnerte sich Admiral Horthy.[17] Und Friedjung schrieb: »Erfüllt von dem sicheren Bewusstsein seiner überragenden Stellung hielt er die Menschen in einem gemessenen Abstand von sich und thronte gewissermaßen in den Wolken ... In seinem äußeren Gehaben war er immer der Kaiser und König, der nicht erst die Krone tragen musste um als solcher zu erscheinen. Ohne sich majestätisch zu geben wirkte er durch seine Haltung, die ungezwungen, aber würdevoll, wohlwollend, aber nicht vertraulich war.«[18] Srbik erklärte, Franz Joseph habe »den Majestätsbegriff im Tiefsten seines Ichs« getragen.[19]

Die Bühne für die volle Entfaltung der kaiserlichen Majestät war der von unzeitgemäßem Pomp, strengst gehandhabtem Zeremoniell und überholter Etikette beherrschte Wiener Hof, dessen perfekt organisiertes Räderwerk von tausenden Bediensteten in Gang gehalten wurde. An der Spitze der Verwaltung standen die Inhaber der vier obersten Hofämter, der Obersthofmeister, der Oberstkämmerer, der Obersthofmarschall und der Oberststallmeister, sie alle wurden aus der Hocharistokratie rekrutiert. Geheimräte, Kämmerer und Hofräte tummelten sich exklusiv in der Nähe des Kaisers, der von seiner Garde abgeschirmt wurde. Die persönliche Anspruchslosigkeit Franz Josephs, die sich etwa in der Ausstattung seiner Appartements widerspiegelte, stand in einem scharfen Kontrast zum Pomp der höfischen Rituale, die ungeachtet der Veränderungen und Zäsuren, welche die politische Landschaft verändert hatten, auch als Ausdruck der Kontinuität des monarchischen Prinzips keinem Wandel unterworfen waren. Durch die Etikette kam die Unnahbarkeit des Kaisers »zu sinngemäßem Ausdruck, eine Unnahbarkeit, die sich aber ... nicht nur auf das offizielle, sondern auch auf das Alltagsleben des Souveräns erstreckte«.[20] Das Zeremoniell war ein unmittelbarer, wirkungsvoller Ausdruck von Herrschaft, ein Element der Herrschaftstechnik, wenngleich es in der franzisco-josephinischen Epoche genauso hohl geworden war wie die Herrschaft der Habsburger selbst.

8. Auf den Knien: Franz Joseph, der Katholik

Am 25. März 1855 hielt der Prior des Jesuitenordens in Wien eine Predigt, die in der Aussage gipfelte, der Staat würde unter der Hoheit der Kirche stehen, jede Einsprache gegen ihre Rechte wurde von diesem Jesuiten als Empörung und Sünde dargestellt. Ein Polizeiagent hatte eine Mitschrift angefertigt, welche von Polizeiminister Kempen dem jungen Kaiser unterbreitet wurde.[1] Als dieser die Notiz gelesen hatte, wurde sie von ihm mit »vollkommen korrekt. FJ« abgezeichnet. Kirchenpolitisch stand Franz Joseph unter dem Einfluss seiner Mutter und seines ehemaligen Lehrers Rauscher, mittlerweile Fürsterzbischof von Wien, welche die »klerikale Partei« bei Hofe anführten. Rauscher sah in einer Neubelebung des Bündnisses von Thron und Altar *die* Aufgabe der Zukunft, gemeinsam mit Sophie führte er die Phalanx im Kampf gegen das kirchenpolitische System des Josefinismus und für den Abschluss eines Konkordats mit dem »Heiligen Stuhl«. Die feste Haltung Franz Josephs brach den noch immer starken josefinischen Widerstand in Kreisen der Regierung und der Bürokratie gegen den neuen Kurs.
Die Bigotterie seiner Mutter, die Erziehung durch den strenggläubigen Bombelles und der Einfluss Rauschers hatten Franz Josephs Katholizität geformt. Der Kaiser bewahrte den einfachen, ja primitiven Glauben seiner Kindheit bis zum Tode, in ihm fand er Trost. Nach dem frühen, überraschenden Tod seiner erstgeborenen Tochter schrieb er an den sächsischen Kronprinzen: »Nun ist sie ein Engel im Himmel und wird für uns beten!«[2] Dies war keine Phrase, Franz Josephs Religiosität war aufrichtig und unerschütterlich, einfach zwar, von kindlicher Einfachheit, aber aufrichtig. Ein Frömmler war er hingegen nie, seine Nüchternheit stand

dem entgegen, Franz Josephs Wesensart schloss eine wirklich tiefinnerliche Religiosität aus. Er »hielt es mit der Religion wie wohl jeder altösterreichische adelige Gentleman«, analysierte Redlich in seiner richtungweisenden Monografie. »Diesem erscheint das katholische Glaubensbekenntnis auch heute noch als ebenso naturhaft und selbstverständlich wie die Berge, die sein Land bilden, als eine der gegebenen großen Tatsachen seines Lebens. Man spricht darüber nicht viel, man liebt seit jeher ... nichts weniger als populäre oder gar ›wissenschaftliche‹ Gespräche über den Glauben ... Nicht was der Einzelne zu den Dogmen des Glaubens sagt, ist wichtig, im Gegenteil, nur auf das, was die Kirche den Einzelnen lehrt, kommt es an.«[3] Raum für religiösen Zweifel, für Skepsis, von der Diderot geschrieben hatte, sie wäre der erste Schritt auf dem Wege zur Philosophie, gab es in diesem von Regeln und Konventionen bestimmten Leben nie, keine Quelle ließe eine derartige Interpretation zu.

Das Wort Religion kommt vom lateinischen *religare*, das »anbinden« oder »festbinden« bedeutet, »etwas wiederholt und sorgfältig beachten«. Genauso verstand Franz Joseph seinen Glauben.[4] Er betete regelmäßig, besuchte die Messe (»Mein lieber Franzi hat heute seinen ersten Ministerrat gehabt. Ich habe so für ihn gebetet! Er geht jeden Tag um 8 Uhr mit seinem Vater zur Messe.«[5]), ging zur Beichte und kommunizierte, hielt sich an die Fasttage und blieb so wie die meisten Mitglieder der Dynastie den barocken Frömmigkeitsvorstellungen innerlich verbunden. Wir haben viele Zeugnisse, die belegen, dass Franz Joseph den Schutz und die Hilfe Gottes anrief. In das, was er als den göttlichen Ratschluss zu erkennen glaubte, fügte er sich bedingungslos, ergeben und ohne Zweifel. Der »Allmächtige« hatte sich als Gefühl der Abhängigkeit und Verbundenheit in seinem Gehirn eingenistet, als Halt gebende, verehrungswürdige und doch geheimnisvolle Macht. Seiner Mutter schrieb er nach Königgrätz: »Es ist ein recht hartes Brot, das ich habe, und nur das Vertrauen auf Gott und der redliche Wille, das Beste zu tun, kann die Kraft geben, nicht zu unterliegen.«

Die spezifische Form der Staatsbildung, die auf das 17. Jahrhundert zurückgeht, war herrschaftsmäßig durch den Absolutismus, kulturell durch das Barock geprägt. Barock und Aufklärung, beide Traditionsstränge haben in Österreich Spuren hinterlassen. »Österreich entstand«, so Hanisch, »in seiner modernen Form als Kreuzzug-Empire – im Kampf gegen den äußeren Feind, die Türken, und gegen den inneren Feind, den Protestantismus. Diese Form der Staatsbildung brachte eine enge Koalition von absolutistischer Monarchie, Militär, Bürokratie und Kirche.«[6] Der Kaiser war ein Teil der sakralen Ordnung, dass der Festgottesdienst im Zentrum des Kaiserkultes stand, war kein Zufall. Die ein geschlossenes, autoritäres System stützende Trias Gottvater-Landesvater-Hausvater konnte sich auf die ewige Ordnung des Himmels, der Natur und der Gesellschaft stützen, wer sich auflehnt, dem drohen schreckliche Strafen. »Zur Abschirmung dieses Systems gehörten die Feindstereotypen: die Antiklerikalen, Liberalen, Schönerianer, Sozialdemokraten - und die Juden, die Gottesmörder ... An jedem Karfreitag wurde dieses Feindbild bewusst oder unbewusst erneuert und bestätigt.«[7] Das Fronleichnamsfest als politisches Fest des katholischen Triumphalismus auch noch im 20. Jahrhundert erschien Anton Wildgans »als Aufgebot aller weltlichen und geistlichen Machtsymbole des Habsburgerstaates«, er schilderte, wie »die Apostolische Majestät in eigener geheiligter Person im Triumphzug des Allerheiligsten einherschritt«.[8] Neben dem Fronleichnamszug, an dem Franz Joseph bis 1912 teilnahm, war es speziell die Fußwaschung am Gründonnerstag, ein Akt der ritualisierten Demütigung der weltlichen Macht vor einer höheren, welcher die Treue der Dynastie zum Katholizismus exemplifizierte. Dieser Akt gipfelte darin, dass der Kaiser vor zwölf armen Männern kniete. Für den Kaiser war dieses Ritual Teil seiner Pflichterfüllung, die ihm wohl nicht selten lästig war: »Die Herumrutscherei beim Fußwaschen hat meinem Rücken nicht geschadet«, schrieb der 70-Jährige am 13. April 1900 an die Schratt, »und auch Prälat Marschall ... hat weniger gekeucht wie sonst.«

Die katholische Kirche war vom Reichsratspräsidenten Kübeck, dem Architekten des Neoabsolutismus, neben der Armee und den Beamten als einer der drei »großen Hebeln der monarchischen Gewalt« bezeichnet worden. Im Katholizismus sah man den großen Verbündeten im Kampf gegen die Ideen der Revolution sowie eine Art Garant der geistigen Einheit der Monarchie. Aus Sicht der Politik bot der Katholizismus »als System begrenzter Freiheiten und als übernationales Identifikationsmuster die passendste ideologische Fundierung einer nach- und antirevolutionären Neuordnung«.[9] Der Lohn, welcher der Kirche winkte, war eine weitestgehende Freiheit vom Staat, ja eine geradezu dominierende Stellung im politischen System. Bereits im April 1850 wurde der Kirche volle Autonomie gewährt, die noch offenen Fragen in Schul- und Eheangelegenheiten sollten in einem Konkordat geregelt werden, das nach zweieinhalbjährigen Verhandlungen am 18. August 1855 unterzeichnet wurde.[10] Dieses Datum – des Kaisers Geburtstag – hatte hohen symbolischen Wert, es demonstrierte, wie wichtig Franz Joseph die Lösung der Konkordatsfrage im Sinne der katholischen Kirche war. Die Verhandler Roms hatten um ein Vielfaches mehr erreicht, als ihnen von österreichischer Seite und sogar von Rauscher, der vom Papst mit dem Kardinalshut belohnt wurde, ursprünglich angeboten worden war. Eherecht und Ehegerichtswesen sowie die Zensur über das Buchwesen wurden den Prälaten ebenso übertragen wie ein umfassender Einfluss auf das Schulwesen. Auch wenn der Kaiser, der seine Briefe an den Papst mit der Floskel »Eurer Heiligkeit gehorsamster Sohn ...« unterzeichnete, z. B. eine für seine Herrschaftsstellung so repräsentative Befugnis wie das Nominationsrecht für die Besetzung von Bischofsstühlen nicht aufgab, war das Konkordat nichts anderes als ein Vasallenvertrag, ein »gedrucktes Canossa« (Anastasius Grün). Zwar gab sich Franz Joseph gegenüber den Päpsten stets demütig, doch wenn ein Pontifex seine Politik zu konterkarieren drohte, reagierte er mit der ihm eigenen kühlen Konsequenz. Nach dem Tod Leos XIII., dessen antiungarische Politik ihn erzürnt hatte, ließ er dem Konklave mitteilen, dass er es als einen unfreundlichen Akt betrachten würde, sollte Leos Staatssekretär Rampolla dessen Nachfolger werden. Franz Josephs Veto verhinderte schließlich Rampollas Wahl.[11] Doch zurück zum Konkordat: »Es ist in der Tat außerordentlich«, schrieb der britische Gesandte in Wien, »dass der Kaiser von Österreich mit einem Mal alles zurückgibt, was die Weisheit seiner Vorfahren Rom im Laufe der Jahre abgerungen hat.«[12] Und die französische Kaiserin fragte den Gesandten Hübner: »Welche Gründe haben denn Ihren Monarchen zur Entschließung bringen können, dieses rein mittelalterliche Konkordat einzugehen?«[13]

Wie immer man diese Frage beantworten mag, mit dem Argument, dass eine »katholische Großmacht« nach außen macht- und wirkungsvoller gegen das protestantische Preußen, den revolutionären Liberalismus und in Italien an der Seite des Papstes gegen Napoleon III. und Viktor Emanuel sowie nach innen gegen demokratische Bestrebungen auftreten konnte, lässt sich dies nicht erklären. Ebenso wenig mit dem Argument, dass die Kirche ein willkommener, weil ebenfalls reaktionärer Verbündeter war um die Untertanen zu disziplinieren, oder mit dem etwas zu einfachen Erklärungsansatz, Franz Joseph habe eben seiner Mutter einen Gefallen erweisen wollen. Fest steht, dass die Hoffnungen, welche die neoabsolutistische Politik in die katholische Kirche als

unterstützende Kraft gesetzt hatte, nicht erfüllt wurden. Der Klerus identifizierte sich eher mit den nationalen Bewegungen und den Landeskirchen als mit dem absolutistischen Gesamtstaat.[14]
Dem Zusammenbruch des neoabsolutistischen Regimes folgten Konstitutionalismus und Liberalismus. Für die neuen Staatsmänner galt das Konkordat als »Abdikation des Staates vor der Kirche«, die Jahre von 1860 bis 1870 waren von einem zähen innenpolitischen Ringen gegen diesen Vertrag bestimmt.[15] Das Protestantenpatent gewährte 1861 den Evangelischen die volle staatliche Gleichberechtigung. Franz Joseph versicherte den Bischöfen, die gegen jeden Schritt, der die kirchliche Bevormundung zurückdrängte, protestierten, er werde die Kirche stets schirmen und schützen, er könne seine Fesseln als nunmehr konstitutioneller Monarch aber nicht ablegen. Mit dem Staatsgrundgesetz vom Dezember 1867 und den »Maigesetzen« 1868, die Papst Pius IX. als »verabscheuungswürdig« bezeichnete, war das Konkordat bedeutungslos geworden. Bezeichnend für den Widerstand der Kurie war die Reaktion des Bischofs Franz Joseph Rudigier, der wegen Nichtbeachtung liberaler Gesetze 1869 zu einer Kerkerstrafe verurteilt wurde. Franz Joseph begnadigte ihn umgehend.
Zur formellen Kündigung des Konkordats kam es im Sommer 1870 infolge der Definition des Dogmas der päpstlichen Unfehlbarkeit am Ersten Vatikanum. Ministerpräsident Beust hatte Franz Joseph davon überzeugt, dass Rom mit diesem Schritt eine Vertragsverletzung verschuldet habe. Als Herausforderung an die Kirche betrachtete Franz Joseph diesen Schritt nicht, seiner empörten Mutter berichtete er, wie schwer ihm sein Vorgehen gefallen wäre. Es wäre sein »innigster Wunsch, mit der Kirche wieder zu einer Einigung zu kommen, doch ist mir das mit dem jetzigen Papst nicht möglich ...«[16] Seine Überzeugung, Schutzherr der katholischen Kirche zu sein, stellte Franz Joseph 1874 unter Beweis, als die liberale Regierung Auersperg dem Reichsrat vier Entwürfe für konfessionelle Gesetze vorlegte. Erneut schöpfte der Kaiser alle Machtmöglichkeiten aus, um innerhalb seiner konstitutionellen Schranken die Interessen der Kirche zu wahren. Zwei Jahre darauf erklärte er einigen Bischöfen: »Wenn ich bis jetzt durch die Umstände gehindert wurde, zum Schutz der Kirche zu unternehmen, was den Wünschen meines Herzens entspricht ... bin ich mir nichtsdestotrotz bewusst, Maßnahmen verhindert zu haben, die der Kirche noch schwereres Unrecht zugefügt hätten als die Nachteile, unter denen sie zu leiden hätte.«[17]

9. Auf der Pirsch: Franz Joseph, der Jäger

In den Adelsfamilien und insbesondere in den Dynastien Europas galt die Jagd als Statussymbol, als standesgemäße Beschäftigung einer Klasse, die das Privileg genoss, keiner Erwerbstätigkeit nachgehen zu müssen. Auf ihren Schlössern und weitläufigen Gütern praktizierten sie einen eigenen, von beneidenswertem Abwechslungsreichtum gekennzeichneten Lebensstil, bei welchem neben Festen, Spielen, Pferderennen und Liebschaften der Rhythmus der Jagd zwischen Hahnenbalz und Hirschbrunft eine wichtige Rolle spielte. Dem stets illuminierenden Friedrich Heer fiel dazu ein: »Zum Sport des tausendjährigen Adels Alteuropas gehörte untrennbar mit der Jagd der Krieg. Diese Identifikation erleichterte für den österreichischen, deutschen und englischen Adel das ahnungslose Hineinschlittern in den Ersten Weltkrieg.«[1]

Besonders über die Jagdleidenschaft der Habsburger - von Rudolf I. über Maximilian I. bis zu Franz Joseph I. - ist viel geschrieben worden. Untersucht man diese angeblich »vererbliche Eigenschaft« aber näher, stößt man auf eines der vielen sozialen Phänomene, die eingangs bereits angedeutet wurden und »deren Wurzeln in höfischen Verhaltensweisen« gründeten. Die habsburgische Jagdleidenschaft »war also keine spezifische Eigenschaft einer Familie, sondern eine allgemein verbreitete Übung des Adels und der herrschenden Dynastien, die auch die Grundlage für dieses Vergnügen, nämlich die entsprechenden Jagdreviere, besaßen. Besonders die Vorstellung, dass die Habsburger zu allen Zeiten so maßlos gejagt hätten, wie es manche Jäger des 19. Jahrhunderts taten, ist zu korrigieren. Wie in anderen Bereichen des Lebens spiegeln sich auch auf diesem Gebiet die Zeitumstände in den Verhaltensweisen der Mitglieder der Dynastie.«[2]

Franz Joseph erle(di)gte über 55 000 Stück Wild

Berichte über beschönigend als »Jagderfolge« bezeichnete Massenabschlachtungen gibt es in großer Zahl. Kaiser Karl VI., ein fanatischer Jäger,[3] schoss einmal an einem einzigen Tag 136 Hirsche, Hirschkühe und Kälber, während eines Aufenthaltes in Böhmen erlegte er gar 533 dieser Tiere, dazu 1 058 Stück Schwarzwild, 23 Stück Damwild, 154 Rehe,

805 Hasen, 52 Fasane, 19 Rebhühner und 48 Füchse. Eine enthusiastische Schießwut, die in diesem Falle pathologische Züge trug, legte in der francisco-josephinischen Epoche Erzherzog Franz Ferdinand an den Tag. Als 9-Jähriger, im Jahre 1872, erlegte er sein erstes Stück Wild, am Ende waren es nach den Schusslisten weit über 270 000 Stück. Allein am Hubertustag 1911 erle(di)gte er 1 200 Tiere. Er erschoss sozusagen alles, was ihm vor die Flinte kam. Friedrich Weissensteiner ist der Auffassung, dass die Jagd der Selbstbestätigung des Erzherzogs diente, dem Abbau von Aggressionen, sie sei »eines der Ventile (gewesen), durch das sich sein vulkanisches Wesen entlud«.[4] Auf einen anderen interessanten Aspekt machen Karl Vocelka und Lynne Heller aufmerksam: »Ähnlich wie auch Kronprinz Rudolf, der ebenfalls ein erfolgsgieriger Jäger war, könnte man annehmen, dass manches von diesem Streben, der beste und erfolgreichste Jäger zu sein, eine Kompensation für die politische Bedeutungslosigkeit der Thronfolger war. Den Kaiser wenigstens auf der Pirsch zu übertreffen, scheint eine Art Ersatzbefriedigung gewesen zu sein.«[5]

Was den Kronprinzen anlangt, so ist wohl festzuhalten, dass zwei Seelen in seiner Brust wohnten. Wir kennen einerseits die langen Briefe an den berühmten Ornithologen und Zoologen Alfred Brehm, die »den Unterschied der Mentalität Rudolfs zu der der üblichen höfischen Jäger«[6] (etwa dem Kaiser oder dem sprichwörtlichen »Schießer« Erzherzog Franz Ferdinand) nahe legen, und auch die Versicherung Rudolfs gegenüber dem Ägyptologen Heinrich Brugsch, er würde »auch nicht das geringste Vergnügen bei den Jagden auf Rotwild und Gämsen empfinden, da ihm das Töten, am allermeisten aber ein Massenmord unschuldiger Tiere geradezu einen Widerwillen bereite«,[7] ist keineswegs unglaubwürdig. Andererseits ist es eine Tatsache, dass Rudolf – »ein leidenschaftlicher Jäger und dabei auch etwas Vielschießer«[8] – allein während dreier so genannter Wagenpirschen 52 Rehböcke schoss und die Anzahl der während seiner Orientreise erlegten Tiere wohl in die Tausende ging. Aus den erst 1978 publizierten Aufzeichnungen seines Leibjägers, des »k. k. Kammerbüchsenspanners bei Seiner k. k. Hoheit, dem durchlauchtigsten Erzherzoge Kronprinz Rudolf«, Rudolf Püchel, geht eindeutig hervor, dass auch Rudolf ein leidenschaftlicher, ein passionierter Jäger war.[9] Das Thema Jagd war und blieb der Hauptgesprächsstoff zwischen ihm und dem Kaiser. Wirklich herzlich und ernsthaft interessiert war Franz Joseph nur dann, wenn ihm erfolgreiche Jagderlebnisse geschildert wurden. Als beispielsweise der neunjährige Rudolf seinen ersten Hirschen erlegt hatte, telegraphierte der stolze Vater: »Weidmannsheil. Ich gratuliere zum Hirsch und habe eine ungeheure Freude.«[10]

Die Anzahl der vom Kaiser erlegten Tiere war gewaltig. Allein in den Jahren zwischen Dezember 1848 und Juli 1861 hatte er 28 876 Stück Wild »zur Strecke gebracht«. Anlässlich der Pariser Weltausstellung im Jahre 1900 wurde das aktuelle Schießregister Franz Josephs öffentlich gemacht, es umfasste 48 345 getötete Tiere. Stellt man in Rechnung, dass er seine letzte Pirsch im Sommer 1914 unternahm, umfasste das finale Schießregister wohl an die 55 000 Stück Wild. Gegenüber Graf Kielmansegg, dem Statthalter von Niederösterreich, ließ sich der Kaiser allerdings oftmals »in starken Worten« über die »Massenschießerei« Franz Ferdinands aus, »die ihm ein Dorn im Auge war«. Nach Kielmansegg soll sich der Kaiser wie folgt empört haben: »Kürzlich hat der Erzherzog im Lainzer Tiergarten einige hundert Stück abgeschossen, unbegreiflich, das sind doch Haustiere, finden Sie so etwas waidmännisch?«[11]

Wie gering die Sensibilität gegenüber diesem als »Zeitvertreib«, »Zerstreuung«, »Handwerk« oder gar »Sport« missverstandenen Abschlachten von Lebewesen entwickelt war, dokumentiert eine Bemerkung Margutti̇s, der ebenfalls in Bezug auf Franz Ferdinand festhielt, der Erzherzog ginge nicht zur Jagd »in jenem vornehmen Sinne«, wie sie der Kaiser betrieb, der auch als Waidmann stets ein »chevalier sans peur et sans reproche« war.[12]

Im Lainzer Tiergarten war es auch, wo Franz Joseph seine erste Erfahrung als Jäger gemacht hatte. Als 12-Jähriger erlegte er dort seinen ersten Hirschen. Ein Jahr später nahm er in Ischl, wo er mit seinen Eltern und Geschwistern die Sommer zubrachte, erstmals an einer von seinem Vater Franz Karl arrangierten Gämsenjagd teil, die von diesem Tag an zu seiner großen Leidenschaft wurde. Vielleicht war die Jagd tatsächlich, wie auch oftmals festgestellt wurde, die einzige wirklich große, kontinuierliche Leidenschaft seines langen Lebens. Die Jagdaufenthalte dienten nicht lediglich der physischen Erholung, sie waren auch eine Art identitäres Rückzugsgebiet für den Kaiser. Sie boten eine willkommene Möglichkeit, die von eigener Hand übertrieben eng geschnürte Zwangsjacke der Staatsgeschäfte für eine Weile abstreifen und einmal eine andere Rolle als die des obersten Zinnsoldaten oder jene des ersten Beamten des Reiches wahrnehmen zu können. Symbolisiert durch den

Kleiderwechsel, durch das Abstreifen der zur zweiten Haut gewordenen Uniform, entschlüpfte er dem durch Protokoll und Zeremoniell, Kleiderordnung und Etikette pervertierten Alltag. Der Jäger Franz Joseph pirschte sich an die einzig verbliebene autonome Nische seiner entindividualisierten, ganz mit dem Amt und der Aufgabe verschmolzenen Persönlichkeit heran. Wenn er in sie eintrat, so lässt sich wohl sagen, betrat ein zufriedener Mann das letzte Eiland der Selbstbestimmung in einem Ozean der Pflichterfüllung. Wie der Kaiser empfunden haben mag, schildert das folgende, ein klein wenig unbeholfene Gedicht seiner damals 16-jährigen Tochter Marie Valerie: »Von Bergen umgeben, von Wäldern umrauscht,/Liegt ein See unten im Tal,/Ein Häuschen steht einfach am Ufer dort,/Gott segne es tausendmal!/Dann fliehend das wilde Getümmel der Stadt,/Eilt in heil'ge Ruhe hinterher/Mein Vater, wenn manchmal auf seinem Haupt/Die Krone drückt zu schwer./Hier vergisst er der Sorgen, vergisst der Müh'n/Weiht dem edlen Waidwerk sich nur/Und schöpft sich neuerdings Jugendkraft/Aus Gottes freier Natur./Und darum segn' ich dich viel tausendmal,/Du liebes, einsam stilles Tal!«[13]

Im Gebirge verwendete Franz Joseph den Ischler Stutzen des Büchsenmachers Leitner, während er bei der Pirsch in den Praterauen Wiens die Windbüchse benützte. Es durfte im Gebirge nur ein einläufiger Stutzen ohne Repetiervorrichtung und ohne Fernrohr sein. Auch in späteren Jahren, in welchen der Kaiser dann eine Doppelbüchse verwendete, weigerte er sich trotz seiner Sehschwäche ein Fernrohr montieren zu lassen. Gegen den Einwand, dies wäre »unwaidmännisch«, kam seine Umgebung nicht an. Franz Joseph legte ungeheuren Wert darauf, ein »echter Waidmann« zu sein, was sich speziell in seiner abgetragenen Kleidung manifestierte. Auch in diesem Zusammenhang erwies er sich als lupenreiner Pedant. Ludwig von Höhnel, der dem Kaiser von 1899 bis 1903 als Flügeladjutant zugeteilt war, erinnerte sich gut: »Zu den Äußerlichkeiten, die dabei ziemlich strikte einzuhalten waren, gehörte unter anderem die Gewandung, welche der Landestracht mehr oder weniger gleichen musste. Stark genagelte Goiserer Bergschuhe, grobe wollene Wadenstrümpfe, bloße Knie, kurze gamslederne Knickerbocker, dazu eine Tiroler Joppe mit Hirschhornknöpfen, ein grellfärbiger Schlips sowie ein grünes Jagerhüatl waren de rigueur.«[14] Seinem Leibkammerdiener, der eines Tages auf die stark abgetragene Jagdgarderobe verwiesen hatte, soll der Kaiser sogar verboten haben, die stark verbrauchten Krawatten wegzuwerfen, er möge diese zu wieder zu benützenden zusammenstückeln lassen. So wurde es jedenfalls Kielmansegg mitgeteilt, der ebenfalls betonte, dass der Kaiser immer eine kurze Lederhose über den stets nackten Knien getragen habe. Während einer Bahnfahrt zu einem Jagdrevier blickte er aus dem Fenster hinaus und rief: »Ja, da steht schon ein Jäger, der hat aber blaue Gatien zur Lederhose an, das kann ich nicht leiden, nur nackte Knie gehören sich für einen Jäger.« Und nach einigen Minuten bemerkte er nochmals: »Schon wieder einer in Unterhosen!«[15]

Gegenüber seinen Jagdgästen verhielt sich der Kaiser geradezu liebenswürdig, er wirkte gelöst, fast heiter. Franz Joseph teilte Zigarren aus und genoss seine Havannas, die er sich auch in Schönbrunn sofort nach dem Essen ansteckte. Nur in der Hofburg versagte er sich die Zigarre, da dies der Etikette widersprochen hätte. Alle seine Gäste durften ihn nach der Jagd ansprechen, was als »Konversation über Tisch« bezeichnet wurde. In Wien war dies unmöglich. Am dortigen »Längstisch« durfte dies nur der rechts vom Kaiser sitzende Tischnachbar, wobei es sich stets um den ranghöchsten Gast handelte. Die Konversation im Kreise der Jagdgesellschaften kreiste freilich so gut wie ausschließlich um des Kaisers liebste Beschäftigung: »Wie viele Patronen haben Sie verwendet?« – »Wie viele haben getroffen?« – »Wohin haben Sie getroffen?«

10. Der begrenzte Horizont – Prohaskas Welt[1]

1932 erschien der Roman *Radetzkymarsch* von Joseph Roth, sein wohl berühmtestes Buch, das Hilde Spiel als »Schwanengesang Österreich-Ungarns« rühmte. Am wechselvollen Schicksal der Familie Trotta stellte Roth voll Wehmut den langsamen Zerfall der Monarchie dar. Er komponierte in diesem Werk eine Totenklage auf seine eigenen, rückwärts gewandten Wunschvorstellungen, in welche er sich vor seiner Verlorenheit, seiner inneren Haltlosigkeit in Sicherheit zu bringen hoffte. Der hier relevante Inhalt ist rasch erzählt. Ein Leutnant Trotta rettet dem jungen Kaiser in der Schlacht von Solferino das Leben, worauf er geadelt wird. Sein Sohn steigt zum Bezirkshauptmann in der Provinz auf. Er entspricht dem Bild des pflichtbewussten Beamten, das bereits Grillparzer bemühte. Der Enkel Carl Joseph, wie der »Held von Solferino« Soldat, ahnt im Gegensatz zum Vater, dem das Unvermeidliche erst spät klar wird, das Ende der k. u. k. Monarchie. Um dem alkoholabhängigen Sohn, der sich zudem in hohe Schulden verstrickt hat, zu helfen, begibt sich der Bezirkshauptmann zur Audienz beim alten Kaiser: »Ganz heimisch fühlte sich der Herr Bezirkshauptmann im Schlosse seines Kaisers ... Vor ihm, hinter dem Schreibtisch, stand Kaiser Franz Joseph und es war dem Bezirkshauptmann, als stünde hinter dem Schreibtisch sein älterer Bruder. Ja, der Backenbart Franz Josephs war etwas gelblich, um den Mund besonders, aber im Übrigen genauso weiß wie der Backenbart Herrn von Trottas. Der Kaiser trug die Uniform eines Generals und der Herr von Trotta die Uniform eines Bezirkshauptmanns. Und sie glichen zwei Brüdern, von denen der eine ein Kaiser, der andere ein Bezirkshauptmann geworden war.«[2]

Wenn der Kaiser und der Baron Trotta einander gegenüberstehen, so drängt diese Szene die Frage auf, wer eigentlich wessen Doppelgänger ist. Franz Joseph, der bei einer Volkszählung als Beruf »selbstständiger Beamter« angegeben haben soll, wurde bereits zu Lebzeiten als »oberster Hofrat der Monarchie« bezeichnet, als »erster Beamter des Reiches«, dessen Mediokrität ins Große gesteigert wurde. Franz Joseph erschien als Sinnbild der »heroischen Mediocritas«, wie Franz Werfel schrieb, als Vorbild für eine ganze Armee subalterner Beamter – »die Straßen waren von zahlreichen Franz Josephs bevölkert. Überall in den Ämtern sah man bekannte und unnahbare Gesichter mit dem weißen Backenbart.« Der Kaiser verkörperte als populäre Manifestation der josefinischen Seite seiner Persönlichkeit in (stumpfsinniger) Perfektion alle Eigenschaften des Dienens am Staat und diente seinen Beamten als Vorbild. Wenn die Verwaltung Österreich-Ungarns den Ruf der Gewissenhaftigkeit, der Ehrlichkeit und Unbestechlichkeit für sich in Anspruch nehmen durfte, so war dies gewiss zu einem nicht unerheblichen Anteil auf das Beispiel des Habsburgers zurückzuführen. Mit der alltäglichen Wahrheit deckte sich dieses Bild freilich nicht. Protektionismus und Bestechung waren an der Tagesordnung. Fortschritt ging von der auf Fleiß, Gehorsam und Berechenbarkeit eingeschworenen Bürokratie nicht aus, im Gegenteil, sie war eine Brutstätte des »Fortwurstelns«, der Unbeweglichkeit, eine Kraft der Beharrung. »Warum hat die österreichische Verwaltung eine Abneigung gegen etwas, was das Leben erleichtert«, fragte Redlich, »gegen Anstrich, Farbe, Licht, Luft ...?«[3] Es stimmt schon, dass im Alltag die Bürokratie das morsche Reich zusammenhielt, indem sie die Chimäre von Einheit und Geborgenheit aufrechterhielt, man denke nur an das identitätsstiftende gelbe Schild mit dem schwarzen Doppeladler, das sich auf jedem Bahnhof, auf jeder Poststation, auf jedem Gerichtsgebäude von Lemberg bis Laibach fand, doch unpolitisch, überparteilich und übernational war die Beamtenschaft keineswegs. Der k. k. Zollamts-Offizial Alois Hitler, der Vater Adolf Hitlers, besuchte ungeachtet seiner deutschnationalen Gesinnung selbstverständlich zu Kaisers Geburtstag in Beamtenuniform die Messe.[4] Eine Ahnung von der Macht einer subalternen Beamtenschaft vermitteln das Werk Kafkas und die Satiren eines Karl Kraus.

Der pflichtbewusste, hölzerne Beamte, als dessen Apotheose Franz Joseph gelten muss, war neben dem auf »distance« bedachten Aristokraten, dem galanten, Hände küssenden Operettenoffizier, dem »süßen Mädel« oder der böhmischen Köchin eine der Symbolfiguren des alten

Österreich. Der Kaiser stand an der Spitze einer komplexen, scharf durchhierarchisierten Gesellschaft, deren Schatten in Form einer als »typisch österreichisch« geltenden Titelsucht bis in die Gegenwart reicht. So unterschrieb sich der Vater des Wiener Polizeipräsidenten Franz Brandl stets als »k. u. k. Amtsdiener im k. u. k. Ministerium des kais. u. königl. Hauses und des Äußeren«.[5] Ohne Titel und Rang war man ausgegrenzt und ausgesetzt. Als die Adelstitel von der jungen Republik abgeschafft wurden, änderte ein Graf Sternberg seine Visitenkarte folgendermaßen: »Adalbert Sternberg/Geadelt von Karl dem Großen 798/Entadelt von Karl Renner 1918.« Durch Protektion beeinflussten Erzherzöge, Fürsten und andere Hocharistokraten »nahezu jeden Aspekt des öffentlichen Lebens, sodass die Mittelstände gezwungen waren, jedes angestrebte Ziel durch ein ›Hintertürl‹ zu erreichen«.[6] Schnitzlers Stück *Der grüne Kakadu* wurde 1900 vom Spielplan des Burgtheaters abgesetzt, weil sich eine Erzherzogin an der positiven Haltung gegenüber der Französischen Revolution gestoßen hatte. Doch nicht nur kulturelle Belange wurden manipuliert, selbst die Justizverwaltung war vor Eingriffen nicht gefeit. Franz Joseph, der so gerne als Inbegriff der Gerechtigkeit und Unparteilichkeit gefeiert wird, soll interveniert haben, als 1899 sein Onkel Ernst, ein Bruder des Erzherzogs Rainer, starb und sein Vermögen den aus einer unstandesgemäßen Ehe stammenden Kindern vermachte. Der Kaiser ließ diese Kinder für illegitim erklären, sodass das Vermögen dem 80-jährigen Rainer zufiel. Als eines der Kinder gerichtliche Schritte unternahm, verlor es den Prozess in allen Instanzen »dank dem Einfluss von Seiten des Hofes, obwohl einige der Richter lieber zurücktraten, als dass sie sich dem Druck gebeugt hätten«.[7] Die Gerichtsbarkeit war ebenso wenig vor Schändlichkeiten gefeit wie die Bürokratie. 1906 wurde ein italienischer Arbeiter in den Kerker gesperrt, weil er den Kaiser ständig »König« genannt hatte.[8]
Robert Musil, der Spross einer österreichischen Beamtenfamilie, »deren Berufsideal in der Generation des Vaters der Staatsdienst und deren Berufserwartung die Sicherheit im Staatsdienst ist«,[9] zeichnete das Antlitz des alten Österreich in seinem Roman *Der Mann ohne Eigenschaften* für die Weltliteratur:

> »Dort, in Kakanien ... gab es auch Tempo, aber nicht zu viel Tempo. Sooft man in der Fremde an dieses Land dachte, schwebte vor den Augen die Erinnerung an die weißen, breiten, wohlhabenden Straßen aus der Zeit der Fußmärsche und Extraposten,

die es nach allen Richtungen wie Flüsse der Ordnung, wie Bänder aus hellem Soldatenzwillich durchzogen und die Länder mit dem papierweißen Arm der Verwaltung umschlangen ... Natürlich rollten auf diesen Straßen auch Automobile; aber nicht zu viele Automobile! Man bereitete die Eroberung der Luft vor, auch hier; aber nicht zu intensiv. Man ließ hie und da ein Schiff nach Südamerika oder Ostasien fahren; aber nicht zu oft ...; man saß im Mittelpunkt Europas, wo die alten Weltachsen sich schneiden ... Man gab Unsummen für das Heer aus; aber doch nur gerade so viel, dass man sicher die zweitschwächste der Großmächte blieb. Auch die Hauptstadt war um einiges kleiner als alle anderen großen Städte der Welt, aber doch um ein Erkleckliches größer, als es bloß Großstädte sind. Und verwaltet wurde dieses Land in einer aufgeklärten, wenig fühlbaren, alle Spitzen vorsichtig beschneidenden Weise von der besten Bürokratie Europas, der man nur einen Fehler nachsagen konnte: Sie empfand Genie und geniale Unternehmungssucht an Privatpersonen, die nicht durch hohe Geburt oder einen Staatsauftrag dazu privilegiert waren, als vorlautes Benehmen und Anmaßung. Aber wer ließe sich gerne von Unbefugten dreinreden! ... Es war nach seiner Verfassung liberal, aber es wurde klerikal regiert. Es wurde klerikal regiert, aber man lebte freisinnig. Vor dem Gesetz waren alle Bürger gleich, aber nicht alle waren eben Bürger. Man hatte ein Parlament, welches so gewaltigen Gebrauch von seiner Freiheit machte, dass man es gewöhnlich geschlossen hielt; aber man hatte auch einen Notstandsparagrafen, mit dessen Hilfe man ohne das Parlament auskam, und jedes Mal, wenn alles sich schon über den Absolutismus freute, ordnete die Krone an, dass nun doch wieder parlamentarisch regiert werden müsse. Solcher Geschehnisse gab es viele in diesem Staat und zu ihnen gehörten auch jene nationalen Kämpfe, die mit Recht die Neugierde Europas auf sich zogen und heute ganz falsch dargestellt werden. Sie waren so heftig, dass ihretwegen die Staatsmaschine mehrmals im Jahr stockte und stillstand, aber in den Zwischenzeiten und Staatspausen kam man ausgezeichnet miteinander aus und tat, als ob nichts gewesen wäre ... Denn nicht nur die Abneigung gegen den Mitbürger war dort bis zum Gemeinschaftsgefühl gesteigert, sondern es nahm auch das Misstrauen gegen die eigene Person und deren Schicksal den Charakter tiefer Selbstgewissheit an. Man handelte in diesem Land ... immer anders, als man dachte, oder dachte anders, als man handelte. Unkundige Beobachter haben das für Liebenswürdigkeit oder gar für Schwäche des ihrer Meinung nach österreichischen Charakters gehalten. Aber das war falsch; und es ist immer falsch, die Erscheinungen in einem Land einfach mit dem Charakter seiner Bewohner zu erklären. Denn ein Landesbewohner hat mindestens neun Charaktere, einen Berufs-, einen National-, einen Staats-, einen Klassen-, einen geografischen, einen Geschlechts-, einen bewussten, einen unbewussten und vielleicht auch noch einen privaten Charakter; er vereinigt sie in sich, aber sie lösen ihn auf ... es war der Staat, der sich selbst irgendwie nur noch mitmachte ...«[10]

Der alte Franz Joseph galt für dieses auseinander driftende Reich, für diesen Staat, »der sich selbst irgendwie nur noch mitmachte«, als allerletztes Bollwerk. Hinter seinem Schreibtisch trotzte er verbissen allen diesen schier unlösbaren Problemen, die er in Wahrheit gar nicht kannte, weil er sich dem Leben abseits höfischer Gepflogenheit und aristokratischer Kreise niemals ausgesetzt hatte. »Und so spielte sich das eigentliche Leben des Monarchen nur in seinem Arbeitszimmer und am Schreibtisch ab«, bekannte Ketterl. Das Prinzip »Pflichterfüllung« praktizierte er als stete Wiederholung der immer gleichen Rituale. Die Nachtruhe war für gewöhnlich bereits für 20 Uhr angesetzt, länger als bis 23 Uhr blieb Franz Joseph aus Prinzip nicht auf. Jeden Tag stand er pünktlich um 4 (Sommer) bzw. 5 Uhr (Winter) morgens auf, jeden Tag wusste er sich acht bis zehn Stunden mit Akten oder Audienzen zu beschäftigen. Ungezählte Akten, Namen und Gesichter waren in seinem ausgezeichneten Gedächtnis gespeichert, dem Kaiser wurde nicht zu Unrecht eine »enorme Sach- und Personenkenntnis« attestiert.[11] Daraus zu schließen, dass Franz Joseph einen hinreichenden Überblick über die Probleme der Monarchie gehabt hätte, eine tiefere Einsicht in deren Ursachen, wäre verfehlt. Seine Arbeitsmethode war zeitraubend und ineffizient, er vermochte Wichtiges nicht von Unwichtigem zu trennen. Für den Kaiser galt der Spruch: »*Quod non est in actis, non est in mundo*« – »Was nicht in den Akten steht, ist nicht in der Welt.« Joseph Baernreither analysierte präziser: »Ein Wall von Vorurteilen schließt den Kaiser von allen freien politischen Persönlichkeiten ab. Nicht nur jeder

atmosphärische, sondern auch jeder frische politische Luftzug wird durch den obersthofmeisterlichen, hausmilitärischen und medizinischen Ring, der den Monarchen umgibt, von ihm fern gehalten. Das mit Macht dahinflutende Leben unserer Zeit dringt kaum wie ein fernes Rauschen an das Ohr unseres Kaisers. Jede wirkliche Teilnahme an diesem Leben ist ihm versperrt, er versteht die Zeit nicht mehr und die Zeit geht über ihn hinweg.«[12]
Das Wien um 1900 war eine aufregende, brodelnde Experimentalstation, Kunst und Wissenschaft atmeten die angebrochene Moderne. Die Ära des *fin de siècle*, die bereits lange vor der Jahrhundertwende begann und bis zum Ende der Monarchie reichte, war eine Zeit der Ambivalenzen, des Nebeneinanders widerstreitender Tendenzen und Gefühle, eine Zeit, die ungeahnte Gegensätze aufwarf und sich über diese definierte.[13] Es gab das Gefühl von Zuversicht und Sicherheit sowie jenes von Angst und Unsicherheit. Stefan Zweig, der »die Welt von gestern« nostalgisch als eine »Welt der Sicherheit« wahrgenommen hatte, sparte aber auch nicht mit retrospektiver Selbstkritik: »Die Massen standen auf und wir schrieben und diskutierten Gedichte. Wir sahen nicht die feurigen Zeichen an der Wand ...« Wir, das war ein kleines, kulturell eminent wichtiges Grüppchen, Repräsentanten einer dünnen Bildungsschicht, innerhalb derer die Zeichen der Zeit, die auf Sturm standen, nicht erkannt wurden. Nur ganz wenige hatten eine Ahnung von den »letzten Tagen der Menschheit«. Der norddeutsche Emigrant Friedrich Hebbel dichtete: »Österreich ist eine kleine Welt/In der die große ihre Probe hält.« Karl Kraus schrieb wenige Monate vor Kriegsausbruch in der *Fackel*, Österreich sei die »Versuchsstation des Weltuntergangs«. Anders als die Kassandra Kraus oder auch Georg Trakl verbreiteten Schriftsteller wie Hermann Bahr oder Franz Molnár Endzeitoptimismus. Altes und Neues, Erhabenes und Hässliches, Wahres und Falsches, »rasende innere Spannungen« (Hofmannsthal) charakterisierten die Spät- und Endzeit einer im Zerfall befindlichen Kultur. »Ist nicht der Irrsinn der Welt hier eingesperrt?«, fragte Kraus. Hermann Broch wusste von der »fröhlichen Apokalypse«.
Der Kaiser wusste von alldem nichts, er stand über- und vor allem außerhalb, jenseits. Währenddessen erblühte unter den Schwingen des altersschwachen Doppeladlers eine geistige Landschaft von Weltformat. 1897 wurde die »Secession« gegründet, das Portal des im Jugendstil gehaltenen Ausstellungsgebäudes zieren die Worte: »Der Zeit ihre Kunst –

der Kunst ihre Freiheit.« Die Moderne stand im Zeichen des Aufstandes gegen das »bürgerliche« 19. Jahrhundert, die Künstler forderten eine traditionell katholisch-konservative Umwelt heraus und provozierten. Als Erzherzog Franz Ferdinand ein Bild Oskar Kokoschkas gesehen hatte, geiferte er: »Dem Kerl sollte man alle Knochen im Leibe brechen!« Ein solcher Satz wäre Franz Joseph, der von Musik, Literatur oder bildender Kunst keine Ahnung hatte, nicht über die Lippen gekommen, seine viel zitierte Floskel: »Es war sehr schön, es hat mich sehr gefreut«, die er bei jeder Gelegenheit bemühte, war ein Code der Unverbindlichkeit und Gleichgültigkeit. Einem Franz-Ferdinand-Biografen, der auf das »spießbürgerliche Banausentum« des Thronfolgers verwies, ist zuzustimmen, wenn er schreibt, dass die »Es war sehr schön, es mich sehr gefreut«-Mentalität Franz Josephs eben das »Kulturbarometer des Herrscherhauses« gewesen sei.[14] Auch die Aufregung nach der Errichtung des Loos-Hauses gegenüber dem Burgtor, eines Gebäudes von »strenger Sachlichkeit«, erreichte den Kaiser nicht wirklich. Anders als Victoria von England oder Zar Nikolaus II. mischte er sich in diese Dinge prinzipiell nicht ein.

Als signifikant für das Kunstverständnis des Kaisers muss folgender Dialog mit einem Maler gelten. Franz Joseph betrachtete lange eine Waldlandschaft, die ganz in Blautönen gehalten war. Nachdem der naturverbundene Kaiser bislang nur grüne Wiesen gesehen hatte, fragte er den Künstler: »Soll das vor dem Jagdhaus ein See sein?« – »Nein, Majestät«, antwortete dieser, »das ist eine Waldwiese.« – »Aber die ist ja blau«, wunderte sich der Kaiser, worauf ihm der Maler antwortete: »Ich sehe die Wiese so!« Darauf Franz Joseph, schon im Gehen begriffen: »Dann hätten Sie nicht Maler werden sollen!«[15] Andererseits ist bekannt, dass er einmal eine Ausstellung des Malers Segantini besuchte, der für das damalige Verständnis unerhört modern war. Franz Joseph soll gesagt haben, dass er die Bilder dieses Künstlers noch oft sehen müsse um sie zu begreifen.[16]

Über den jungen Kaiser wurde von einem Zeitgenossen geschrieben: »Bis spät in die Nacht nimmt er Vorträge entgegen ... Großes Interesse wendet er dem Militär zu. Kunst, Wissenschaft, Poesie stehen bis jetzt noch als feiernde Musen an seinem Throne.«[17] Keine der Musen vermochte Franz Joseph je zu inspirieren, Musik, Literatur, die schönen Künste, Geschichte, Philosophie, sie alle kamen nicht einmal in die Nähe seines Thrones, sie waren ihm ebenso fremd wie die Errungenschaften der modernen Technik, wie das Automobil oder das Telefon. Zweig spottete über den Kaiser, »der in seinen 80 Jahren nie ein Buch außer dem Armeeschematismus gelesen oder auch nur in die Hand genommen« und »sogar eine ausgesprochene Antipathie gegen Musik« gezeigt habe.[18] Auch Leo Thun hielt fest, dass Franz Joseph außer den Berichten und Memoranden nach seiner Thronbesteigung kein einziges Buch zur Unterhaltung gelesen hätte. Es wurde festgestellt, dass *Danzers Armeezeitung* zu seiner Lieblingslektüre gehört habe, nicht richtig aber ist, dass der Kaiser »lediglich zubereitete Bruchstücke« der Presse erhalten habe. Morgen- und Abendzeitungen mussten ihm unzensiert vorgelegt werden und zu seiner Lektüre gehörte selbst die sozialdemokratische *Arbeiter-Zeitung*.[19] Insbesondere interessierten ihn Meldungen, die auf die Schratt bezogen waren: »In den Zeitungen las ich mit Entzücken, wie vortrefflich Sie wieder am Donnerstag gespielt, wie rührend Sie geweint haben« (16. Juni 1890). Er zitierte auch aus den Wiener Witzblättern *Kikeriki* und *Floh*.

Franz Josephs Interesse am Theater war ebenfalls nicht ganz so beschränkt, wie manche Autoren insinuieren, etwa wenn sie festhalten, dass er nur jene Stücke gesehen hätte, in welchen die Schratt eine Rolle gespielt habe. Eine bemerkenswerte Notiz aus dem Jahre 1897 macht dies deutlich: »Um 5 Uhr speiste ich allein und dann war ich in der zweiten Vorstellung der ›Wildente‹ von Ybsen, ein kurioses, mühsames, modernes Stück, das aber ausgezeichnet gegeben wird.«[20] Natürlich lassen sich auch andere Beispiele bemühen: »Gestern war ich mit Sisi im Sommernachtstraum von Shakespeare im Burgtheater. Max kam auch hin. Es war ziemlich langweilig und dumm.«[21] Ein kaiserliches Verdikt vom 5. März 1900 könnte hingegen auch hundert Jahre später aus der Feder eines konservativen Kritikers der *Presse* geflossen seien: »... war ich im Burgtheater, wo ich das nicht üble Stück viel zu lang fand und eigentlich betrübt war über die ganz berlinerische Vorstellung. Wohin kommt es auf diese Art mit unserem schönen Burgtheater Deutsch?«

Gewiss, der Kaiser war amusisch, mäßig gebildet und antiintellektuell, doch dieses Urteil trifft auf Politiker und Herrscher aller Zeiten zu, daran hat sich bis heute nichts geändert. Man sollte Franz Joseph nicht zum Vorwurf machen, dass er es an Geist, Witz und Bildung nicht mit Bismarck aufnehmen konnte, doch gilt, was Tschuppik 1924 schrieb, dass nämlich »dieser Monarch als Mensch unbedeutend und uninteressant gewesen ist«, in keiner seiner Äußerungen würde »sich auch nur ein Wort persönlicheren Gepräges« finden, »weder ein Bild noch eine Wendung, die den Schluss zuließe, dass man einen denkenden Menschen vor sich habe ... Es stellt sich heraus, dass der Mann ... eigentlich mit einem Vokabular von zehn Worten ausgekommen ist. Die Worte, mit denen das Reich des Denkens beginnt, Begriffe bildende Worte, fehlen gänzlich im Sprachschatz des Kaisers ...«[22]

11. Exkurs: Die Zeit als Dimension der Herrschaft

»Der Kaiser war ein alter Mann. Er war der älteste Kaiser der Welt. Rings um ihn wandelte der Tod im Kreis und mähte und mähte. Schon war das ganze Feld leer und nur der Kaiser, wie ein vergessener silberner Halm, stand noch da und wartete.«

Joseph Roth

Franz Joseph I. herrschte beinahe 68 Jahre über die zahlreichen Länder Habsburgs, länger als irgendein anderer Fürst der neueren Zeit.[1] Vom Dezember 1848, dem Jahr der blutig niedergeschlagenen Revolution, bis zum November 1916 bestimmte er das Schicksal von zahlreichen Ländern und Völkern. Der Habsburger dachte in vielerlei Hinsicht wie ein Herrscher des 18. Jahrhunderts, das 20. Jahrhundert blieb ihm fremd: Massengesellschaft und moderne Kommunikation, technischer Fortschritt und moderne Kunst. Franz Joseph gelang es Jahrzehnte, außerhalb seiner Zeit zu stehen und gegen den Geist seiner Zeit zu regieren. Er war ein Letzter und er wusste es. Karl Farkas' Bonmot: »Politiker müssen mit der Zeit gehen, sonst müssen sie mit der Zeit gehen«, hatte für einen Monarchen von Gottes Gnaden keinerlei Gültigkeit. Wenn seine Politik als nicht populär empfunden wurde, konnte ihm dies egal sein, als legitimer, nur Gott verantwortlicher Herrscher vermeinte er seine Entschlüsse in einem höheren Interesse zu fassen. Was interessierte ihn der Beifall der Galerie, Franz Joseph konnte warten, bis die kommenden Ereignisse und Entwicklungen ihn rechtfertigen würden – oder eben nicht. Er hatte das unschätzbare Gut der Zeit für sich. Die Zeit selbst gerann zu einer genuinen Dimension seiner Macht.

Franz Joseph hatte die Lebensspanne von siebzig oder achtzig Jahren, die der Psalmist als »köstlich« bezeichnet, längst schon ausgereizt, als er für immer die Augen schloss. Der britische Staatsmann Disraeli sagte einmal, im öffentlichen Leben wirke nichts so sehr wie ein hohes Alter. Und tatsächlich: Franz Joseph war, wie Friedjung schrieb, »für das ganze Erdenrund eine überragende Gestalt geworden«.[2] Obwohl es ihm das Schicksal beschieden hatte, länger als irgendjemand sonst zu regieren, hatte er es nicht verstanden, sein Jahrhundert in irgendeiner Form zu prägen. Jeder Vergleich mit Napoleon oder Bismarck wäre natürlich völlig absurd.

Vom stillen Rhythmus seiner Bürokratenseele an den Fels der Beharrung geschmiedet, trotzte er der Gischt der neuen Zeit mit der inneren Gewissheit, dass alles wohl so kommen werde, wie es eben kommen müsse. Auf seinem Schreibtisch soll sich ein Spruch befunden haben, der lautete: »In jedem Ding der Welt, ob es tot ist oder atmet, lebt der große, weise Wille des allmächtigen und allwissenden Schöpfers. Wie alles ist, so muss es sein in der Welt. Und wie es auch sein mag, immer ist es gut im Sinne des Schöpfers.« Franz Joseph wartete, er hielt durch, eisern und unbeirrbar, darin seinen Vorgängern Friedrich III. und Franz II./I. nicht unähnlich. Herre fand zu einer gelungenen Zusammenfassung: »Was hatte er nicht alles gesehen! Menschen, die noch aus dem 18. Jahrhundert stammten, wie den Großvater Franz I. und den Staatskanzler Metternich, der das, was er für die gute alte Zeit hielt, ad infinitum verlängern wollte. Menschen, die den Anschluss an das 19. Jahrhundert gesucht hatten ohne sich von der Vergangenheit abzukoppeln, seine Minister von Schwarzenberg bis Taaffe, die letztlich alle scheiterten, wenn auch nicht so dramatisch wie sein Sohn Rudolf ... Und Menschen, welche die Vergangenheit wie Ballast abwerfen, in das 20. Jahrhundert aufsteigen wollten, in der Hoffnung, dass alles anders und besser werden würde, und ohne zu ahnen, wo alles enden könnte. Was hatte er nicht alles erlebt! Die Biedermeierruhe und die Revolution von 1848, den Neoabsolutismus und die Dampfeisenbahn, Kriege gegen Frankreich, Italien und Preußen, die er verlor, und Kämpfe mit aufsteigenden Bürgern und aufbegehrenden Liberalen, die er nicht gewann, den Ausschluss aus Deutschland, den er nicht verwinden, und den Ausgleich mit Ungarn, den er nicht verkraften konnte, die Ringstraßenharmonie und den Nationalitätenstreit, die Formierung der Massenparteien, den Vormarsch der Demokratie, des Sozialismus, des Anarchismus, dem die

Kaiserin zum Opfer fiel, das Automobil, mit dem sich alles selbstbeweglich dem Abgrund näherte, den er vor sich auftun sah. Wen hatte er nicht alles überlebt! Den Bruder Maximilian, der für einen Habsburger zu fantasievoll gewesen war, und den Bruder Karl Ludwig, der bei einem Gespräch ständig mit dem Kopf genickt und die letzten Worte des Partners wiederholt hatte, als hätte er alles bejahen und hinausziehen wollen. Die Herren Vettern, die Mit-Monarchen, mit denen er verbunden und verfeindet gewesen war, den preußischen König Friedrich Wilhelm IV. und den deutschen Kaiser Wilhelm I., die Zaren Nikolaus I., Alexander II. und Alexander III., den französischen Parvenu Napoleon III. und die italienischen Emporkömmlinge Karl Albert, Viktor Emanuel und Humbert. Und Königin Victoria von Großbritannien, mit deren Tod im Jahre 1901 das nach ihr benannte Zeitalter endgültig dahinging. Nur er war noch da ...«[3]

Ernest von Koerber veranlasste die lange Lebens- und Regierungszeit 1917 zu seinem bekannten Ausspruch: »Zweifach hat uns Franz Joseph unendlich geschadet, einmal durch seine Jugend und das zweite Mal durch sein Alter!«[4] Die Maximen seiner Herrschaft bohrten sich fest im Erhalten, nicht im Verändern, im Bewahren, nicht im Bewegen. Er musste Zugeständnisse machen, er musste zurückweichen, doch stets nur so viel, wie es unbedingt sein musste. »Solange der gegenwärtige Kaiser lebt«, meinte der britische Botschafter Paget, »ist es unwahrscheinlich, dass sich die Dinge, so wie sie sind, ändern, was des Kaisers ungeheurer Volkstümlichkeit und dem großen Einfluss wie der Autorität zuzuschreiben ist, die er überall in seinem Volke genießt; tatsächlich geht man nicht zu weit, wenn man behauptet, dass es dieses Gefühl der Loyalität und Ergebenheit für den Kaiser Franz Joseph ist, das die einzelnen Teile dieses unterteilten und verschiedenartigen Kaiserreiches mit einem Bande der Einigung umschließt.«[5] Aufgrund seiner langen Herrschaft befriedigte Franz Joseph die tief verankerte Sehnsucht nach Sicherheit und Schutz, Autorität und Stabilität, der alte Kaiser bediente nicht mehr nur das Vater-, sondern auch das Großvaterbild, sein Name stand für Kontinuität und Identität. Franz Joseph sprach den Instinkt der Menschen nach Sicherheit an: Er war »der letzte Herrscher der absoluten Beständigkeit zu Beginn der Ära des ›Endes aller Sicherheit‹«.[6] Im Volksmund, der freilich vor Irrtümern nie gefeit ist, hieß es nicht zufällig: »Wenn der alte Kaiser stirbt, geht das Leuteumbringen an.«

Illusionen gab sich Franz Joseph nur selten hin: »Gott lässt mich so lange leben«, meinte er einmal, »damit das Ende des uralten Reiches um einige Zeit hinausgeschoben werde. Nach meinem Tode wird es unvermeidbar kommen.« So gesehen war die Zeit nicht nur seine Verbündete, sondern gleichermaßen auch Todfeindin seiner anachronistischen, d. h. zeitwidrigen Monarchie, sie arbeitete gleichzeitig für und gegen ihn. Franz Joseph kämpfte hartnäckig gegen die reißenden Wogen des 19. Jahrhunderts, gegen Nationalismus und Konstitutionalismus, gegen jene Kräfte, die sein morsches Reich gebieterisch ins 20. Jahrhundert rissen, wo es freilich eine Anomalie war: »Ich bin mir seit langem bewusst, wie sehr wir in der heutigen Welt eine Anomalie sind ... Nach meinem Tod wird es (das Ende, Anm. C.D.) unvermeidbar kommen.« Doch auch er, der Kaiser, war zu einer Anomalie geworden, zu einem Anachronismus, den Franz Joseph selbst in die bekannten Worte vom »letzten Monarchen der alten Schule« kleidete.

12. »Es war ein schöner, ein christlicher Tod ...«

Das Ende

Ende Oktober 1916 kämpfte der Kaiser mit Bronchitis, die zu schweren Hustenanfällen führte. Am 6. November setzte Fieber ein. Franz Joseph war an Lungenentzündung erkrankt, was ihn selbst zu der Bemerkung veranlasste: »Das kann der Anfang vom Ende sein!«[1] Nach einer kurzfristigen Besserung verschlechterte sich sein Gesundheitszustand in der zweiten Novemberhälfte rapide. Am Nachmittag des 19. November, dem Namenstag der Kaiserin, bekam er Besuch von Katharina Schratt, »die Stütze meiner alten Tage«, wie Franz Joseph einmal geschrieben hatte. Seine Verfassung gab zu den schlimmsten Befürchtungen Anlass, es »schwebten die Schatten des Todes« über Schönbrunn.[2] Der alte Kaiser lag im Sterben. Für die Bevölkerung war Franz Joseph Teil der sakralen Ordnung, seine Autorität war nicht von dieser Welt. Es schien unmöglich, dass dieser Fürst aus grauer Vorzeit, der irgendwie schon immer da gewesen zu sein schien, plötzlich nicht mehr da sein könnte. Die Anekdote, wonach der Kaiser gestorben sei, sich aber niemand getraute, es ihm zu sagen, da er erschrecken könnte, fügt sich in dieses Bild. Es war nicht das erste Mal, dass der Habsburger an einer schweren Erkrankung laborierte, in den Jahren 1911 und 1914 hatte sein Zustand ebenfalls Anlass zu ernster Besorgnis gegeben, doch diesmal hatte es den Anschein, als habe der »Allmächtige«, als dessen ergebenes Werkzeug er sich stets wähnte, beschlossen, seinen hart geprüften Diener Franz Joseph von dieser Welt, die ihm lange schon so fremd geworden war, abzuberufen.

Leibarzt Doktor Kerzl hatte den renommierten Internisten Professor

Ortner zu Rate gezogen, doch auch dessen ärztliche Kunst vermochte das Rad der Zeit nicht zurückzudrehen. Bereits am 10. November waren auf Veranlassung des Grafen Paar »die ersten Vorbereitungen für die traurige Möglichkeit eines Ablebens des Kaisers getroffen (worden) ... Im Schönbrunner Adjutantenzimmer ward es in diesen Tagen still und traurig; die da Erscheinenden tauschten nur, ganz leise, kurze Bemerkungen miteinander aus ... Hie und da begegneten sich die Augen der Anwesenden mit einem stummen Blicke, in dem die Frage lautete: ›Was wird geschehen, wenn unser alter Kaiser uns verlässt?‹«[3] Nach Ketterl, in dessen Erinnerungen der letzte Tag des alten Kaisers präzise geschildert wird, war es nicht der Wille zum Leben, der ihn bis zuletzt aufrecht erhielt, auch nicht die Furcht vor dem Tod, »sondern die entsetzliche Angst, dass die Totenglocken, die ihm läuten würden, auch sein Reich zu Grabe geleiten könnten«.[4] Nicht ohne Grund hatte er seiner Tochter bedeutet, ihr Geld, »läge sicherer in Deutschland als wie in Wien«.
Der Ablauf dieses letzten Tages, es war der 21. November, ein Dienstag, spielt im Detail hier keine Rolle. Neben den Aufzeichnungen von Kerzl dient uns das Tagebuch Marie Valeries als die wichtigste Quelle.[5] Festzuhalten ist jedenfalls, dass Franz Joseph die Rolle seines Lebens, die des peinlichster Gewissenhaftigkeit verpflichteten Pflichterfüllers, in bemerkenswerter Konsequenz bis zum Ende durchhielt. »Ich habe keine Zeit«, sagte er immer wieder, auch zu seiner Tochter, »ich habe noch viel zu arbeiten.« Viel sagend liest sich auch sein Befehl an den Kammerdiener: »Ich bin mit meiner Arbeit nicht fertig geworden, morgen um 1/2 4 Uhr wecken Sie mich wie gewöhnlich.«[6] Damit brachte der Kaiser beinahe klassisch zum Ausdruck, dass er bis zuletzt ein Unvollendeter war. Beinahe alle seine Pläne und Vorhaben wurden schließlich nicht vollendet, nach Lorenz unterlag er »der Versuchung, der fast alle Österreicher unterliegen, ein Unvollendeter zu sein ... Franz Joseph ist der typische Vertreter dieser Spezies Mensch wie alle Österreicher. Aber ist nicht jeder Mensch in diesem irdischen Leben ein Unvollendeter? Und könnte nicht jeder Mensch am Ende seines Lebens die Worte Franz Josephs wiederholen: ›... ich bin nicht fertig geworden‹?«[7]
Am 21. November, fünf Minuten nach 9 Uhr, starb der alte Kaiser. Er war ruhig eingeschlafen. »Es drängt mich mitzuteilen, dass das Ableben Seiner Majestät ein höchst erbauliches war«, erklärte der Hofpfarrer ergriffen. Und er setzte hinzu: »Es war ein schöner christlicher Tod.« Es wurde schon oft gesagt: Mit dem Totenschein des Kaisers wurde auch der

»... und verschwand mit elastischem Schritte in der Ewigkeit«

Totenschein der Monarchie ausgefüllt. Für den Kaiser von Gottes Gnaden wurde wie für jeden Schneidergesellen ein Totenschaubefund ausgestellt, der sich wie ein letzter Gruß der mit dem Herrscherhaus so eng verbundenen Bürokratie liest: »Vor und Zunamen: S. M. Kaiser Franz Joseph I. Berufszweig und Berufsstellung: Kaiser von Österreich, König von Ungarn etc. Glaubensbekenntnis: römisch-katholisch. Stand: Verwitwet. Unmittelbare Todesursache nebst Angabe der etwaigen Grundkrankheiten, aus welcher sich die unmittelbare Todesursache entwickelt hat: Herzschwäche nach Lungen- und Rippenfellentzündung. Gestorben: 21.XI.1916 um 9 Uhr 5' abends. Ist zu beerdigen: In Kapuzinergruft.«

Drei Tage hatten die Untertanen Zeit um sich verabschieden und ihre Schaulust befriedigen zu können. Am 30. November wurde der Sarg geschlossen. Begleitet von Königen, Prinzen und hohen Würdenträgern zogen acht Rappen die Kutsche mit den sterblichen Überresten des Kaisers bis zum Stephansdom, wo Kardinal Friedrich Gustav Piffl die Einsegnung vornahm. Dann setzte sich der Zug in Richtung Kapuzinergruft, der traditionellen Ruhestätte der Habsburger, in Bewegung. Der spätere Bundeskanzler Bruno Kreisky, damals noch keine sechs Jahre alt, stand an jenem Wintertag mit anderen Kindern Spalier. Offenbar konnte er sich gut zurückerinnern, denn in seinen Memoiren entwarf er ein lebendiges Bild: »Es war ein eiskalter, grausiger Tag und wir froren entsetzlich. Als der Trauerkondukt endlich herankam, schien es mir, als fülle sich die ganze Welt mit Schwarz. Es war eine einzige Demonstration der Schwärze und in den Gesichtern der Menschen waren Schmerz und Sorge zu lesen; was mochte jetzt werden? Als ich nach Hause zurückkam, musste ich meinen Mantel anbehalten, weil es keine Kohlen gab. Es war ein Tag der Kälte und Düsternis in jedem Sinne und noch in der Erinnerung hat er etwas Unheilvolles.«[8]

Was dann gekommen sein soll, wurde wie folgt geschildert. Es war Brauch, dass der Verstorbene nicht sofort in die Kapuzinergruft Einlass fand. Das bei dieser Gelegenheit – angeblich – inszenierte Ritual der Erniedrigung der weltlichen Macht vor einer »höheren« wurde in der Literatur überaus häufig zitiert. Obersthofmeister Montenuovo, der ranghöchste unter den vier obersten Hofbeamten, trat an die Pforte der Gruft und pochte mit einem goldenen Stab dagegen, worauf der Prior durch das verschlossene Tor fragte: »Wer bist du, der hier Einlass begehrt?« Montenuovo antwortete: »Ich bin seine Majestät der Kaiser von Österreich, König von Ungarn.« Der Prior: »Den kenn' ich nicht! Wer begehrt Einlass?« Darauf der Obersthofmeister: »Ich bin Kaiser Franz Joseph, apostolischer König von Ungarn, König von Böhmen, Dalmatien, Kroatien, Slawonien, Galizien, Lodomerien, Illyrien, Jerusalem, Erzherzog von Österreich, Großfürst von Siebenbürgen, Großherzog von Toskana und Krakau, Herzog von Lothringen, von Salzburg, Steier, Kärnten, Krain.« Darauf wieder der Prior: »Den kenn' ich nicht! Wer begehrt hier Einlass?« Nun kniete der Stellvertreter nieder und sagte: »Ich bin ein armer Sünder, der um die Gnade Gottes fleht.« Und endlich hieß es: »Tritt ein denn!« So oder so ähnlich wurde das Szenario wiedergegeben. Dabei handelt es sich allerdings um eine hartnäckige Legende, die vermutlich daraus entstanden ist, dass ein Autor vom anderen abgeschrieben hat, ohne die Historizität dieser Vorgangsweise zu überprüfen. Immer wieder wurde festgehalten, dass in jenem Augenblick, da der Sarg in die Gruft hinabgetragen werden soll, noch eine besondere Zeremonie stattgefunden habe. Der Kapuziner-Historiker Eberhard Kusin schrieb: »Auffallend ist, dass weder in den Chroniken des Kapuzinerklos-

ters noch in anderen einschlägigen Originalquellen, die einzelne Begräbnisse in der Kapuzinergruft oft genauestens schildern, irgend etwas darüber berichtet wird, noch im Kapuzinerkloster darüber eine mündliche Überlieferung existiert. Ein äußerer Grund zur Entstehung dieser Legende mag darin gelegen sein, dass bei Hofbegräbnissen die militärischen Kommandos nicht durch Rufe, sondern durch Klopfzeichen gegeben wurden.«[9]
Diese theatralische Inszenierung des letzten Weges, der in vielen Biografien über Franz Joseph sowie in zahlreichen anderen Werken über die Habsburger detailreich geschildert wurde,[10] fand in Wirklichkeit niemals statt. Die aus der rituellen Erniedrigung strömende Erlaubnis, in dieses steinerne Walhalla eintreten zu dürfen, ist also nicht historisch.[11] Franz Joseph trat dennoch in die Geschichte ein und über sein Wirken und Wollen legte sich - ein Schleier der Nostalgie und Verklärung, der Idealisierung und Sentimentalität. So schrieb der ungarische Schriftsteller Sándor Márai noch 1938: »Im Augenblick seines Todes war Franz Joseph für meine Generation bereits eine mythische Erscheinung, kam beinahe gleich nach dem lieben Gott, mit seinem schneeweißen Bart stützte er sein Haupt über den Völkern und verschwand mit elastischem Schritte in der Ewigkeit.«

Verdammung und Verklärung

Im Herbst 1918 wurde die Dynastie gestürzt, der Adel abgeschafft. Die Stützen der alten Ordnung, Armee, Hochbürokratie und katholische Kirche, hatten dieser Entwicklung nichts mehr entgegenzusetzen. Im neuen politischen System nahmen die Kontinuität gewährleistenden politischen Parteien eine zentrale Stellung ein. Als am 21. Oktober erstmals die provisorische Nationalversammlung zusammentrat, meldete sich Victor Adler zu Wort. Er erklärte, dass »die Zeit der Herrenhäusler, der Privilegienwahlrechte, der bürokratisch-militärischen Herrschaftsorganisation und der feudal-kapitalistischen Vorrechte« vorbei sei, die Sozialdemokratie werde dafür kämpfen, dass der »deutsch-österreichische Staat zu einer demokratischen Republik« werde.[12] Die Frage der Staatsform war zu dieser Zeit noch höchst umstritten, die Christlichsozialen traten für die Festhaltung an der Monarchie ein, auch die Deutschnationalen optierten mehrheitlich für eine konstitutionell-monarchische

Staatsform. Erst am 12. November wurde die Republik ausgerufen. Tags davor hatte Kaiser Karl auf jeden Anteil an den Staatsgeschäften verzichtet. Dabei handelte es sich jedoch um keine Abdankungserklärung, um keinen Thronverzicht. Es wurde befürchtet, dass eine Restauration versucht werden könnte, weshalb die nunmehr konstituierende Nationalversammlung am 3. April 1919 ein Gesetz betreffend die Landesverweisung und die Übernahme des Vermögens des Hauses Habsburg-Lothringen erließ.

In dieser revolutionären Phase, die von 1918 bis 1920 währte, stieß die Staatsform der Republik auf breite Zustimmung der Bevölkerung. Nicht nur die Menschen in Österreich, auch die Tschechen, Slowaken oder Südslawen erfreuten sich an ihrer neu gewonnenen Freiheit. Erst später, als sich das Leben in den neuen Staaten zum Schlechteren wendete, wurde das Porträt des Kaisers ins Positive umgefärbt. Faschismus und Nationalsozialismus in den 1930er- und 1940er-Jahren, dann Kommunismus und »Kalter Krieg«: Die Länder Zentraleuropas befanden sich in den Fängen der Diktatur. Mit Franz Joseph, dem »guten, alten Kaiser«, wurde eine rückwärts gewandte Utopie identifiziert, aus welcher die Sehnsucht nach Toleranz und nationaler Gleichheit sprach. Zunächst aber hatte sich der Kaisermythos aus der Not und dem Elend des Weltkrieges heraus in einen negativen Mythos verwandelt: der »Säufer« Kaiser Karl, die »italienische Verräterin« Kaiserin Zita. Insbesondere die Sozialdemokratie wetterte gegen die »gekrönten Verbrecher«, gegen das »fluchbeladene, blutige Geschlecht«, das Österreich 650 Jahre tyrannisiert habe. »Dieses Pathos der Verfluchung der alten Zeit formte eine dunkle Folie, von der sich die schwierigen Jahre der Republik heller abhoben und vor der ein strahlender Stern der Zukunft aufging. Dieses Fluchritual verdrängte allerdings einige historische Fakten, vergaß, wie lange ... die sozialdemokratische Führung die Monarchie zu retten versucht hatte.[13]

Anders die Christlichsozialen, die das Loblieb der Monarchie anstimmten und den Habsburg-Mythos neu belebten. Jeder Tag der Republik, so tönte es aus diesem Lager, reiße »kaum vernarbte Wunden« wieder auf und erinnere an die Katastrophe von 1918. Man versuchte, den »revolutionären Schutt« so bald als möglich beiseite zu räumen. Eine breite Identifikation mit der demokratisch-republikanischen Verfassung fand somit nicht statt, der »Transfer des Sakralen« von der Monarchie auf die Republik misslang gründlich. Die omnipräsente Dominanz der einander feindlich gegenüberstehenden politischen Lager machte alle Integrationsbemühungen zunichte. Wenngleich es keine »logische Entwicklung« vom politischen Erdbeben 1927 zur Zäsur von 1933/34 gab, erwies sich dieses Jahr als ein Jahr der Bewährung und Entlarvung. Als am 15. Juli 1927 in Wien der Justizpalast brannte, wurden aus den Fenstern nicht nur Aktenbündel geworfen: »Als sich unter den herausgeworfenen Objekten auch ein großes Bild Kaiser Franz Josephs befand, kannte der Aufruhr keine Grenzen mehr: Das also war das Antlitz der Justiz, die jetzt, mehr als acht Jahre seit dem Bestehen der Republik, noch immer im alten, reaktionären Geist ausgeübt wurde!«[14]

Der habsburgische Mythos war mit der Monarchie nicht untergegangen, im Gegenteil: Er trat in eine überaus wirkungsmächtige Phase ein. So anachronistisch die Zählebigkeit dieses Mythos auch gewesen sein mag, das Motiv liegt auf der Hand: die Sehnsucht nach einer dahingegangenen Welt, mit welcher auch die eigene Jugend versunken ist, einer Welt, die nun im milden Schein der Erinnerung idealisiert wurde. Exemplarisch dafür stehen folgende Sätze von Joseph Roth: »Alle österreichischen Kaiser sind meine Kaiser. Aber Kaiser Franz Joseph der Erste ist mein besonderer Kaiser, der Kaiser meiner Kindheit und meiner Jugend. Deshalb pflege ich, wenn ich das Glück habe, nach Österreich heimkehren zu können, in der Kapuzinergruft meinen Kaiser zu begrüßen.«[15]

In den 20er- und 30er-Jahren träumten sich viele Menschen in die Walzerzeit zurück und verloren sich in operettenhaften, einer so ganz anderen Realität sanft entrissenen Erinnerungen an die Franz-Joseph-Zeit. Die schwierige politische und wirtschaftliche Situation führte zu einem »Bedürfnis nach Geschichte«,[16] das sich auf die Person Franz Josephs fokussierte. Der Kaiser war in der österreichischen Literatur der Zwischenkriegszeit allgegenwärtig. Romanhafte Biografien, Zeitungsaufsätze, Film, Theater und Operette verklärten die Vergangenheit und formten ein Gegenbild zur Realität. Häufig bedienten sich die um die Gunst des Publikums buhlenden Autoren dabei der Perspektive des Kammerdieners und versuchten sich in von Klischees und Anekdoten überquellenden Darstellungen der Gepflogenheiten am Wiener Kaiserhof. Franz Joseph erscheint in der literarischen Transformation oftmals als der große Leidende, dessen menschliche Seite nur an den Beschränkungen des Protokolls scheitert. Die Beschreibung seiner Lebensstationen, ob es sich nun um seine Heirat oder um den Beginn des Weltkrieges handelt, beinhaltet häufig hagiographische Züge. Franz Joseph fungierte aber auch »als Anti-Figur, als Epizentrum einer politischen Anti-Utopie«.[17] Blutrünstigkeit, Machtgier und Konkurrenzangst innerhalb der Dynastie waren die üblichen Vorwürfe. Während sich in Österreich, Ungarn sowie in der italienisch-triestinischen Literatur, wo das habsburgische Genre aber erst in der postfaschistischen Ära entdeckt wurde, positive und negative Darstellungen etwa die Waage halten, kommt Franz Joseph in der tschechischen Literatur hauptsächlich in negativer Form vor. In Jaroslav Hašeks *Die Abenteuer des braven Soldaten Schwejk* ist etwa vom »breitmäuligen Habsburger Franz Joseph« die Rede, der als »notorischer Idiot berühmt geworden sei«. Der senile Monarch werde von zwei Ammen gestillt und dürfe das Schönbrunner Klosett nicht mehr verlassen. Die Ruthenen und Slowenen hingegen waren dem Kaiser demonstrativ freundlich gesinnt, in der polnischen Literatur kommt Franz Joseph nur selten vor.

In den 1930er-Jahren wurde der habsburgische Mythos für die Standortbestimmung im Kampf um die österreichische Identität instrumentalisiert. Als Gegenentwurf zum Mythos vom »Deutschen Reich« wurde eine österreichische Mission propagiert. Autoren wie Friedrich Schreyvogl unterschieden jedoch zwischen der europäischen Sendung Österreichs und dem, was Franz Joseph daraus gemacht hatte. In seiner *Habsburgerlegende* tritt Franz Joseph als »Gespensterkaiser« hervor, der aus Furcht vor dem Verlust seiner Hausmacht nichts wahrhaft Großes mehr auszudenken vermöge. Der 60-jährige Kaiser gehöre zu den Herrschern, in deren Hirnen »das Feuer erlischt«.[18] Neben den Herolden der Ständestaat-Ideologie machten sich auch literarische Repräsentanten des National-Völkischen daran, die Vergangenheit ideologisch neu zu interpretieren. An erster Stelle ist hier Bruno Brehm[19] zu nennen, für den Franz Joseph der Vertreter eines längst überholten Reichsgedankens war, »der Verwalter einer großen Vergangenheit, ein getreuer Verwalter einer entschwundenen Herrlichkeit«. Sein großes Verdienst war es, dass er »auf verlorenem Posten bis zur letzten Stunde eine Haltung bewahrte, die wir ehren müssen«.[20] Diese teilweise nicht unfreundlichen Bemerkungen eines Autors, der neben Mirko Jelusich zum österreichischen NS-Paradeautor avancierte, werden verständlich, bedenkt man, dass »Ausdauer« und »Pflichtbewusstsein« Eigenschaften sind, die sich relativ einfach auf einen anderen »Führer« umdeuten lassen. Dieser ideologische Impetus fehlte bei Schriftstellern wie Karl Kraus,

Joseph Roth, Franz Werfel, Robert Musil oder Franz Karl Ginzkey völlig, deren konservative Reaktion war individuell motiviert. Mit der nostalgiegetränkten Rückschau auf die »Welt von gestern« versuchten sie, »den Verlust ihrer Kindheit zu bewältigen, die untrennbar mit der Erinnerung an den Kaiser und das Kaiserreich verbunden ist«.[21] Österreich-Ungarn stellte sich speziell für jüdische Autoren als ein Reich dar, in dem ein friedliches Zusammenleben möglich war. Sie waren der Auffassung, dass mit Franz Josephs Tod »jene Dämme brachen, die bisher notdürftig einen Schutz vor Totalitarismus, Anarchie, Völkermord, kollektivem Hass und Barbarei boten«.[22] Trotz der freundlichen, ja liebevollen Darstellung Franz Josephs, wird auch bei den genannten Autoren, die freilich nicht in einem Atemzug genannt werden sollten, da Franz Joseph etwa für Roth tatsächlich eine Vater-Figur war, während Musil das »Überpersönliche« des Monarchen betonte, die Einsicht transparent, dass dieser Kulturabschnitt, nach welchem sie sich so unendlich sehnten, endgültig versunken ist. Kraus, ursprünglich kaisertreu, machte es sich später zur Aufgabe, den paternalistischen Mythos von Franz Joseph zu zerstören. Kraus' »Nörgler« stellt in seinem Werk *Die letzten Tage der Menschheit* die individuelle Gestalt Franz Josephs unter den mythischen Begriff eines habsburgischen »Dämons« (womit er aber nur einen Gegenmythos zur angeblichen habsburgischen »Gemütlichkeit« schuf). Und noch in derselben Szene heißt es: »Wissen Sie, wofür wir jetzt büßen? Für die Ehrfurcht, zu der uns solche Gestalten herausgefordert haben!« In der *Fackel* kam Franz Joseph als »gekrönter Tollhäusler« vor, Kraus apostrophierte ihn als »das gemütlichste Ungeheuer der Weltgeschichte«, als alten »Staatsfallot, dem zwar nie etwas erspart blieb, der aber doch stets mehr Kaiserwetter als Verstand gehabt hat« usw.[23]

Nach dem Zweiten Weltkrieg haben die Schriftsteller das Interesse an Franz Joseph weitgehend verloren. Auch in Ungarn, wo sich in der krisengeschüttelten Zwischenkriegszeit ebenfalls ein Franz-Joseph-Mythos herausgebildet hatte, war der Kaiser nach 1945 kein literarisches Thema mehr. Als 1955 der Lyrikband *Der ewige Kaiser* von Werner Bergengruen neu aufgelegt wurde, fand dieses Buch zum Leidwesen des Autors nur wenig Resonanz. Außer Alexander Lernet-Holenia, von dessen Werk bereits eingangs die Rede war, beschäftigte sich in den letzten Jahren kaum ein Autor mit Franz Joseph, eine Ausnahme war Ottokar Janetschek, dessen 1949 erschienenes Buch den Titel *Kaiser Franz Joseph. Schicksale und Tragödien aus der guten alten Zeit* trug. Der Gehalt dieses Buches wird im Vorwort bereits vorweggenommen: »Es (das Buch, Anm. C.D.) hat weder den Ehrgeiz, das lange Erdendasein des letzten europäischen Monarchen alter Schule wissenschaftlich zu durchleuchten, noch die Absicht, es psychologisch neu zu deuten. Es will lediglich der älteren Generation - die noch die schöne, gemütliche Donaumonarchie miterlebte - glückliche Zeiten in Erinnerung rufen und der Jugend - die die alte Zeit nur mehr vom Hörensagen kennt - wenigstens einen Schimmer vom strahlenden Glanz und dem tief schmerzlichen Ende Österreich-Ungarns und seines ehrwürdigen Souveräns vermitteln.«[24]

13. Der Kaiser: ein Fall für die Psychologie?

Ich empfinde es als Manko, dass sich bisher noch kein Psychologe bzw. Psychiater systematisch an der Person des Kaisers Franz Joseph versucht hat. Mir ist jedenfalls keine einzige Arbeit bekannt, die sich dieser spannenden Aufgabe angenommen hätte. Ein aus der einschlägigen Literatur schöpfender und trotzdem eigenständiger psychologischer Beitrag würde den Zugang zur Persönlichkeits- bzw. Charakterentwicklung Franz Josephs erleichtern und dessen Motivationen und Trieben, Gefühlen und Affekten, Werthaltungen und Weltanschauung schärfere Konturen verleihen. Dass dies bisher nicht geschehen ist, hat einerseits vielleicht damit zu tun, dass die Psychobiografie – eine Methode, der in Kenntnis einiger jener Arbeiten, die zweifellos mehr Schaden angerichtet als Nutzen eingebracht haben, m. E. mit Vorsicht und Skepsis zu begegnen ist – vor allem im deutschen Sprachraum eher verpönt ist, andererseits, und dieser Erklärungsansatz wiegt wohl schwerer, mag eine unartikulierte Scheu davor, den längst zum Mythos erstarrten Kaiser mit dem Feinbesteck der Psychiatrie zu entmumifizieren, eine Rolle gespielt haben.

Psychobiografischen und psychohistorischen Interpretationen ist das Risiko gemeinsam, sich im Dickicht vorausbestimmter Theorien, welche die Fakten gefährlich zu überwuchern drohen, zu verlieren. Im Versuch Rudolf Binions, die Schicksale König Ludwigs II. von Bayern, Kronprinz Rudolfs und des Erzherzog-Thronfolgers Franz Ferdinand miteinander zu verknüpfen, werden die Gefahren sichtbar, die einer solchen methodischen Annäherung innewohnen.[1] Binion stellte folgende Behauptung auf: Der Kronprinz habe an einem »Ludwig-Komplex« gelitten, der ihn in seiner panischen Angst vor einem heraufdämmernden Wahnsinn in den Suizid getrieben habe. Rudolf hätte sich mit seinem wittelsbacherischen Verwandten so sehr identifiziert, dass er in einen analogen Tod flüchtete; als Jäger erschoss er sich, während Ludwig, ein guter Schwimmer, den Ertrinkungstod suchte. Mary Vetsera übernahm in diesem an den Haaren herbeigezogenen Szenario die Rolle des Nervenarztes Gudden, der vermutlich infolge eines Handgemenges mit dem geisteskranken Ludwig ebenfalls ertrunken war. Binion glaubte zudem an eine homosexuelle Verbindung zwischen Ludwig und Rudolf, eine absurde Vermutung, die durch keine einzige seriöse Quelle gestützt wird. Er war ferner der Auffassung, dass der Habsburger, von Ludwig angeblich als Nachfolger auf dem bayerischen Thron vorgesehen, zwanghaft dazu getrieben wurde, das Schicksal des »Märchenkönigs« am eigenen Leib nachzuvollziehen. Dieser Drang historischen Wiedererlebens habe auch von Franz Ferdinand Besitz ergriffen. Der Erzherzog hätte bis zum Erreichen des 31. Lebensjahres, jenem Alter, in dem Rudolf seinem Leben ein Ende gesetzt hatte, ein ausschweifendes Leben geführt. Danach aber hätte sich ein Abwehrmechanismus bemerkbar gemacht, der dazu geführt habe, diametral zu seinem Vetter zu handeln: Er heiratete aus Liebe, entwickelte eine Abneigung gegen die Ungarn und degenerierte zum brutalen Jäger. Das Bestreben, den Freitod des Kronprinzen ungeschehen zu machen, habe ihn schließlich dazu gebracht, sich selbst und seine Frau ermorden zu lassen.

Dieses extreme Beispiel lässt erahnen, welche Früchte unter Umständen vom Baum der Psychobiografie fallen können. Meine Auffassung, wonach eine biografische Annäherung an Franz Joseph durch die behutsame Einbindung der Psychologie, von der selbstredend nicht die Erschließung revolutionär neuer Wege zur Persönlichkeit des Habsburgers erwartet werden kann, gewinnen würde, wird dadurch aber keineswegs konterkariert. Erwin Ringel, der vor allem durch sein Buch *Die österreichische Seele* bekannt gewordene Wiener Psychiater und Pionier der Suizidforschung, hat bei verschiedenen Gelegenheiten zu Franz Joseph Stellung bezogen. Wenngleich diese verstreuten Anmerkungen gelegentlich eine nicht unproblematische Tendenz zur Simplifizierung erkennen lassen und es auch fraglich ist, ob Ringel in den relevanten Arbeiten über den Kaiser ausreichend beschlagen war, so lohnt es sich doch, seinen Überlegungen Gehör zu schenken: »Der Mann wurde schon in der Kindheit durch seine Mutter und die Erziehung vernichtet, hat dann 68 Jahre regiert, hat in dieser überlangen Zeit keine

einzige konstruktive Idee gehabt, keine einzige! Mit der zwangsneurotischen Pedanterie einer Maschine ist er am Schreibtisch gesessen ... als personifiziertes Pflichtgefühl ...«[2] Ringel nahm »mit Schrecken« zur Kenntnis, dass immer mehr Menschen nach diesem Franz Joseph eine merkwürdige, nostalgische Sehnsucht entwickeln würden, weshalb sich gerade der Tiefenpsychologe fragen müsse: »Ist das die Sehnsucht nach der verlorenen Vaterfigur? Sind die Regierenden den Österreichern vielleicht noch zu wenig neurotisch, dass sie den Franz Joseph wollen? – Oder wollen sie gar wieder einen Totengräber an der Spitze? Denn es ist doch überhaupt kein Zweifel, dass dieser Mann vor allen anderen der Totengräber Österreichs war! Wenn er am Schluss seines Lebens aussprechen musste: ›Mir bleibt auch nichts erspart‹, war das die logische Konsequenz einer lebenslangen neurotischen Selbstvernichtung auf allen Gebieten. Diesem Mann musste alles, was er anrührte, misslingen! – und nach ihm eine Sehnsucht?«[3] Für Ringel steht also fest, dass Franz Joseph »von seiner Mutter zerstört worden, schwerst neurotisiert worden« ist, er habe »dann eine neurotische Entwicklung, eine ›Lebensgestaltung‹, besser gesagt,eine ›Verunstaltung‹ gehabt und erlitten, wie das bei Neurosen eben so der Fall ist, weil der Neurotiker zu seinem eigenen Feind wird. Das Unglück klebte an seinen Händen, man kann ruhig sagen, alles was er angenommen und begonnen hat, ist eigentlich tragisch, schlecht ausgegangen, musste schlecht ausgehen nach unserer tiefenpsychologischen Deutung ...«[4]
Eben diese »Selbstschädigungstendenz« wäre für einen Neurotiker typisch. Franz Joseph habe Hass gegen seine Eltern gehegt, »und wenn auch der Hass nur im Unbewussten ist, entsteht daraus ein Schuldgefühl. Dieses Schuldgefühl drängt nach Bestrafung und so ist der Lebensweg des Neurotikers ein Weg von Unglück zu Unglück. Oder wie Alfred Adler gesagt hat: ›Der Neurotiker läuft seinen eigenen Ohrfeigen nach‹ (natürlich unbewusst). Aber der Neurotiker gibt keine Ruhe, bevor er nicht, von wem auch immer, sei's vom ›Schicksal‹, sei's von anderer Hand, seine Ohrfeigen bekommen hat. Der Lebensweg Franz Josephs ist eine einmalige Aneinanderreihung von Niederlagen, politischen Niederlagen – alle Schlachten, alle Kriege hat er verloren – wie auch privaten – auch in seinem persönlichen Leben hat die Neurose schreckliche Folgen gezeigt. Sein Sohn Rudolf, den er vom ersten Tag an nicht als Mensch sah, sondern als Militaristen, hat dies nicht ausgehalten, ist süchtig geworden und durch Selbstmord tragisch verstorben, wobei er

noch einen anderen Menschen ... in den Tod mitgenommen hat. Sein Bruder Maximilian, den er im Stich gelassen hat, ist in Mexiko hingerichtet worden, seine Frau Elisabeth ist an seiner Seite ein zutiefst unglücklicher Mensch geworden und schließlich ... einem Attentat zum Opfer gefallen. Der Thronfolger Franz Ferdinand ist durch ein Attentat umgekommen. Wir wissen, und das fällt ganz schwer ins Gewicht, dass die serbische Regierung Franz Joseph davor gewarnt hat, den Thronfolger nach Sarajewo hinunterfahren zu lassen, weil gegen ihn ein Attentat geplant sei ... Man kann nun vielleicht annehmen, dass Franz Joseph, der Franz Ferdinand ... gehasst hatte, diesem überhaupt den Tod gewünscht hat. In jedem Fall aber ist das Attentat von Sarajevo ein weiteres Glied in der Kette des schrecklichen neurotischen Unglücks. Und dann schließlich zuletzt: ›Ich habe alles geprüft und erwogen‹. Diese Kriegserklärung im Jahre 1914 war dann der letzte Schlag der Selbstzerstörung ...«[5]

Eine kritische Analyse dieser Zeilen kann, von historischen Ungenauigkeiten, die hier aber keine Rolle spielen, einmal abgesehen, nicht nur zustimmend ausfallen, da Ringel Psychologismus betreibt. Ich kann und will die Einschätzung, wonach Franz Joseph – vor allem aufgrund des Einflusses seiner dominanten Mutter – Neurotiker mit einer stark ausgeprägten Selbstbeschädigungstendenz gewesen wäre, nicht von der Hand weisen, doch wäre es unerlässlich, dieser Hypothese eine genaue Quellenuntersuchung zu Grunde zu legen, bevor derart apodiktisch Schlussfolgerungen gezogen werden können. Ringel geht aber noch einen Schritt weiter. Er schreibt der von ihm postulierten Neurose eine gebieterische, geradezu dämonische Kraft zu, die seiner Ansicht nach den Kaiser, seine Familie und schließlich das ganze Reich in den Abgrund reißen musste. Diese Hypothese ignoriert die Fülle verschiedener Einflussfaktoren und Prozesse, aus welchen »Geschichte« erwächst. Des Kaisers »Neurose« für die unglückliche Verkettung von »Katastrophen« und »Schicksalsschläge« kausal verantwortlich zu machen, unterscheidet sich von der obskuren Ansicht, ein Fluch der verzweifelten Gräfin Batthyány wäre die Quelle all dessen gewesen, eigentlich nur durch den wissenschaftlichen Bezugsrahmen und die zu diesem gehörende Terminologie. Trotz dieser Kritik bin ich aber überzeugt, dass Ringels parenthetische Anmerkungen einen wertvollen Denkanstoß darstellen, der es verdient, weiterverfolgt zu werden.

Für den Tiefenpsychologen war die von ihm festgestellte und kritisierte nostalgische »Sehnsucht nach der verlorenen Vaterfigur« durchwegs unverständlich: »Der Österreicher hat zu seiner Vergangenheit eine in höchstem Grade gestörte Beziehung. Wie wir unsere Geschichte lehren, lernen und glauben, ist eine einzige Aneinanderreihung von Lügen, von Behauptungen, die, wenn man näher hinsieht, nicht stimmen ... Es fängt damit an, dass wir bis zum heutigen Tage an den ›Vater‹ Kaiser Franz Joseph glauben, ihm huldigen und ihn verehren.«[6] Hier scheinen mir einige zusätzliche Überlegungen notwendig zu sein. Als dieser Satz zu Papier gebracht wurde, war »der alte Kaiser« bereits seit beinahe acht Jahrzehnten tot. Ringels Befund ist aber zweifellos richtig. Es stellt sich somit die Frage, wie bzw. weshalb - d. h. aufgrund welcher Einflüsse und Befindlichkeiten - diese Erzählung vom »guten Vater« Franz Joseph entstanden sein könnte und warum sie sich als derart resistent erwiesen hat. Vielleicht vermag ein Ansatz dienlich zu sein, der zunächst auf die Mechanismen der Religion verweist. Der Glaube an einen Vater im Himmel erlaubt dem Menschen, sein aus Kindheitstagen stammendes Abhängigkeitsverhältnis vom Vater zu kanalisieren. Diese Überlegung ist natürlich nicht neu. Doch nimmt nicht der Monarch als Repräsentant der Vollkommenheit, der »zur Projektionsfläche magischer Wünsche und zum Garanten für das Beseitigen jeglicher Gefahrenquellen und für das Bewerkstelligen von scheinbar Unmöglichem wird«,[7] eine ähnliche Rolle ein? Sigmund Freud war der Auffassung, der Mensch könne sich die Vorsehung nicht anders als in der Person eines großartig erhöhten Vaters vorstellen, welchen man durch die Kraft des Gebetes erweichen und durch Reue beschwichtigen kann.[8] Die »psychischen« Wurzeln der göttlichen Herrlichkeit würden somit in dem Eindruck des Kindes von der väterlichen Macht gründen. Der Mensch brauche ein Objekt, welchem er seine Bewunderung schenken kann um in der Folge selbst an der Macht des Bewunderten partizipieren zu können. Im alten Österreich wurde dies durch Franz Joseph repräsentiert, an dem man sich orientieren konnte, dem man vertraute und der - wie Erdheim meinte - das »Phantasma« nach sich zog, »man könne sich auf die Herrschaft verlassen, sie werde einen - wie man es sich einst vom Vater erhofft hatte - beschützen und die Guten belohnen und die Bösen bestrafen«.[9]

Der Kaiser war Teil der sakralen Ordnung, er war die Spitze, auf die nichts zulief. Durch seinen schneeweißen Backenbart, der ihn überpersönlich und zugleich unverwechselbar machte, erwuchs dem von einem eisigen Hauch umwehten Greis der Nimbus des dem Alltagsverständnis entrückten Patriarchen, der aus einer anderen Welt gekommen zu sein schien. Sein von den Stürmen der Jahrzehnte geformtes Antlitz erstarrte allmählich zum Archetypus des Über-Vaters, der sich in das kollektive Gedächtnis der Menschen einbrannte und sämtlichen Brüchen der österreichischen Geschichte erfolgreich zu trotzen verstand. Für Generationen galt Kaiser Franz Joseph als Urbild des »pater patriae«. Sein Bild stand Wache in jeder Amtsstube der Monarchie. »Sein Auge, wie das Auge Gottes, sah alles. Er, der Überbürokrat, voll asketischer Pflichtgesinnung, er, der stets in Uniform auftrat, elastischen Schrittes, scheinbar unsterblich, er, der Kaiser repräsentierte alle österreichischen Tugenden. Und diese Tugenden waren gewiss nicht besonders demokratisch. Der Kaiser gehörte zur sakralen Ordnung, um ihn wehte der Glanz Gottes ... Nicht der selbstbewusste Staatsbürger, der ›frei geborene Österreicher‹ trat seinem Kaiser gegenüber, sondern der ehrfurchtsvolle Untertan. Das Volk stand Spalier, sprechen durften nur die Honoratioren.«[10]

In manchen österreichischen Landgasthöfen ist noch heute eine anonyme Lithografie aus dem Jahre 1769 zu finden, in deren Mittelpunkt Kaiser Josef II. steht, der symbolträchtig den Pflug führt. Dieses Bild wirft lange Schatten ins 20. Jahrhundert: »Hier wurzelt jenes andere Element der österreichischen politischen Kultur: das Vertrauen in die Obrigkeit, eine tief verwurzelte, quasireligiöse Staatsfrömmigkeit ... Dominante Vaterfiguren stärkten dieses Über-Ich. Diese Vaterfiguren - gütig, aber streng - reichen von Josef II. über Franz Joseph, Seipel, Hitler, Raab bis zu Kreisky.«[11] Es ist unübersehbar und unbestreitbar, dass die Geschichte tiefe Furchen einer spezifischen Untertanenkultur in die österreichische Mentalität zu schlagen wusste. Anstatt selbst »hinter den Pflug zu treten«, marschierte »man« in der »von oben« vorgezeichneten Spur. Diese Last kollektiver historischer Prägungen drückt auf die Qualität der politischen Kultur. Österreich war es im Gegensatz zu anderen europäischen Staaten niemals vergönnt, eine erfolgreiche Revolution zu erleben. Der Josefinismus oktroyierte im ausgehenden 18. Jahrhundert überhastete Reformen, 1848 war ein Fehlschlag, und den Ereignissen des Jahres 1918 wurde von Otto Bauer, dem wichtigsten Politiker der Sozialdemokratie zwischen 1918 und 1934, nicht zu Unrecht nur der Stellenwert einer »parlamentarischen Revolution«[12] zugeschrieben. Schließlich ist noch zu sagen, dass auch die Auseinandersetzungen der späten Habsburgermonarchie sowie die traumatische Verunsicherung nach dem Systembruch von 1918 diesbezüglich fanalartigen Charakter hatten. Paternalistische und etatistische Tendenzen wurden in den darauf folgenden Jahrzehnten noch verstärkt.

Nach den vielen Jahrhunderten der Monarchie, in welcher Politik »von einem Zentrum ausging und auf es hinlief, war die Abneigung dagegen politisch verständlich. Der Kampf der Bürger gegen den im Monarchen personifizierten Staat war aber auch ein Kampf um diesen Staat. Die Herrschaft von Verfassung und Gesetz sollte die Herrschaft des Monarchen ersetzen und zur Rationalisierung von Macht führen. Der Neigung zu diesem entpersönlichten Sicherheitssystem entsprechen viele Einrichtungen und Verfahren unserer Verfassung: Die Bindung an Verfassung und Gesetz und die Kontrolle der Staatsakte auf ihre Verfassungsmäßigkeit sind die wichtigsten.«[13] Manfried Welan, der Verfasser dieser Zeilen, gab seinem Buch über das Amt des österreichischen Bundespräsidenten, der immer wieder auch als Ersatzkaiser bezeichnet wird, den programmatischen Untertitel *Kein Kaiser in der Republik*. Und dennoch: Durch dieses in den 1920er-Jahren im Spannungsfeld der großen politischen Lager geschaffene Amt schimmert der alte Kaiser wie ein Wasserzeichen. »Die Verfassung der Monarchie«, so Welan an anderer Stelle, »und die persönliche Verfassung Franz Josephs können den ›Kaiserkomplex‹ verständlich machen, der die Diskussion um das Staatsoberhaupt zu Beginn unserer Republik bestimmte. Das Für und Wider den Monarchen und die Monarchie hat das Für und Wider das eigene Staatsoberhaupt beeinflusst. In der Gestalt des Bundespräsidenten ragt noch immer die Gestalt des Kaisers in die Republik hinein … Die Monarchie hat sich in vielen Institutionen der Republik fortgesetzt. Im Bundespräsidenten ist sie zur Person geworden. Sein monarchischer Ursprung und seine Zugehörigkeit zur Sakralsphäre des Staates sind noch heute in den Regeln der Immunität und Unvereinbarkeit erkennbar.«[14]

Die vorläufigen Verfassungen von 1918 und 1919 als radikalparlamentarische Intermezzi kannten kein eigenes Staatsorgan mit vollumfänglichen Staatsoberhauptsfunktionen, das Amt des Bundespräsidenten wurde erst durch das Bundesverfassungsgesetz von 1920 geschaffen. Der erste Amtsinhaber konnte für sein Rollenverständnis als Oberhaupt einer parlamentarischen Demokratie auf kein Vorbild, auf keine Traditionen zurückgreifen. Franz Joseph hatte als lebendiges Denkmal das Bild des Staatsoberhauptes an sich für Generationen geprägt.

Der spätere Bundespräsident Franz Joseph Jonas, der mit dem alten Kaiser nicht nur den Vornamen teilte, sondern in offizieller Lesart auch an jenem Tag geboren wurde, an dem der Habsburger seinen Namenstag feierte, was auf einen Irrtum von Jonas' Hebamme zurückzuführen ist, war noch Bürgermeister von Wien, als er im Mittelpunkt einer Versammlung stand. Der sozialistische Leiter dieser Versammlung sagte damals zu seinem Genossen Jonas: »Ich begrüße unseren Bürgermeister Franz Joseph.« Zwar korrigierte sich der Funktionär umgehend, doch sein Versprecher dokumentierte einprägsam, dass auch im Unterbewusstsein dieses Sozialisten Franz Joseph nach wie vor als »Vaterfigur« präsent und lebendig war. Es ist vielleicht kein Zufall, dass sich das äußere Erscheinungsbild von Jonas' Vorvorgänger Theodor Körner, der als hoher Offizier in der k. u. k. Armee gedient hatte, im Alter immer mehr dem Konterfei des alten Kaisers genähert hatte, dessen Rollenbild als »Landesvater« er charismatisch zu verkörpern verstand. Auch Karl Renner, der erste Bundespräsident der Zweiten Republik, strahlte diesen patriarchalischen Habitus aus. Der Umstand, dass sich die Räumlichkeiten, in welchen die Bundespräsidenten amtieren, im Leopoldinischen Trakt der Hofburg befinden, den bereits Maria Theresia bewohnt hatte, geht auf die Initiative Renners zurück, der dem Zeremoniell und der Repräsentation durchaus zugetan war.[15]

Von allen Habsburgern und Habsburgerinnen genießt die »Vaterfigur« Franz Joseph neben der »Mutterfigur« Maria Theresia die größte Popularität, eine dauerhafte Faszination. Warum? Eine interessante Erklärung dafür, warum die Figur des Kaisers viele Menschen so zu faszinieren vermag, bot Willy Lorenz in seinem Büchlein *Franz Joseph in uns*. Seiner Auffassung nach wären es bei einem Mann immer wieder zwei Typen, die Faszination erwecken: »Einmal ist er eine junge (oder relativ junge) strahlende Persönlichkeit, von dem die Menschen den Eindruck haben, dass er ihr großer und starker Bruder ist, von dem sie sich erhoffen, er werde ihnen eine Art Erlösung von ihren Leiden, Sorgen und Problemen bringen. Das andere Mal ist es wieder eine Persönlichkeit, die auf den Menschen den Eindruck macht, dass es sich um einen gütigen, gerechten, weisen und verstehenden Vater handelt, der streng und barmherzig zugleich sein kann. Von beiden Typen wird immer wieder verlangt, dass sie im Leben persönlich bedürfnislos sind und dennoch den Glanz der Macht und die Schönheit des Herrschers repräsentieren.«[16] Lorenz schreibt von zwei »Urinstinkten«, die im Menschen vorhanden wären und immer wieder zum Durchbruch kommen würden. Dabei würde es sich um die Sehnsucht handeln, durch einen »großen Bruder« erlöst zu werden, und jene, von einem gütigen Vater beschützt zu sein. In Franz Joseph hätte der Österreicher beide Arten einer Persönlichkeit entdeckt, die faszinieren können: im jungen Kaiser den großen »Bruder-Erlöser«, im alten Kaiser den weisen, schützenden »Vater«. Der Österreicher würde in seinem Unterbewusstsein ahnen, dass Franz Joseph »so etwas wie ein Spiegelbild des perfekten Österreichers ist, sowohl im Negativen wie im Positiven. Die Fehler des Kaisers sieht er als die eigenen. Und bei den positiven hat er den Eindruck, dass er diese auch haben könnte, wenn er sich nur etwas anstrengen würde. Dies ist ein weiterer Grund, warum dieser Kaiser, von dem man vielleicht nicht mehr viel weiß, so vielen Menschen sympathisch ist und warum er auch Jahrzehnte nach seinem Tod noch Menschen zu faszinieren versteht«, schreibt Lorenz.

In der Biografie Franz Josephs machen wir nicht die Bekanntschaft mit den lichten Möglichkeiten der Geschichte, sondern vielmehr mit gebrochenen Wünschen, mit der Vergeblichkeit des Handelns, mit dem Ausweglosen der Existenz. Das Unauflösliche in seiner Person, in seinem Leben, verdichtet sich zu jener Hieroglyphe der österreichischen Vergangenheit, die um so schwerer zu entschlüsseln ist, als sie jeder lesen zu können vermeint.

Anmerkungen

EINFÜHRUNG

[1] J. C. Allmayer-Beck, Vorwort, in: A. Bossi Fedrigotti, Kaiser Franz Joseph I. und seine Zeit, Zürich/München 1978, 7.
[2] Ebenda.
[3] W. Pohl/K. Vocelka, Die Habsburger. Eine europäische Familiengeschichte (herausgeg. von B. Vacha), Graz/Wien/Köln 1996, 496.
[4] Ebenda, 497.
[5] F. Nietzsche, Vom Nutzen und Nachteil der Historie für das Leben, in: Werke (herausgeg. von K. Schlechta (I), München 1969, 229.
[6] J. Burckhardt, Über das Studium der Geschichte. Der Text der »Weltgeschichtlichen Betrachtungen« auf Grund der Vorarbeiten von E. Ziegler nach den Handschriften herausgeg. von P. Ganz, München 1982, 252.
[7] G. Iggers, Geschichtswissenschaft im 20. Jahrhundert, Göttingen 1993, 104.
[8] K. R. Popper, Über Geschichtsschreibung und über den Sinn der Geschichte, in: ders., Alles Leben ist Problemlösen. Über Erkenntnis, Geschichte und Politik, München 1994, 187.
[9] Ebenda.
[10] K. Marx, Der achtzehnte Brumaire des Louis Bonaparte, in: Institut für Marxismus-Leninismus beim ZK der SED (Hg.), Karl Marx und Friedrich Engels. Werke (VIII), Berlin 1969, 111 ff., hier 115.
[11] P. Nora, Zwischen Geschichte und Gedächtnis, Berlin 1990, 14.
[12] E. C. Corti, Mensch und Herrscher. Wege und Schicksale Kaiser Franz Josephs I. zwischen Thronbesteigung und Berliner Kongress, Graz 1952, 221.
[13] F. Schnürer (Hg.), Briefe Kaiser Franz Josephs an seine Mutter 1838–1872, München 1930, 352.
[14] Ebenda, 357.
[15] F. Conrad v. Hötzendorf, Aus meiner Dienstzeit 1906–1918 (5 Bände), hier Band 4, Wien/Leipzig/München 1921–1925, 162. Ähnliches hatte bei anderer Gelegenheit Graf Ottokar Czernin zum Ausdruck gebracht: Österreich solle wenigstens »mit einem gewissen Anstand krepieren«. Hier zit. nach R. A. Kann, Erzherzog Franz Ferdinand Studien, Wien 1976, 204.
[16] J. Stürgkh, Das Bündnis der Mittelmächte, in: E. Steinitz (Hg.), Erinnerungen an Franz Joseph I. Kaiser von Österreich – Apostolischer König von Ungarn, Berlin 1930, 265 ff., hier 273.
[17] K. Tschuppik, Franz Joseph I. Der Untergang eines Reiches, Dresden 1928, 82.
[18] E. Hanisch, »An erlaubten G'spaß – ka Silb'n Politik?« Die historischen Grundlagen der politischen Kultur in Österreich, in: P. Bettelheim/R. Harauer (Hgg.), Ostcharme mit Westkomfort. Beiträge zur politischen Kultur in Österreich, Wien 1993, 15 ff., hier 23.
[19] I. Cankar, Der Knecht Jernej, Wien 1970, 176.
[20] R. W. Seton-Watson, The Emperor Franz Joseph, in: English Historical Review, Nr. 6/1932, 11 ff.

2. DER MYTHOS

[1] Vgl. dazu vor allem A. Lhotsky, Apis Colonna. Fabeln und Theorien über die Abkunft der Habsburger (Mitteilungen des Instituts für Österreichische Geschichtsforschung 55), Wien 1944; A. Wandruszka, Das Haus Habsburg. Die Geschichte einer europäischen Dynastie. Wien/Freiburg/Basel 1978, 29 ff.
[2] W. Pohl/K. Vocelka, Die Habsburger, 488 f.
[3] A. Wandruszka, Das Haus Habsburg, 24 ff.
[4] Josef II. und sein Bruder Leopold II. betrachteten sich als erste Diener ihrer Völker, als Menschen unter Menschen, nicht mehr als Stellvertreter Gottes. Ihre Ausnahmestellung

begründeten sie mit dem sie verpflichtenden Einsatz zum Wohle ihrer Untertanen. Vgl. Amt der Niederösterreichischen Landesregierung (Hg.), Österreich zur Zeit Kaiser Josefs II., Wien 1980; A. Wandruszka, Leopold II. Erzherzog von Österreich, Großherzog von Toskana, König von Ungarn und Böhmen, Römischer Kaiser (2 Bände), Wien 1963 und 1965.

[5] H. Holzer, Der Fluch über dem Hause Habsburg, München 1981, 124 ff.

[6] Ebenda, 161.

[7] A. Lernet-Holenia, Die Geheimnisse des Hauses Österreich. Roman einer Dynastie, Zürich 1971, 38.

[8] W. Pohl/K. Vocelka, Die Habsburger, 492.

[9] A. Wandruszka, Kaiser Franz Joseph als Herrscher und Mensch, in: Das Zeitalter Franz Josephs. Niederösterreichische Landesausstellung. 1. Teil. Von der Revolution zur Gründerzeit (1848–1880), Wien 1984, 17 ff., hier 17 f.

[10] C. Magris, Der habsburgische Mythos in der österreichischen Literatur, Salzburg 1988, 9.

[11] W. Wülfling, Zum Napoleon-Mythos in der deutschen Literatur des 19. Jahrhunderts, in: H. Koopmann (Hg.), Mythos und Mythologie in der Literatur des 19. Jahrhunderts, Frankfurt am Main 1979, 106.

3. FRANZ JOSEPH IM (ZERR-)SPIEGEL DER LITERATUR

[1] Allein in den letzten Jahrzehnten entstanden zahlreiche Darstellungen der Geschichte Österreichs bzw. der Habsburger in unterschiedlicher Qualität, mit unterschiedlicher Zielsetzung und unterschiedlichen Umfangs. Die in Bezug auf Franz Joseph relevanten (Abschnitte in den) Werke(n) von beispielsweise H. Andics, Das österreichische Jahrhundert. Die Donaumonarchie 1904–1900, Wien 1986; E. Crankshaw, Der Niedergang des Hauses Habsburg, Wien/Düsseldorf 1967; E. J. Görlich/F. Romanik, Geschichte Österreichs, Wien 1995; H. Hantsch, Die Geschichte Österreichs 1618–1916 (Sonderausgabe, 2 Bände), Graz/Wien/Köln 1994; R. A. Kann, Geschichte des Habsburgerreiches 1526–1918, Wien/Köln/Graz 1982; C. A. Macartney, The House of Austria: The later Phase 1790–1918, Edinburgh 1978; A. J. May, The Habsburg-Monarchy 1867–1914, New York 1951; A. Mayr-Harting, Der Untergang. Österreich-Ungarn 1848–1922, Wien/München 1988; H. Rumpler, Eine Chance für Mitteleuropa. Bürgerliche Emanzipation und Staatsverfall in der Habsburgermonarchie, Wien 1997; A. Sked, Der Fall des Hauses Habsburg. Der unzeitige Tod eines Kaiserreiches, Berlin 1993; A. J. P. Taylor, The Habsburg Monarchy 1809–1918, London 1948; S. Vajda, Felix Austria. Eine Geschichte Österreichs, Wien/Heidelberg 1980; E. Zöllner, Geschichte Österreichs. Von den Anfängen bis zur Gegenwart, Wien 1990 u.a. wurden gründlich durchgesehen, eine auch nur kursorische Besprechung ist hier aber nicht möglich. Auch können nicht alle Arbeiten über Franz Joseph, die durchgearbeitet und exzerpiert bzw. auf die im Text Bezug genommen wird, berücksichtigt werden.

[2] A. M. Sigmund (Hg.), Die verschollenen Tagebücher Franz Josephs, Wien 1999, 9.

[3] L. Sturmfeder, Die Kindheit unseres Kaisers. Briefe der Baronin Louise von Sturmfeder, Aja Seiner Majestät. Aus den Jahren 1830–1840 (herausgeg. von A. Weimar), Wien 1910.

[4] Hanns Schlitter, dessen Aufzeichnungen aus 1907 R. Reinöhl, Aus den Tagebüchern der Erzherzogin Sophie, in: Historische Blätter, Heft 4/1931, verwendete, und Cortis Sekretärin, Frau Puteani, hatten sich in das schwer zu entziffernde Schriftbild der Erzherzogin eingearbeitet, deren Aufzeichnungen teilweise auch chiffriert sind. Vgl. dazu G. Holler, Sophie. Die heimliche Kaiserin. Mutter Franz Josephs I., Wien/München 1981, 13.

[5] A. Palmer, Franz Joseph I. Kaiser von Österreich und König von Ungarn, München 1997.

[6] F. Schnürer (Hg.), Briefe.

[7] G. Nostitz-Rieneck (Hg.), Briefe Kaiser Franz Josephs an Kaiserin Elisabeth (2 Bände), Wien 1966.

[8] J. Bourgoing (Hg.), Briefe Kaiser Franz Josephs an Frau Katharina Schratt, Wien 1949.

[9] B. Hamann (Hg.), Meine liebe, gute Freundin! Die Briefe Kaiser Franz Josephs an Katharina Schratt, Wien 1992.

[10] E. C. Corti, Elisabeth. Die seltsame Frau, Wien 1934; B. Hamann, Elisabeth. Kaiserin wider Willen, Wien 1993.

[11] B. Hamann, Rudolf. Kronprinz und Rebell, Wien/München 1991.
[12] B. Hamann, Elisabeth, 14.
[13] E. C. Corti, Vom Kind zum Kaiser. Kindheit und erste Jugend Kaiser Franz Josephs I. und seiner Geschwister, Graz 1950; ders., Mensch und Herrscher; E. C. Corti/H. Sokol, Der alte Kaiser. Franz Joseph I. vom Berliner Kongress bis zu seinem Tode, Graz 1956. Vgl. auch die 1960 erstmals erschienene Zusammenfassung der drei zitierten Bände: E. C. Corti/H. Sokol, Franz Joseph. Im Abendglanz einer Epoche, Graz o. J.
[14] O. Ernst (Hg), Franz Joseph I. in seinen Briefen. Wien/Leipzig/München 1924.
[15] A. Margutti, Vom alten Kaiser. Persönliche Erinnerungen an Franz Joseph I. Wien/Leipzig 1921.
[16] E. Ketterl, Der alte Kaiser. Wie ihn nur einer sah. Wien u. a. 1980.
[17] Bayerische Staatsbibliothek München, Handschriftensammlung, Nachlass Richard Sexau. Abschriften aus dem Tagebuch der Erzherzogin Marie Valerie.
[18] H. Friedjung, Kaiser Franz Joseph I. Ein Charakterbild, in: Historische Aufsätze, Stuttgart/Berlin 1919, 493 ff. Vgl. auch Friedjungs Werk »Österreich von 1848–1860«, Stuttgart/Berlin 1912.
[19] E. Heller, Kaiser Franz Joseph I. Ein Charakterbild, Wien 1934.
[20] H. Srbik, Franz Joseph I. Charakter und Regierungsgrundsätze, in: ders., Aus Österreichs Vergangenheit, Salzburg 1949, 221 ff.
[21] Ebenda, 291.
[22] H.-H. Brandt, Franz Joseph I. von Österreich (1848–1916), in: A. Schindling/W. Ziegler (Hgg.), Die Kaiser der Neuzeit 1519–1918, München 1990, 341 ff., hier 497 (Bibliografie).
[23] J. Redlich, Kaiser Franz Joseph von Österreich, Berlin 1928.
[24] K. Tschuppik, Franz Joseph, 1928.
[25] J. Redlich, Das österreichische Staats- und Reichsproblem (2 Bände), Leipzig 1920 und 1926. Vgl. auch »Schicksalsjahre Österreichs 1908–1919. Das politische Tagebuch Josef Redlichs« (bearbeitet von F. Fellner), Wien 1953.
[26] Vgl. z. B. die Rezension von R. Charmatz in der *Neuen Freien Presse* vom 18. November 1928.
[27] K. Amann, K. Tschuppik, Der streitbare Bohemien, in: K. Tschuppik, Von Franz Joseph zu Adolf Hitler (herausgeg. und eingeleitet von K. Amann), Wien/Köln/Graz 1982, 9 ff., hier 20.
[28] Vgl. auch A. Spitzmüller, Kaiser Franz Joseph als Mensch und Staatsmann, in: ders., »... und hat auch Ursach, es zu lieben«, Wien 1955, 174 ff.
[29] H. Clam-Martinic, in: E. Steinitz (Hg), Erinnerungen an Franz Joseph I., 5.
[30] H. Srbik, Franz Joseph I., 291.
[31] A. Bossi-Fedrigotti, Kaiser Franz Joseph I. und seine Zeit.
[32] A. Novotny, Franz Joseph I., Göttingen 1968.
[33] A. Murad, Franz Joseph I. of Austria and his Empire, New York 1968.
[34] H.-H. Brandt, Franz Joseph I., 497.
[35] H. Drimmel, Franz Joseph. Biographie einer Epoche, Wien/München 1983.
[36] Ders., Die Antipoden, Wien 1984, 503.
[37] J.-P. Bled, Franz Joseph. »Der letzte Monarch der alten Schule«, Wien/Köln/Graz 1988.
[38] F. Engel-Janosi, Der Monarch und seine Ratgeber, in: ders./H. Rumpler (Hgg.), Probleme der Franzisko-Josephinischen Zeit 1848–1916, Wien 1967, 9 ff., hier 9.
[39] S. Beller, Franz Joseph. Eine Biographie, Wien 1997, 7.

4. EIN VERSUCH ÜBER FRANZ JOSEPHS KINDHEIT, JUGEND UND DIE ZEIT DER THRONBESTEIGUNG

[1] Vgl. dazu vor allem E. C. Corti, Vom Kind zum Kaiser; G. Holler, Sophie; F. Schnürer (Hg.), Briefe; A. M. Sigmund (Hg.), Tagebücher; Sturmfeder, Die Kindheit unseres Kaisers.
[2] J. Emmer, Erzherzog Franz Karl, Salzburg 1883, 12.
[3] E. M. Kronfeld, Franz Joseph I., Wien 1917, 1.
[4] G. Holler, Sophie, 24.
[5] Sophie an ihre Mutter, Brief vom 11. Dezember 1830. Vgl. E. C. Corti, Vom Kind zum Kaiser, 33 f.

[6] Sophie an ihre Mutter, Brief vom 28. August 1834.
[7] L. Sturmfeder, Die Kindheit unseres Kaisers, 97.
[8] Ebenda, 115.
[9] G. Holler, Sophie, 58.
[10] E. Vehse, Geschichte des österreichischen Hofes und Adels und der österreichischen Diplomatie, Hamburg 1852 (Band X), 121.
[11] Vgl. E. C. Corti, Vom Kind zum Kaiser, 119 ff. und 131 ff.; G. Holler, Sophie, 86 ff.
[12] G. Holler, Sophie, 87.
[13] Vgl. Haus Archiv, Varia aus der Kabinettsregistratur, Kat. 1, Konv. 16, Bl. 3–6.
[14] Vgl. F. Hauslab, Versuch eines Programmes zum Unterricht Sr. kaiserl. Hoheit des durchlauchtigsten Herrn Erzherzog Franz Joseph in den militärischen Wissenschaften, Wien 1843.
[15] A. M. Sigmund (Hg.), Tagebücher, 156.
[16] J. Redlich, Kaiser Franz Joseph, 36.
[17] Vgl. E. Fischer, Österreich 1848. Probleme der demokratischen Revolution in Österreich, Wien 1946. Zur Rolle des Kaiserhauses in der Wahrnehmung der Publizistik vgl. L. Olscher, Das habsburgische Kaiserhaus im Lichte der Publizistik des Revolutionsjahres 1848 (Diss.), Wien.
[18] Zu Franz Josephs Italienerlebnis vgl. J.-P. Bled, Franz Joseph, 70 ff.; E. C. Corti, Vom Kind zum Kaiser, 279 ff.
[19] F. Herre, Radetzky. Der volkstümliche k.u.k. Feldmarschall und seine bewegte Zeit, Bergisch-Gladbach 1984, 205.
[20] H.-H. Brandt, Franz Joseph I., 346.
[21] E. C. Corti, Vom Kind zum Kaiser, 330 ff.; G. Holler, Sophie, 194 ff.
[22] E. C. Corti, Vom Kind zum Kaiser, 332.
[23] G. Holler, Sophie, 207.
[24] E. Bagger, Franz Joseph. Eine Persönlichkeitsstudie, Zürich/Leipzig/Wien 1927, 160.
[25] Vgl. R. Pohanka, Der Revolutionär. János Libényi und das Attentat auf Kaiser Franz Joseph I. (18. Februar 1853), in: ders., Attentate in Österreich, Graz/Wien/Köln 1996, 46 ff.

5. DER MULTIPLE VERSAGER

[1] B. Hamann, Elisabeth, 15.
[2] G. Holler, Sophie, 275.
[3] B. Hamann, Elisabeth, 107.
[4] Franz Joseph an Elisabeth, Verona, 31. Mai 1859. Vgl. E. C. Corti, Elisabeth, 83.
[5] B. Hamann/E. Hassmann (Hgg.), Elisabeth. Stationen ihres Lebens, Wien/München 1998, 18.
[6] Franz Joseph an Elisabeth, 7. Oktober 1888. Vgl. B. Hamann (Hg.), Meine liebe gute Freundin, 15.
[7] Franz Joseph an Sophie, 18. September 1856. Vgl. F. Schnürer (Hg.), Briefe, 256.
[8] Vgl. B. Hamann, Elisabeth, 216 ff.; E. C. Corti, Elisabeth, 126 ff.
[9] Franz Joseph an Elisabeth, 8. Juli 1859. Vgl. G. Nostitz-Rieneck (Hg.), Briefe, 35.
[10] Valerie am 27. September 1898.
[11] M. Wallersee (Larisch), Meine Vergangenheit, Berlin 1913, 33.
[12] B. Hamann, Elisabeth, 561.
[13] Ebenda, 567.
[14] E. Glaise-Horstenau, Franz Josephs Weggefährte. Das Leben des Generalstabschefs Grafen Beck, Zürich/Leipzig/Wien 1930, 400.
[15] Valerie am 30. April 1889.
[16] A. Margutti, Vom alten Kaiser, 86.
[17] E. Ketterl, Der alte Kaiser, 40.
[18] B. Hamann, Elisabeth, 602 f.
[19] Tagebuch EH Sophie vom 14. August 1844.
[20] E. Bagger, Franz Joseph. 235.
[21] J. Cachée/ G. Praschl-Bichler, »Sie haben's gut. Sie können ins Kaffeehaus gehen.« Kaiser

Franz Joseph ganz privat. München 1994, 161.
[22] Vgl. dazu A. Sigmund (Hg.), Tagebücher, 196.
[23] G. Holler, Sophie, 239.
[24] J. Cachée/G. Praschl-Bichler, Sie haben's gut, 162 ff.
[25] F. Saathen (Hg.), Anna Nahowski und Kaiser Franz Joseph, Graz/Wien/Köln 1986. Nahowski hielt diese Aufzeichnungen bis zu ihren Tode unter Verschluss. Ihre Tochter Helene erhielt das versiegelte Paket und verfügte, dass es frühestens drei Jahre nach ihrem eigenen Tod geöffnet werden dürfe. Sie starb 1976.
[26] ÖNB, Musiksammlung, Nachlass Alban Berg, Notizbuch der Anna Nahowski.
[27] Ebenda, 140.
[28] J. Cachée/G. Praschl-Bichler, Sie haben's gut, 166.
[29] H. Andics, Die Frauen der Habsburger, Wien 1993, 375, Anm. 9.
[30] Vgl. J. Haslip, Die Freundin des Kaisers. Franz Joseph und die Schauspielerin Katharina Schratt, Stuttgart 1985.
[31] B. Hamann (Hg.), Meine liebe, gute Freundin, 7.
[32] Katharina Schratt starb 1940. Ihr Sohn Anton Kiss, in dessen Besitz die Briefe übergegangen waren, verstarb 1970. Seine Haushälterin und Erbin verkaufte das Material, das schließlich über Umwege in den Besitz der Nationalbibliothek gelangte.
[33] ÖNB, Handschriftensammlung, Autographen 969/Mappe 5–10.
[34] B. Hamann (Hg.), Meine liebe, gute Freundin, 10.
[35] Brief Franz Josephs an Schratt vom 14. Februar 1888. Vgl. B. Hamann (Hg.), Meine liebe, gute Freundin, 78.
[36] Vgl. *Die Fackel* vom 28. Oktober 1903.
[37] H. Benedikt, Damals im alten Österreich, Wien/München 1979, 90 f.
[38] B. Hamann, Elisabeth, 501.
[39] Ebenda, 502.
[40] N. Fugger, Im Glanz der Kaiserzeit, Wien/München 1932, 368 f.
[41] B. Hamann (Hg.), Meine liebe, gute Freundin, 78.
[42] G. Markus, Katharina Schratt. Die heimliche Frau des Kaisers, Wien/München 1982.
[43] Otto Habsburg in einem Brief an Norbert Leser vom 21. Jänner 1980. Vgl. ebenda, 18.
[44] H. Benedikt, Die Monarchie des Hauses Österreich. Ein historischer Essay, München/Oldenburg 1968.
[45] E. Canetti, Masse und Macht, Frankfurt am Main 1990, 269 f.
[46] V. Bibl, Thronfolger, München 1929, 9.
[47] J.T. Salvendy, Rudolf. Psychogramm eines Kronprinzen. Wien/München 1987, 180.
[48] Brief vom 27. Juli 1887: Nachlass Erzherzog Albrecht, Ungarisches Nationalarchiv, Budapest, P. 301–1047a, Karton 27.
[49] Vgl. *Wiener Zeitung* vom 23. August 1858.
[50] Brief vom 28. Februar 1862. Vgl. F. Weissensteiner (Hg.), Lieber Rudolf, 20.
[51] J.T. Salvendy, Rudolf, 14.
[52] F. Weissensteiner (Hg.), Lieber Rudolf, 17 ff.
[53] Ebenda, 8 f.
[54] E. Hamann, Rudolf, 27.
[55] E. C. Corti, Elisabeth, 120.
[56] B. Hamann, Rudolf, 29.
[57] F. Heer, Der Kampf um die österreichische Identität, Wien/Köln/Graz 1981, 256.
[58] B. Hamann (Hg.), Kronprinz Rudolf. Private und politische Schriften. Wien/München 1987, 19 ff.
[59] K. Tschuppik, Franz Joseph I., 378.
[60] Rudolf an seinen ehemaligen Erzieher Graf Latour, Prag, 2. Dezember 1881. Vgl. O. Mitis, Das Leben des Kronprinzen Rudolf (neu herausgeg. und eingeleitet von A. Wandruszka). Wien 1971, 231 ff.
[61] Rudolf, Karton 16, 2. Dezember 1881.
[62] Vgl. *Illustrirtes Wiener Extrablatt* vom 6. Mai 1889.
[63] F. Heer, Identität, 249.
[64] J.T. Salvendy, Rudolf, 198.
[65] Vgl. z. B. F. Judtmann, Mayerling ohne Mythos. Ein Tatsachenbericht, Wien 1982, 26 ff.

[66] J. Stockhausen, Im Schatten der Hofburg. Gestalten, Puppen und Gespenster, Wien 1952. Die Kronprinzessin ließ diese Sätze angeblich in Gegenwart Stockhausens fallen.
[67] B. Zuckerkandl, Ich erlebte fünfzig Jahre Weltgeschichte, Stockholm 1939, 148 f.. Zuckerkandl, die Tochter von Szeps, berichtete, dass Rudolf in Prag eine Liebesaffäre mit einer jungen Jüdin gehabt haben soll, die starb, als sie aus ihrem Exil, zu dem sie gezwungen wurde, ausbrach. Mary Vetsera soll den Kronprinzen an dieses Mädchen erinnert haben.
[68] B. Hamann, Rudolf, 473.
[69] H. L. Mikoletzky, Österreich. Das entscheidende 19. Jahrhundert, Wien 1972, 466.
[70] A, Margutti, Vom alten Kaisr, 108.
[71] E. C. Corti/H. Sokol, Der alte Kaiser, 126.
[72] B. Hamann, Elisabeth, 560.
[73] B. Haman, Meine liebe, gute Freundin, 126.
[74] Vgl. *The Times* vom 7. Februar 1889.
[75] E. C. Corti/H. Sokol, Der alte Kaiser, 129.
[76] Ebenda, 130.
[77] E. Franzel, Kronprinzen-Mythos und Mayerling-Legenden, Wien/München 1978, 35.
[78] Das möglicherweise beste Buch über den Tod des Kronprinzen stammt nicht von einem Fachhistoriker, sondern von einem Architekten. Vgl. F. Judtmann, Mayerling. In diesem Buch werden zahlreiche Mayerling-Legenden eindrucksvoll widerlegt.
[79] Vgl. dazu C. M. Gruber, Die Schicksalstage von Mayerling. Nach Dokumenten und Aussagen, Judenburg 1989; C. Schaefer, Mayerling. Die Tragödie und ihre Deutungen, Wien 1987.
[80] H. Urbanski, Maria Theresia, Wien 1980, 16 f.
[81] Ebenda, 17.
[82] Selbstständig regierende Nebenlinien existierten im 18. und 19. Jahrhundert lediglich in Italien: in der Toskana, in Modena und - kurzfristig - in den Herzogtümern Parma, Piacenza und Guastalla, mit welchen Marie Louise, die Tochter von Franz I. und Gattin Napoleons, kraft der Beschlüsse des Wiener Kongresses ausgestattet wurde. Nach ihrem Tode gingen die Gebiete gemäß den Vereinbarungen an die Bourbonen über.
[83] F. Weissensteiner, Leopold Ferdinand, in: ders., Reformer, Republikaner und Rebellen. Das andere Haus Habsburg-Lothringen, München 1995, 279 ff., hier 285.
[84] Der erwähnte Sohn Maria Theresias, Ferdinand Carl, hatte 1771 Beatrix von Este, die Tochter des letzten Herzogs von Modena, geheiratet. Ferdinands Enkel Franz V. verlor sein Herzogtum 1860, nach seinem Tode im Jahre 1875 trat der spätere Thronfolger Franz Ferdinand das Erbe an. Später führte (Erzherzog) Robert Habsburg, der zweitgeborene Sohn von Kaiser Karl, den Titel Österreich-Este.
[85] B. Hamann, Die Familie Habsburg unter Kaiser Franz Joseph, in: Das Zeitalter Franz Josephs (1. Teil), 23 ff., hier 25 f. Vgl. auch J. List, Beiträge zur Stellung und Aufgabe der Erzherzoge unter Franz Joseph I. (Diss.), Wien 1982; A. Roland, Kaiser Franz Joseph und sein Haus, Wien 1879.
[86] E. Heller, Kaiser Franz Joseph I., 104 f.
[87] F. Herre, Metternich. Staatsmann des Friedens, Augsburg 1997, 351.
[88] D. Gies McGuigan, Die Habsburger. Aufstieg und Fall einer europäischen Dynastie, Wien 1995, 493.
[89] F. Herre, Metternich, 353.
[90] B. Hamann, Familie Habsburg, 33.
[91] Ebenda, 23. Vgl. vor allem auch die Kurzporträts in B. Hamann (Hg.), Die Habsburger. Ein biographisches Lexikon, Wien 1988.
[92] L. Wölfling, Habsburger unter sich, Berlin 1921, 113.
[93] Ebenda, 114.
[94] Ebenda.
[95] E. Kielmansegg, Kaiserhaus, Staatsmänner und Politiker. Aufzeichnungen des k.k. Statthalters Erich Graf Kielmansegg, Wien u. a. 1966, 93.
[96] L. Wölfling, Als ich Erzherzog war, Wien 1988, 11.
[97] E. C. Corti, Mensch und Herrscher, 189.
[98] Ebenda.
[99] E. Ketterl, Der alte Kaiser, 51.
[100] Ebenda, 52.

[101] A. Margutti, Vom alten Kaiser, 30 f.
[102] E. Kielmansegg, Kaiserhaus, 94.
[103] Larisch-Wallersee, Meine Vergangenheit, 43.
[104] Anonymus, Kaiser Franz Joseph I. und sein Hof. Erinnerungen und Schilderungen aus den nachgelassenen Papieren eines persönlichen Ratgebers (herausgeg. und übersetzt von J. Schneider), Wien/Hamburg 1984, 71 f.
[105] Vgl. F. Weissensteiner, Die rote Erzherzogin, Wien 1982.
[106] B. Hamann, Familie Habsburg, 34.
[107] L. Wölfling, Als ich Erzherzog war, 128 f.
[108] J.-P. Bled, Franz Joseph, 375.
[109] E. Kielmansegg, Kaiserhaus, 93.
[110] Vgl. B. Hamann, Erzherzog Albrecht, die graue Eminenz des Hauses Habsburg, in: Politik und Gesellschaft im alten und neuen Österreich (Band 1), Wien 1981, 66 ff.; H. Srbik, Erzherzog Albrecht, Benedek und der altösterreichische Soldatengeist, in: ders., Aus Österreichs Vergangenheit, 107 ff.
[111] Rudolf an Franz Ferdinand am 26. November 1884, vgl. F. Weissensteiner, Franz Ferdinand. Der verhinderte Herrscher, Wien 1983, 73.
[112] Vg. E. C. Corti, Maximilian und Charlotte von Mexiko (2 Bände), Wien 1924; J. Haslip, Maximilian. Kaiser von Mexiko, München 1972.
[113] J. T. Salvendy, Rudolf, 191.
[114] Vgl. Corti-Nachlass, Kart. 32, Bl. 2858, Brief Franz Josephs an Maximilian vom 4. Oktober 1863.
[115] Vgl. das Gedankenspiel bei H. Andics, Frauen der Habsburger, 263.
[116] G. Holler, Sophie, 357.
[117] B. Hamann, Familie Habsburg, 40.
[118] Ebenda, 41.
[119] Vgl. C. Gruber, Erzherzog Karl Ludwig 1833–1896. Eine Biographie (Diss.), Wien 1982.
[120] H. Andics, Die Frauen der Habsburger, 299.
[121] Larisch-Wallersee, Meine Vergangenheit, 100.
[122] V. Eisenmenger, Erzherzog Franz Ferdinand, Wien 1930, 18.
[123] Vgl. B. Hammond, Habsburgs größte Liebesgeschichte. Franz Ferdinand und Sophie, Wien 2001, 98 ff.
[124] Ebenda, 117.
[125] Vgl. dazu F. Weissensteiner, Franz Ferdinand, 131 ff.
[126] Ebenda, 75.
[127] L. Cassels, Der Erzherzog und sein Mörder. Sarajevo, 28. Juni 1914, Wien u. a. 1988, 35.
[128] R. Kiszling, Erzherzog Franz Ferdinand von Österreich-Este, Graz/Köln 1953, 19 f.
[129] Zum Verhältnis zwischen Kaiser und Thronfolger vgl. Cassels, Der Erzherzog, 30 ff.; H. Pauli, Das Geheimnis von Sarajewo, Bergisch-Gladbach 1978, 215 ff.; F. Weissensteiner, Franz Ferdinand, 49 ff.
[130] H. Andics, Luegerzeit, Wien 1984, 307.
[131] Vgl. u. a. L. Chlumecky, Erzherzog Franz Ferdinands Wirken und Wollen, Berlin 1929; G. Franz, Erzherzog Franz Ferdinand und die Pläne zur Reform der Habsburgermonarchie, Brünn 1943;.
[132] Vgl. z.B. W. Aichelburg, Sarajevo 28. Juni 1914, Wien 1984; B. Sösemann, Die Bereitschaft zum Krieg. Sarajevo 1914, in: A. Demandt (Hg.), Das Attentat in der Geschichte, Köln 1996, 350 ff.; F. Würthle, Die Spur führt nach Belgrad. Sarajewo 1914, Wien/München 1978.
[133] Anonymus, Kaiser Franz Joseph I. und sein Hof, 61 f.
[134] Vgl. umfassend F. Weissensteiner, Ein Aussteiger aus dem Kaiserhaus: Johann Orth. Das eskapadenreiche Leben des Erzherzogs Johann Salvator, Wien 1985.
[135] F. Weissensteiner, Johann Salvator, in: ders., Reformer, 256 ff., hier 257.
[136] Ders., Leopold Ferdinand, in: ders., Reformer, 279 ff., hier 291.
[137] Anonymus, Kaiser Franz Joseph I. und sein Hof, 64.
[138] Zu Otto und weiteren »schwarzen Schafen« vgl. C. Dickinger, Habsburgs schwarze Schafe, Wien 2000, hier 129 ff.
[139] N. Fugger, Im Glanz der Kaiserzeit. 126.

[140] Zur Armee vgl. C. J. Allmayer-Beck, Die K.(u.)K. Armee 1848–1914, München/Wien 1975; Band 5 der von A. Wandruszka und P. Urbanitsch (Wien 1973 ff.) herausgegeb. Reihe »Die Habsburgermonarchie 1848–1918«: Die bewaffnete Macht, Wien 1987.
[141] Haus Archiv, Familien-Correspondenz A, Kart. 30, Konv. 28.
[142] Nachlass EH Sophie, Kart. 18, EH Sophie an EH Ludwig, Ischl v. 24. 8. 1843.
[143] F. Schnürer (Hg.), Briefe, 59.
[144] Nachlass EH Sophie, EH Sophie an ihre Mutter v. 8. 7. 1836, hier zit. nach G. Holler, Sophie, 89.
[145] Ebenda, 54.
[146] E. C. Corti, Vom Kind zum Kaiser, 119.
[147] A. Palmer, Franz Joseph, 185.
[148] H. Friedjung, Kaiser Franz Joseph I., 531.
[149] E. Heller, Kaiser Franz Joseph I., 136. Eine ähnliche Szene wusste Generaloberst Sarkotic v. Lovcen, Meine letzten Audienzen beim Kaiser, in: Steinitz (Hg.), Erinnerungen an Franz Joseph I., 339 ff., aus der Zeit des Ersten Weltkrieges zu berichten: »... sah ich plötzlich Tränen über das sorgendurchfurchte Antlitz des alten Kaisers rollen.«
[150] E. Kielmansegg, Kaiserhaus, 26.
[151] A. Margutti, Vom alten Kaiser, 303.
[152] Vgl. dazu E. E. Kisch, Der Fall des Generalstabschefs Redl, in: ders., Marktplatz der Sensationen, Berlin 1962, 167 ff.; G. Markus, Der Fall Redl. Mit unveröffentlichten Geheimdokumenten zur folgenschwersten Spionageaffäre des Jahrhunderts, Frankfurt am Main/Berlin 1986.
[153] A. Margutti, Vom alten Kaiser, 304 f.
[154] Brief Franz Josephs an Kaiserin Elisabeth vom 10. Februar 1894.
[155] Larisch-Wallersee, Meine Vergangenheit, 33.
[156] A. Schmidt-Brentano, Die Armee in Österreich. Militär, Staat und Gesellschaft 1848–1867, Boppard am Rhein 1975, 10.
[157] Ebenda, 11.
[158] J. Redlich, Kaiser Franz Joseph, 54 f.
[159] E. Kielmansegg, Kaiserhaus, 99.
[160] G. Brook-Shepherd, Monarchien im Abendrot. Europas Herrscherhäuser bis 1914, Wien/Darmstadt 1988, 164.
[161] Margutti, Vom alten Kaiser, 305 f.
[162] R. Kiszling, Fürst Felix Schwarzenberg. Der politische Lehrmeister Kaiser Franz Josephs, Graz/Köln 1952.
[163] H. Rumpler, Chance für Mitteleuropa, 369.
[164] G. Herm, Glanz und Niedergang des Hauses Habsburg, Düsseldorf 1996, 288.
[165] H. Andics, Das österreichische Jahrhundert, 141.
[166] N. Rich, Why the Crimean War? Hanover, NH u. a. 1985, 120.
[167] Ebenda, 123.
[168] F. Schnürer (Hg.), Briefe (2), 32.
[169] F. Eckhart, Die deutsche Frage und der Krimkrieg, Berlin 1931, 100 f.
[170] E. C. Corti/H. Sokol, Abendglanz, 97.
[171] J.-P. Bled, Franz Joseph, 174.
[172] E. C. Corti/H. Sokol, Abendglanz, 98.
[173] Vgl. F. Rauchenberger, Graf Buol-Schauenstein. Seine Politik im Krimkrieg (Diss.), Graz.
[174] S. Beller, Franz Joseph, 65.
[175] H.-H. Brandt, Franz Joseph I., 362.
[176] Ebenda, 364.
[177] G. Mann, Deutsche Geschichte des 19. und 20. Jahrhunderts, Frankfurt am Main 1992, 295.
[178] A. Hübner, Neun Jahre der Erinnerungen eines österreichischen Botschafters in Paris unter dem I. Kaiserreich 1851-1959 (2 Bände), Berlin 1904, hier Band 2, 150.
[179] E. C. Corti, Mensch und Herrscher, 205. Corti bezieht sich an dieser Stelle auf einen »eigenhändigen Zettel« des Kaisers an Grünne von Anfang Jänner 1859.
[180] Ebenda, 208.
[181] F. R. Bridge, The Habsburg Monarchy among the Great Powers 1815–1918, New York 1990, 65 ff.

[182] H. Andics, Das österreichische Jahrhundert, 154 f.
[183] J.-P. Bled, Franz Joseph, 185.
[184] E. C. Corti/H. Sokol, Franz Joseph, 103.
[185] Die Zusage Napoleons an Cavour, Sardinien bei einem Krieg gegen Österreich nach Kräften beizustehen, war trotz des Bewusstseins, wonach in diesem Falle die Ordnung von 1815 erodieren würde, noch eine halbe Verbeugung vor diesem »Geist« von 1815. Der Franzose hatte seine Bereitschaft nur unter der Voraussetzung zugesagt, »dass dieser Krieg für eine nichtrevolutionäre Sache unternommen werde, sodass er in den Augen der Diplomatie und besonders vor der öffentlichen Meinung ... ganz Europas gerechtfertigt (ist)«.
[186] O. Ernst, Franz Joseph I., 115.
[187] Der 1855 zwischen Berlin und Wien abgeschlossene gegenseitige Garantievertrag war 1857 abgelaufen und nicht mehr erneuert worden.
[188] E. C. Corti, Mensch und Herrscher, 221.
[189] H. Andics, Das österreichische Jahrhundert, 155.
[190] H. Rumpler, Chance für Mitteleuropa, 370 f.
[191] F. Schnürer (Hg.), Briefe, 292.
[192] G. Nostitz-Rieneck (Hg.), Briefe (I), 28.
[193] A. Palmer, Franz Joseph I., 161.
[194] S. Beller, Franz Joseph, 69.
[195] F. Herre, Kaiser Franz Joseph, 155.
[196] E. Steinitz, Solferino, 61. Der Autor, der auch als Herausgeber des Buches, in dem der Aufsatz über Solferino enthalten ist, fungierte, war im Ersten Weltkrieg Brigadier, dann Generalstabschef einer Armee und einer Heeresfront.
[197] W. Kleindel, Österreich. Daten zur Geschichte und Kultur, Wien 1995, 260.
[198] H. Dunant, Eine Erinnerung an Solferino (herausgeg. vom Österr. Roten Kreuz), Wien 1997, 11 f.
[199] C. E. Klopfer, Unser Kaiser, Wien 1888, 96.
[200] Vgl. *Das Volk* vom 25. Juni 1859.
[201] G. Brook-Shepherd, Österreich. Eine tausendjährige Geschichte, München 2000, 105.
[202] R. Buchner, Die deutsch-französische Tragödie 1848–1864, Würzburg 1965, 84.
[203] H. Sribik, Quellen zur deutschen Politik Österreichs 1859–1866 (Band 1), Oldenburg 1934, 3.
[204] E. C. Corti, Mensch und Herrscher, 240.
[205] G. Brook-Shepherd, Österreich, 105.
[206] Toskana, Parma und Modena wurden durch Volksabstimmungen mit Sardinien vereinigt. Guiseppe Garibaldi landete mit seinen »Tausend« in Sizilien. Neapel und der Kirchenstaat wurden von Freischaren und königlichen Truppen gemeinsam besetzt. Im März 1861 wurde in Turin das Königreich Italien unter Viktor Emanuel II. proklamiert, das außer dem Latium und dem Veneto ganz Italien umfasste.
[207] J. K. Mayr, Das Tagebuch des Polizeiministers Kempen von 1848–1859, Wien 1931, 524.
[208] G. Holler, Sophie, 306.
[209] B. Hamann, Elisabeth, 139.
[210] E. C. Corti, Mensch und Herrscher, 247 f.
[211] J. Redlich, Kaiser Franz Joseph von Österreich, 253.
[212] F. Herre, Metternich, 402.
[213] H. Rumpler, Chance für Mitteleuropa, 386.
[214] H. Hantsch, Geschichte Österreichs, Band 2, 366.
[215] Die Bismarck-Literatur ist äußerst umfangreich, es sei hier nur auf zwei neuere Arbeiten verwiesen: E. Engelberg, Bismarck (2 Bände), Berlin 1985 ff.; L. Gall, Bismarck, der weiße Revolutionär, Frankfurt 1980.
[216] C. W. Clark, Franz Joseph and Bismarck. The diplomacy of Austria before the War of 1866, Cambridge 1934.
[217] H.-H. Brandt, Franz Joseph I., 369.
[218] H. Rumpler, Chance für Mitteleuropa, 395.
[219] S. Beller, Franz Joseph, 80.
[220] H. Rumpler, Chance für Mitteleuropa, 395.
[221] Franz Joseph an Sophie, Brief vom 3. Mai 1866. Vgl. F. Schnürer (Hg.), Briefe, 352.

[222] Beller, Franz Joseph, 80 f.
[223] Vgl. O. Regele, Feldzeugmeister Benedek. Der Weg nach Königgrätz, Wien 1960.
[224] Z.B. E. Crankshaw, Niedergang, 258. Zur Verteidigung Franz Josephs vgl. vor allem Heller, Kaiser Franz Joseph I., 66 ff.
[225] E. Glaise-Horstenau, Weggefährte, 112.
[226] Ebenda, 118.
[227] E. Heller, Kaiser Franz Joseph I., 67.
[228] Vgl. A. Wandruszka, Schicksalsjahr 1866, Graz/Wien/Köln 1966.
[229] J. Redlich, Kaiser Franz Joseph, 299.
[230] F. Zimmer, Bismarcks Kampf gegen Kaiser Franz Joseph. Königgrätz und seine Folgen, Graz u.a. 1996.
[231] L. Jedlicka, Vom Kaisertum Österreich zur Doppelmonarchie Österreich-Ungarn, in: ders., Vom alten zum neuen Österreich. Fallstudien zur österreichischen Zeitgeschichte 1900–1975, St. Pölten/Wien 1977, 33 ff., hier 37.
[232] G. Brook-Shepherd, Österreich, 114.
[233] Franz Joseph an Elisabeth, Brief vom 28. Juli 1866. Vgl. G. Nostitz-Rieneck (Hg.), Briefe (I), 54.
[234] F. Schnürer (Hg.), Briefe, 357.
[235] J. Redlich, Kaiser Franz Joseph, 293 f.
[236] E. Zöllner, Geschichte Österreichs, 421.
[237] S. Beller, Franz Joseph, 97.
[238] K. Tschuppik, Franz Joseph I., 311.
[239] Ebenda.
[240] H. Rumpler, Chance für Mitteleuropa, 445.
[241] T. Sosnosky, Die Balkanpolitik Österreich-Ungarns seit 1866 (Band 1), Stuttgart/Berlin 1913, 134 ff.
[242] Vgl. F. R. Bridge, The Habsburg monarchy among the Great Powers, 130.
[243] Vgl. Tagebuch Hübner, Wien, 10. April 1876, vgl. E. C. Corti, Mensch und Herrscher, 490 f.
[244] Ebenda, 491.
[245] Vgl. G. Nostitz-Rieneck (Hg.), Briefe (I), 159 ff.
[246] S. Beller, Franz Joseph, 99.
[247] A. Palmer, Franz Joseph I., 288.
[248] Ebenda, 290.
[249] Vgl. H. Rumpler, Chance für Mitteleuropa, 449, und die dort ausgewiesene Literatur.
[250] E. Straub, Drei letzte Kaiser. Der Untergang der großen europäischen Dynastien, Berlin 1998, 163 f.
[251] Andrássy an Franz Joseph, Berlin, 27. Juni 1878. Vgl. E. C. Corti, Mensch und Herrscher, 512.
[252] Vgl. z.B. J.-P. Bled, Franz Joseph, 332.
[253] E. C. Corti/H. Sokol, Der alte Kaiser, 363.
[254] J. Redlich, Kaiser Franz Joseph, 348.
[255] A. Palmer, Franz Joseph I., 295.
[256] Andrássys Ahnungslosigkeit und Leichtgläubigkeit wurde u.a. wie folgt dokumentiert (vgl. dazu das Reichsministerratsprotokoll vom 19. Juli 1878, hier zit. nach E. C. Corti, Mensch und Herrscher, 515): »Auf Grund meiner Nachrichten sehe ich einen aktiven Widerstand in Bosnien nicht voraus.«
[257] Um nur ein Beispiel zu geben: Anlässlich eines Galadiners trank Zar Alexander II. dem General von Schweinitz mit den Worten zu: »Auf Ihren Kaiser und Königgrätz!« Alte Gefühle der Vergeltung, welche auf den Krimkrieg zurückgingen, brachen erneut hervor.
[258] H. Rumpler, Chance für Mitteleuropa, 454.
[259] S. Verosta, Theorie und Realität von Bündnissen. Heinrich Lammasch, Karl Renner und der Zweibund (1897–1914), Wien 1971, 103.
[260] J.-P. Bled, Franz Joseph, 339.
[261] K. Tschuppik, Franz Joseph I., 331 ff.
[262] Zum Text des »österreichisch-ungarisch-deutschen Beistands- und Neutralitätsvertrages« 1879 vgl. Verosta, Theorie und Realität von Bündnissen, 113 ff.
[263] O. Redlich, Das Dezennium vor dem Abschlusse des Bündnisses mit dem Deutschen

Reiche, in: E. Steinitz (Hg.), Erinnerungen an Franz Joseph I., 81 ff., hier 85. Von O. Redlich liegt auch ein schmaler, kenntnisreicher Essay über den Kaiser vor: Kaiser Franz Joseph, in: Neue Österreichische Biographie (I).
264 J. Redlich, Kaiser Franz Joseph, 354.
265 G. Brook-Shepherd, Österreich, 173.
266 H. Rumpler, Chance für Mitteleuropa, 564.
267 E. C. Corti/H. Sokol, Der alte Kaiser, 363.
268 E. Hanisch, Der lange Schatten des Staates. Österreichische Gesellschaftsgeschichte im 20. Jahrhundert, Wien 1994, 212.
269 A. Margutti, Vom alten Kaiser, 148. Oberst Albert von Margutti, zuletzt Feldmarschalleutnant in der k.k. Armee, war der Stellvertreter Paars. Der Generaladjutant war der einzige Zeuge der besagten Worte des Kaisers. Einige Autoren bezweifeln die Authentizität dieser Worte, natürlich auch der unverbesserliche Drimmel, Franz Joseph, 420, der schrieb, »eine der Hoftratschen, die nicht Zeuge war, hinterließ diese Version«. Leise Zweifel äußerte etwa auch A. Palmer, Franz Joseph I., 452. Ein »persönlicher Ratgeber« des Kaisers berichtete in seinen unter dem Schutze der Anonymität publizierten Erinnerungen, dass Franz Joseph u.a. gesagt haben soll: »Gott hat doch schließlich alles auf den rechten Weg gelenkt. Jetzt kann ich in Frieden sterben.« Zit. nach Anonymus, Kaiser Franz Joseph und sein Hof, 169. Bei diesem »Ratgeber« handelte es sich um Margutti, nach dessen Erinnerungen dieses Buch 1919 von J. Schneider zusammengestellt wurde (Vgl. Verosta, Theorie und Realität von Bündnissen, 567, Anm. 28). Erwähnenswert ist noch eine Passage in den Erinnerungen des Grafen Kielmansegg, der von einem Gespräch mit dem Herzog von Cumberland berichtete. Der Herzog war nach der Todesnachricht sofort von Gmunden nach Ischl gefahren, um dem Kaiser sein Beileid auszudrücken. Dieser meinte aber nur, »er müsse sich damit trösten, dass der Thronfolger und seine Gattin eine Verlegenheit für das Kaiserhaus gewesen seien«. Vgl. E. Kielmansegg, Kaiserhaus, 98.
270 T. Sosnosky, Franz Ferdinand, der Erzherzog Thronfolger. Ein Lebensbild, München/Berlin 1929, 223.
271 J.-P. Bled, Franz Joseph, 531.
272 B. Zuckerkandl, Österreich intim. Erinnerungen 1892–1942. München/Wien 1981, 113.
273 E. C. Corti/H. Sokol, Der alte Kaiser, 413.
274 F. Weissensteiner, Franz Ferdinand, 35.
275 H. Andics, Die Frauen der Habsburger, 295.
276 B. Hammond, Habsburgs größte Liebesgeschichte, 181.
277 Ebenda, 185. Die Autorin weiß von einer Fotografie, die zeigen soll, dass die Särge gleich hoch standen. Leider fehlt eine einschlägige Quellenangabe.
278 P. Nikitsch-Boulles, Vor dem Sturm. Erinnerungen an Erzherzog-Thronfolger Franz Ferdinand, Berlin 1925, 219.
279 Vgl. *Die Zeit* vom 2. Juli 1914.
280 P. Nikitsch-Boulles, Vor dem Sturm, 220. Detailreiche Ausführungen über die Überführung der Leichen von Triest nach Artstetten finden sich u.a. bei G. Brook-Shepherd, Die Opfer von Sarajewo, Stuttgart 1988, 341 ff. und F. Weissensteiner, Franz Ferdinand, 35 ff.
281 A. Palmer, Franz Joseph I., 456.
282 M. Rauchensteiner, Österreich im Ersten Weltkrieg 1914–1918, in: R. Steininger/M. Gehler (Hgg.), Österreich im 20. Jahrhundert (Band 1), Wien/Köln/Weimar 1997, 65 ff., hier 66. Zu Verantwortung Österreich-Ungarns am Ausbruch des Krieges und vor allem zu dessen Rolle im Krieg vgl. umfassend ders., Der Tod des Doppeladlers. Österreich-Ungarn und der Erste Weltkrieg, Wien 1993, wo auch ein umfangreiches Literaturverzeichnis zu finden ist. Vgl. außerdem: F. R. Bridge, The Habsburg monarchy among the Great Powers; J. Galántai, Die Österreichisch-Ungarische Monarchie und der Weltkrieg, Budapest 1979; H. Hantsch, Leopold Graf Berchtold. Grandseigneur und Staatsmann (2 Bände), Graz/Wien/Köln 1963; J. Joll, Die Ursprünge des Ersten Weltkrieges, München 1988; J. Rohwer (Hg.), Neue Forschungen zum ersten Weltkrieg. Literaturberichte und Bibliografien, Koblenz 1985; S. R. Williamson, Austria-Hungary and the Origins of the First World War, London 1991. Am detailreichsten ist die dreibändige Studie von L. Albertini, The Origin of the War of 1914 (3 Bände), London/New York/Toronto 1952–1957.
283 E. Hanisch, Schatten, 235 f. Die unter Anführungszeichen gedruckten Ausführungen

sind wörtliche Wiedergaben der Ausführungen des Autors, der Rest wurde von mir ergänzt.

[284] F. Fischer, Weltmacht oder Niedergang, Hamburg 1965; ders., Griff nach der Weltmacht. Die Kriegszielpolitik des kaiserlichen Deutschland 1914/1918, Kronberg 1977; ders., Krieg der Illusionen. Die deutsche Politik von 1911 bis 1914, Düsseldorf 1969. Das hier an zweiter Stelle zitierte Buch des Autors löste bei seinem erstmaligen Erscheinen im Jahre 1961 in Deutschland einen Historikerstreit aus, die so genannte »Fischer-Kontroverse«. Fischer nahm eine Neuinterpretation der deutschen Politik im Juli 1914 vor, welche den Anteil des Deutschen Reiches an der Auslösung des Krieges stärker hervorhob, als dies bisher üblich war.

[285] Vgl. dazu R.A. Kann, Kaiser Franz Joseph und der Ausbruch des Weltkrieges (Sb. ÖAW 274/3), Wien.

[286] Vgl. die umfassende Studie von Verosta, Theorie und Realität von Bündnissen, hier insb. 83 ff.

[287] F. Fellner, Der Dreibund. Europäische Diplomatie vor dem Ersten Weltkrieg, Wien 1960, 82. Damit soll freilich nicht zum Ausdruck gebracht werden, dass die häufige Gegenüberstellung der deutschen »Nibelungentreue« und des angeblichen italienischen Hangs zum »Verrat« der historischen Realität entsprechen würde, was Fellner in seiner richtungsweisenden Arbeit auch deutlich macht.

[288] P. Kennedy, Aufstieg und Fall der großen Mächte. Ökonomischer Wandel und militärischer Konflikt von 1500 bis 2000, Frankfurt am Main 1991, 390.

[289] Zit. nach B. Hamann (Hg.), Kronprinz Rudolf. Private und politische Schriften, 218.

[290] F. Conrad von Hötzendorf, Aus meiner Dienstzeit (5 Bände). Berlin 1921–1925; hier Band 3, 673.

[291] S. Verosta, Theorie und Realität von Bündnissen, 463.

[292] H. Hantsch, Leopold Graf Berchtold (Band 2), 559.

[293] So Lützow, hier zit. nach H. Rumpler, Chance für Mitteleuropa, 570.

[294] Ebenda, 571.

[295] H. Hantsch, Leopold Graf Berchtold (Band 2), 849

[296] ÖR, II, Nr, 2.

[297] M. Rauchensteiner, Tod des Doppeladlers, 68.

[298] H. Hantsch, Leopold Graf Berchtold (Band 2), 567 f.

[299] F. Fischer, Griff nach der Weltmacht, 52.

[300] Ebenda, 53.

[301] Ebenda, 89.

[302] Ebenda, 90.

[303] A. Krobatin, Aus meinen Erinnerungen an den Kaiser, in: E. Steinitz (Hg.), Erinnerungen an Franz Joseph I., 319 ff., hier 325.

[304] Vgl. ÖU, Band 8, Nr. 10855, Mantelnote zur Kriegserklärung.

[305] M. Rauchensteiner, Tod des Doppeladlers, 94.

[306] E. Crankshaw, Niedergang, 466.

[307] F. Herre, Kaiser Franz Joseph, 451 f.

[308] A. Palmer, Franz Joseph I., 463.

[309] O. Redlich, Das Dezennium, 85.

[310] E. C. Corti/H. Sokol, Der alte Kaiser, 363.

[311] J. Redlich, Kaiser Franz Joseph, 341 f.

[312] F. Conrad von Hötzendorf, Aus meiner Dienstzeit (Band 4), 162.

[313] Als Verfasser wurden Moritz Bloch, Joseph Fuchs und – nach 1945 – Alexander Hojos genannt. Zur Beschäftigung von Kraus mit dem Kriegsmanifest vgl. E. Timms, Karl Kraus. Satiriker der Apokalypse. Leben und Werk 1874 bis 1918, o.O. 1999, 467 ff.

[314] F. Engel-Janosi, Der Monarch und seine Ratgeber, in: Probleme der Franzisko-Josephinischen Zeit, 22.

[315] Vgl. die Karl durchaus gewogene Monografie von H. Rieder, Kaiser Karl. Der letzte Monarch Österreich-Ungarns 1887–1922, München 1981.

[316] F. Conrad von Hötzendorf, Private Aufzeichnungen (herausgeg. von K. Peball), Wien/München 1977, 239.

6. DIE VORBOTEN EINER NEUEN ZEIT IM ABENDROT DER MONARCHIE

[1] Einen guten Überblick bietet H. J. W. Kuprian, An der Schwelle zum 20. Jahrhundert - Staat und Gesellschaft vor dem Ersten Weltkrieg, in: R. Steininger/M. Gehler (Hgg.), Österreich im 20. Jahrhundert, 9 ff.; Zu den sozialhistorischen Aspekten vgl. E. Bruckmüller, Sozialgeschichte Österreichs, Wien 1985, 347 ff.. In vielerlei Hinsicht noch immer anregend A. Fuchs, Geistige Strömungen in Österreich 1867-1918, Wien 1984.
[2] H.-H. Brandt, Der Neoabsolutismus. Staatsfinanzen und Politik 1848 bis 1960, Göttingen 1978.
[3] H. Reschauer, Das Jahr 1848, Wien 1978, 4.
[4] F. Schnürer (Hg.), Briefe, 166.
[5] W. Brauneder, Verfassungs- und Verwaltungsorganisation, in: Das Zeitalter Franz Josephs (Band 1), 261 ff., hier 261. Vgl. etwa auch O. Lehner, Österreichische Verfassungs- und Verwaltungsgeschichte mit Grundzügen der Wirtschafts- und Sozialgeschichte, Linz 1992.
[6] Vgl. z.B. Der österreichisch-ungarische Ausgleich von 1867. Seine Grundlagen und Auswirkungen, Wien 1968; Quellen zur Genesis des ungarischen Ausgleichsgesetzes von 1867. Der »österreichisch-ungarische Ausgleich« von 1867 (zusammengestellt und eingeleitet von J. Garamvölgyi), München 1979.
[7] Vgl. umfassend: A. Wandruszka/P. Urbanitsch (Hgg.), Die Habsburgermonarchie 1848-1918, hier Band 3, 1 und 2 (Teilbände): Die Völker des Reiches; V. Tapié, Die Völker unter dem Doppeladler, Wien 1978. Zum Nationalitätenkampf vgl. P. Hanák (Hg.), Die nationale Frage in der Österreichisch-Ungarischen Monarchie 1900-1918, Budapest 1966; H. Hantsch, Die Nationalitätenfrage im alten Österreich, Wien 1953; R. A. Kann, Das Nationalitätenproblem der Habsburgermonarchie. Geschichte und Ideengehalt der nationalen Bestrebungen vom Vormärz bis zur Auflösung des Reiches im Jahre 1918 (2 Bände), Graz/Köln 1964.
[8] J.-P. Bled, Franz Joseph, 312 ff.
[9] M. Scheuch, in: »Der Standard«-Album vom 19. Februar 1999 (Österreich im 20. Jahrhundert. Teil 4).
[10] V. Zenker, Der Parlamentarismus - Sein Wesen und seine Entwicklung, Wien/Leipzig 1914, IV.
[11] Vgl. dazu K. Ucakar, Demokratie und Wahlrecht in Österreich. Zur Entwicklung politischer Partizipation und staatlicher Legitimationspolitik, Wien 1985, 141 ff.
[12] Vgl. G. Franz, Liberalismus. Die deutsch-liberale Bewegung in der Habsburgischen Monarchie, München 1955.
[13] P. Molisch, Geschichte der deutschnationalen Bewegung in Österreich von den Anfängen bis zum Zerfall der Monarchie, Jena 1926; L. Höbelt, Kornblume und Kaiseradler. Die deutschfreiheitlichen Parteien Altösterreichs 1882-1918, Wien 1993.
[14] A. G. Whiteside, Georg Ritter von Schönerer. Alldeutschland und sein Prophet, Graz/Wien/Köln 1981, 97.
[15] Ebenda, 98.
[16] Zur Christlichsozialen Partei vgl. z.B. F. Funder, Vom Gestern ins Heute. Aus dem Kaiserreich in die Republik, Wien 1952; R. Knoll, Zur Tradition der christlichsozialen Partei, Wien/Köln/Graz 1973.
[17] J. Hawlik, Der Bürgerkaiser. Karl Lueger und seine Zeit, Wien 1985; K. Skalnik, Dr. Karl Lueger. Der Mann zwischen den Zeiten, Wien/München 1954.
[18] W. Kleindel, Österreich, 291 f.
[19] Vgl. R. S. Wistrich, Die Juden Wiens im Zeitalter Kaiser Franz Josephs, Wien 1999.
[20] E. Kielmansegg, Kaiserhaus, 365.
[21] Ebenda, 393.
[22] E. Hanisch, Schatten, 119.
[23] Zu den Prägungen, die Hitler im Wien der Jahrhundertwende, erhalten hatte, vgl. B. Hamann, Hitlers Wien. Lehrjahre eines Diktators, München 1996.
[24] Vgl. unter vielen L. Brügel, Geschichte der österreichischen Sozialdemokratie (5 Bände), Wien 1922-1925; F. Kaufmann, Sozialdemokratie in Österreich. Idee und Geschichte einer Partei. Von 1889 bis zur Gegenwart, Wien/München 1978; F. Kreuzer, Was wir ersehnen von der Zukunft Fernen. Der Ursprung der österreichischen Arbeiterbewegung. Das Zeitalter Victor Adlers, Wien 1988.

[25] B. Kautsky, Friedrich Engels Briefwechsel mit Karl Kautsky, Wien 1955, 65.
[26] R. G. Ardelt, Sozialdemokratie und bürgerliche Öffentlichkeit. Überlegungen zum Hainfelder Parteitag, in: I. Ackerl/W. Hummelbrunner/H. Mommsen (Hgg.), Politik und Gesellschaft im alten und neuen Österreich, Wien 1981, 214 ff., hier 217.
[27] W. Maderthaner, Die Sozialdemokratie, in: E. Tálos u.a. (Hgg.), Handbuch des politischen Systems Österreichs. Erste Republik, Wien 1995, 177 ff., hier 179.
[28] R. Springer (Pseudonym für K. Renner), Der Kampf der österreichischen Nationen um den Staat, Wien 1902.
[29] F. Kreuzer, Was wir ersehnen, 235.
[30] Ebenda, 234.

7. AUF DEM THRON: FRANZ JOSEPH, DER HERRSCHER

[1] F. Heer, Europa Unser, Braunschweig 1977, 118.
[2] Ebenda.
[3] Ebenda, 119.
[4] E. Heller, Kaiser Franz Joseph I., 139.
[5] G. Brook-Shepherd, Monarchien im Abendrot, 184.
[6] H. Andics, Die Frauen der Habsburger, 200.
[7] E. Heller, Kaiser Franz Joseph I., 83.
[8] E. Crankshaw, Die Habsburger, Wien/München/Zürich 1971, 248.
[9] E. Ketterl, Der alte Kaiser, 46.
[10] E. Kielmansegg, Kaiserhaus, 44.
[11] M. V. Beck, Der Kaiser und die Wahlreform, in: E. Steinitz (Hg.), Erinnerungen an Franz Joseph I., 197 ff., hier 202.
[12] Friedjung, Kaiser Franz Joseph I., 501.
[13] W. Pohl/K. Vocelka, Die Habsburger., 391.
[14] W. M Johnston, Österreichische Kultur- und Geistesgeschichte. Gesellschaft und Ideen im Donauraum 1848 bis 1938, Wien/Köln/Weimar 1992, 53.
[15] J.-P. Bled, Franz Joseph, 360.
[16] Ebenda.
[17] N. Horty, Ein Leben für Ungarn, Bonn 1953, 52.
[18] F. Herre, Kaiser Franz Joseph, 375.
[19] H. Srbik, Kaiser Franz Joseph I., 223.
[20] N. Fugger, Im Glanz der Kaiserzeit, 149 f.

8. AUF DEN KNIEN: FRANZ JOSEPH, DER KATHOLIK

[1] J. K. Mayr, Das Tagebuch des Polizeiministers Kempen, 404.
[2] E. Heller, Kaiser Franz Joseph I., 138.
[3] J. Redlich, Kaiser Franz Joseph, 32.
[4] Vgl. etwa E. Ketterl, Der alte Kaiser, 89 ff.
[5] G. Holler, Sophie, 201.
[6] E. Hanisch, »An erlaubten G'spaß – ka Silb'n Politik?«, 17.
[7] Ebenda, 22.
[8] Ebenda, 18.
[9] H. Rumpler, Chance für Mitteleuropa, 343.
[10] Vgl. E. Weinzierl, Die österreichischen Konkordate von 1855 bis 1933, Wien 1960.
[11] W. M. Johnston, Kultur und Geistesgeschichte, 77. Vgl. auch Saint-Aulaire, Franz Joseph, 351.
[12] E. Crankshaw, Niedergang, 156.
[13] Tagebuch Hübner, 16. Dezember 1855, vgl. E. C. Corti, Mensch und Herrscher, 163.
[14] H. Rumpler, Chance für Mitteleuropa, 347.
[15] G. Mraz, Die Kirchen in Österreich zwischen Josephinismus und Liberalismus, in: Das Zeitalter Franz Josephs (1. Teil), 87 ff., hier 93; vgl. auch J.-P. Bled, Franz Joseph, 278 ff.
[16] Franz Joseph an Sophie, Brief vom 25. August 1870. Vgl. F. Schnürer (Hg.), Briefe, 337.

[17] J.-P. Bled, Franz Joseph, 327.

9. AUF DER PIRSCH: FRANZ JOSEPH, DER JÄGER

[1] F. Heer, Geleitwort. Entdeckung eines Kontinents, in: W. M. Johnston, Österreichische Kultur- und Geistesgeschichte, 13 ff., 14.
[2] K. Vocelka/L. Heller, Die Lebenswelt der Habsburger. Kultur- und Mentalitätsgeschichte einer Familie, Graz/Wien/Köln 1997, 39.
[3] Zwar war Karl VI. ein ausgezeichneter Schütze, doch er war auch so kurzsichtig, dass er trotz eines Monokels an seinem Gewehr aus Versehen seinen Oberstallmeister tödlich verletzte. Auch Karl V. und Josef II. zeichneten für solche Jagdunfälle verantwortlich. Kronprinz Rudolf hätte einmal beinahe auf Franz Joseph geschossen, die Kugel verfehlte den Kaiser nur knapp.
[4] F. Weissensteiner, Franz Ferdinand, 226.
[5] K. Vocelka/L. Heller, Die Lebenswelt der Habsburger, 50.
[6] B. Hamann, Rudolf, 120.
[7] H. Brugsch, Mein Leben und mein Wandern, Berlin 1894, 356.
[8] E. Kielmansegg, Kaiserhaus, 94.
[9] R. Püchel, Meine Jagderlebnisse mit Kronprinz Rudolf (herausgeg. von E. Koller-Glück), St. Pölten 1978.
[10] F. Weissensteiner (Hg.), Lieber Rudolf, 126.
[11] E. Kielmansegg, Kaiserhaus, 85.
[12] A. Margutti, Vom alten Kaiser, 124.
[13] K. Vocelka/L. Heller, Die Lebenswelt der Habsburger, 48.
[14] L. Höhnel, Flügeladjutant beim Kaiser, in: E. Steinitz (Hg.), Erinnerungen an Franz Joseph I., 375 ff., hier 385.
[15] E. Kielmansegg, Kaiserhaus, 81.

10. DER BEGRENZTE HORIZONT – PROHASKAS WELT

[1] Der Name Prohaska für Franz Joseph rührt angeblich daher, dass der Kaiser einmal eine Villa, um sie billiger kaufen zu können, unter dem unpoetischen Namen Prohaska erworben haben soll; und seitdem hieß er allgemein „der alte Prohaska". Es existiert noch eine Variante: In tschechischer Sprache heißt Prohaska „Spaziergänger". Einmal soll der Kaiser in Prag über eine Brücke gegangen sein, worauf jemand gesagt haben soll: „Seht, da kommt der alte Prohaska ..."
[2] J. Roth, Radetzkymarsch, Wien 1950, 323.
[3] J. Redlich, Zustand und Reform der österreichischen Verwaltung, Wien 1911, 41.
[4] E. Hanisch, Schatten, 223.
[5] F. Brandl, Kaiser, Politiker und Mensch, Leipzig 1936, 16.
[6] W. M. Johnston, Kultur- und Geistesgeschichte, 58.
[7] Ebenda, 59. Diese Interpretation ist historisch nicht eindeutig geklärt.
[8] Ebenda, 63.
[9] W. Berghahn, Robert Musil, Reinbek bei Hamburg 1969, 9.
[10] R. Musil, Der Mann ohne Eigenschaften, Reinbek bei Hamburg 1986, 32 ff.
[11] A. Schaeffle, Aus meinem Leben (Band 2), Berlin 1905, 69.
[12] J. Baernreither, Fragmente eines politischen Tagebuches, Berlin 1928, 210.
[13] Vgl. etwa C. E. Schorske, Fin-de-siècle in Vienna. Politics and Culture, London 1980; Anregend auch O. Friedländer, Letzter Glanz der Märchenstadt. Das war Wien um 1900, Wien/München 1977 und H. Spiel, Glanz und Untergang. Wien 1866–1938.
[14] F. Weissensteiner, Franz Ferdinand, 222.
[15] N. Horthy, Ein Leben für Ungarn, Bonn 1953, 58 f.
[16] W. Lorenz, Franz Joseph in uns, Wien 1974, 30.
[17] N. Fugger, Im Glanz der Kaiserzeit, 106.
[18] S. Zweig, Die Welt von Gestern. Erinnerungen eines Europäers, Frankfurt am Main 1993, 36.

[19] Anonymus, Kaiser Franz Joseph I. und sein Hof, 96.
[20] G. Nostitz-Rieneck (Hg.), Briefe, (II), 111.
[21] F. Schnürer (Hg.), Briefe, 233.
[22] K. Tschuppik, Der Mann mit zehn Worten, in: Von Franz Joseph bis Adolf Hitler, 109 ff., hier 109.

11. EXKURS: DIE ZEIT ALS DIMENSION DER HERRSCHAFT

[1] Ludwig XIV. trug den Königstitel zwar 72 Jahre lang, doch seine Periode als Herrscher währte »nur« 54 Jahre, von 1661 bis 1715.
[2] H. Friedjung, Franz Joseph I., 536.
[3] F. Herre, Kaiser Franz Joseph, 372 f.
[4] Anonymus, Kaiser Franz Joseph I. und sein Hof, 25 f.
[5] F. Herre, Kaiser Franz Joseph, 375.
[6] O. Habsburg, Kaiser Franz Joseph, in: ders., Damals begann die Zukunft, Wien/München 1971, 95.

12. »ES WAR EIN SCHÖNER, EIN CHRISTLICHER TOD ...«

[1] E. Ketterl, Der alte Kaiser, 173.
[2] A. Palmer, Franz Joseph I., 477.
[3] A. Margutti, Vom alten Kaiser, 453.
[4] E. Ketterl, Der alte Kaiser, 173.
[5] Vgl. dazu E. C. Corti/H. Sokol, Der alte Kaiser, 464 ff.
[6] E. Ketterl, Der alte Kaiser, 175.
[7] W. Lorenz, Franz Joseph in uns, 69 f.
[8] B. Kreisky, Zwischen den Zeiten. Erinnerungen aus fünf Jahrzehnten, Berlin 1986, 24.
[9] E. Kusin, Die Kaisergruft bei den PP. Kapuzinern in Wien, Wien 1949, 74 f.
[10] Vgl. etwa J.-P. Bled, Franz Joseph, 557 f.; E. C. Corti/H. Sokol, Der alte Kaiser, 471; F. Herre, Kaiser Franz Joseph, 472; Saint-Aulaire, Franz Joseph, 381 f.; A. Palmer, Franz Joseph I., 480.
[11] Vgl. auch K. Vocelka/L. Heller, Lebenswelt, 298. Beim Begräbnis der Ex-Kaiserin Zita wurde die Legende in die Praxis umgesetzt.
[12] Vgl. Stenograph. Protokoll der provisorischen Nationalversammlung, 7.
[13] E. Hanisch, »An erlaubten G'spaß ...«, 28.
[14] F. Kaufmann, Sozialdemokratie in Österreich, 224.
[15] Vgl. *Wiener Sonn- und Montagszeitung* vom 27. Mai 1935.
[16] W. Schmitdt-Dengler, »Bedürfnis nach Geschichte«, in: F. Kandrnoska (Hg.), Aufbruch und Untergang. Österreichische Kultur zwischen 1918 und 1938, Wien/München/Zürich 1981, 393 ff., hier 393.
[17] L. R. G. Decloet, Mythos und Anti-Mythos. Eine Einführung, in: ders. (Hg.), An meine Völker: die Literarisierung Franz Joseph I., Bern 1998, 7 ff., hier 7. Vgl. auch ders., Imago Imperatoris. Franz Joseph I. in der österreichischen Belletristik der Zwischenkriegszeit, Wien/Köln/Weimar.
[18] Ders., »Der gute alte Herr von Schönbrunn ...« 80 Jahre Kaiser Franz Joseph-Mythos in der österreichischen Literatur, in: ders., An meine Völker, 27 ff., hier 38.
[19] Vgl. seine Weltkriegstrilogie »Apis und Este«, »Das war das Ende« und »Weder Kaiser noch König«, die in der überarbeiteten Fassung von 1951 (»Die Throne stürzen«) eine gigantische Auflage erreichte.
[20] L. R. G. Decloet, »Der gute alte Herr von Schönbrunn ...«, 41 f.
[21] Ebenda, 43.
[22] C. G. Ströhm, »Nicht nur die Österreicher denken wehmütig an FJI«, in: *Die Welt* vom 20. August 1980, 7.
[23] L. R. G. Decloet, »Der gute alte Herr von Schönbrunn ...«, 47.
[24] O. Janetschek, Kaiser Franz Joseph. Schicksale und Tragödien aus der guten alten Zeit, Wien 1949, 6.

13. DER KAISER: EIN FALL FÜR DIE PSYCHOLOGIE?

[1] Vgl. R. Binion, From Mayerling to Sarajewo, 280 ff.
[2] E. Ringel, Die österreichische Seele, Graz/Wien 1984, 34.
[3] Ebenda, 35.
[4] Ringel in einer ORF-Fernsehdiskussion - „Franz Joseph und seine Zeit" - am 20. September 1984.
[5] E. Ringel, Die Neurose als Lebensgefühl, in: A. Szanya (Hg.), Politik auf der Couch, Wien 1992, 27 ff., hier 28 ff.
[6] Ebenda, 28.
[7] S. Rossmanith, Der magische Helfer. Der Spitzenpolitiker in den Augen der Menschen, in: A. Szanya (Hg.), Politik auf der Couch, 85 ff., hier 88.
[8] Vgl. S. Freud, Das Unbehagen in der Kultur (Studienausgabe, Band IX), Frankfurt am Main 1982.
[9] M. Erdheim, Die gesellschaftliche Produktion von Unbewusstheit, Frankfurt am Main 1990, 394.
[10] E. Hanisch, Schatten, 31.
[11] Ebenda, 28.
[12] O. Bauer, Die österreichische Revolution, Wien 1965, 87. Dieses Buch erschien erstmals 1923.
[13] M. Welan, Der Bundespräsident. Kein Kaiser in der Republik, Wien/Köln/Graz 1992, 13.
[14] Ebenda, 24.
[15] Zu den genannten Staatsoberhäuptern vgl. C. Dickinger, Österreichs Präsidenten, Wien 2000, 9 ff., 45 ff. und 97 ff.
[16] W. Lorenz, Franz Joseph in uns, 16 f.

ÖR: Diplomatische Aktenstücke zur Vorgeschichte des Krieges 1914. Ergänzungen und Nachträge zum östereichisch-ungarischen Rotbuch (herausgegeben vom Staatsamt für Äußeres der Republik Österreich) (3 Teile). Erschienen 1919.
ÖU: Österreich-Ungarns Außenpolitik von der bosnischen Krise 1908 bis zum Kriegsausbruch 1914. Diplomatische Aktenstücke des Österreichisch-ungarischen Ministeriums des Äußeren (8 Bände). Erschienen 1930.

Bildnachweis
Bildarchiv der Österreichischen Nationalbibliothek: 17, 63, 171, 191